AULA
INTERNACIONAL

3

AULA INTERNACIONAL 3

Autores: Jaime Corpas, Agustín Garmendia, Carmen Soriano
Coordinación pedagógica: Neus Sans
Asesoría y redacción de las secciones "Más gramática" y "Más cultura": Bibiana Tonnelier
Coordinación editorial: Pablo Garrido
Redacción: Eduard Sancho
Documentación: Olga Mias

Diseño: CIFR4
Ilustraciones: Roger Zanni *excepto:* pág. 36, 38 David Revilla, pág. 68, 76, 94, 98 (hombre invisible), 100, 140 Javier Andrada, pág. 60, 67, 135 David Carrero, pág. 64 Rafa Castañer, pág. 94 Jordi Arasa, pág. 72 (Balenciaga) Tod Faz (Vogue Magazine)

Fotografías: Frank Kalero *excepto:* Portada Miguel Raurich/Iberimage / Unidad 1 pág. 9 Stephen Simpson/Getty Images, pág. 11 TVE (J. R. Andrés), Quim Llenas/COVER (L. Restrepo), pág. 15 Sergi Padura, pág. 16 Secretaría de Turismo de Venezuela / Unidad 2 pág. 24 mlrbp/stockxpert (Arturo), Kadri Poldma (Roberto), Dragan Bajcic (Elisenda) / Unidad 3 pág. 25 Philip Lee Harvey/Getty Images, pág. 27 Agnieszka K. (móvil), pág. 30 Allan Browne, pág 31 Nathan Green (chico), Marinela Sotoncic (chica morena), Marja Flick-Buijs (chica rubia) / Unidad 4 pág. 33 Taxi/Getty Images, pág. 34 ACI, pág. 35 Leandro Cavinatto ('la discordia'), pág. 40 Europa Press / Unidad 5 pág. 41 Eduardo Nave, pág. 42 Montse Belver, pág. 43 E. Nave, pág. 44 Jorge Vicente, pág. 47 Teresa Estrada, pág. 48 Europa Press (quiosco), E. Nave (manifestación) / Unidad 6 pág. 49 Jordi Oliver, pág. 50 J. Oliver (Marruecos), Jaime Corpas (Patagonia), pág. 56 Generalitat Valenciana / Unidad 7 pág. 57 Stone/Getty Images / Unidad 8 pág. 65 COVER, pág. 66 Daniel Riera (casa básica), pág. 70 Josep Abril (chicos), Miriam Ocariz (chicas), pág. 72 Custo Barcelona, Adolfo Domínguez / Unidad 9 pág. 73 COVER, pág. 75 Israel Aranda, pág. 78 Kevin Seale, pág. 79 D. Erie (lago), Peter Hamza (ovnis), Mathew Maaskant (círculos), pág. 80 J. Oliver / Unidad 10 pág. 81 T. Estrada, pág. 87 E. Nave (manifestación), Simon Stratford (Elvis), pág. 88 Europa Press (L. del Olmo, I. Gabilondo, G. Nierga), Rafael Bravo (Gomaespuma), Cadena SER (J. R. de la Morena) / Unidad 11 pág. 89 Carles Torres, pág. 90 T. Estrada, Tiago Pantaleao, Hilary Quinn (lengua), COVER (japonés), pág. 91 T. Estrada (Lourdes, Sonia), pág. 94 T. Rolf (amiga), Tombre W. (amigo), T. Estrada (Manuel, hermano), pág. 96 Jordi Sangenís/Eduardo Pedroche (voladores), COVER (castells) / Unidad 12 pág. 101 Ulrik De Wachter (Marcos), David Romualdo (Alejandro, Laura), pág. 102 Jordi Sangenís y Eduardo Pedroche (Tenochtitlan), Paul Smith (desfile), Melanie Tsoi (agua), Rurik Tullio, Thomas van den Berk (La Paz), Fernando Cárdenas (mosaico), COVER (Eva Perón), Ivana De Battisti (tabaco), pág. 103 Nacho Calonge (señor), Abigail Guzmán (ceviche), hbarkan (Canal), Ralph Kiesewetter (músicos, coche), Niki Michailov (café), Dennis Saddik (Iguazú), pág. 104 COVER / Más ejercicios pág. 107 Baris isçi, pág. 111 Valentina Jori (vacaciones), pág. 112 Blake Campbell (niño), Jack Inas (niña), pág. 114 Elias Minasi, pág. 121 Javiera de Aguirre, pág. 124 T. Estrada, pág. 128 E. Nave, pág 130 Jamie Harris, pág. 134 Martin Beckett (máquina de afeitar), Adam Ciesielski (alfombra), Monica Szczygie (cuchara), Robert Radermacher (portátil), Go Vicinity (paraguas), pág. 137 Csaba J. Szabo (ducha), Fleur Suijten (bañera), Bjarne Kvaale (bus), Carlos Paes (tren), Maja Prodan (lentillas), Kristian Birchall (gafas), Interact Images (camas separadas), Katherine de Vera (cama matrimonio), pág. 138 T. Estrada, pág. 144 T. Estrada, pág. 147 Georgios M. W. / Más cultura pág. 150/151 Gerardo Horovitz/Les Luthiers, Nico Boixader (caricaturas), pág.152 Editorial Seix Barral, 2005, pág. 153 Andersen Ulf/GAMMA, pág. 155 Guillermo Navarro/COVER, pág. 156 AHP Lugo. Vega, pág. 157 Dr. Joshua Ong (tango), www.visitmexico.com (mexicano), Xavier Cortina (catalanes), Angel G. Molero (madrileño), Aurélie Neveu (vasco), pág. 158 Time Life Pictures/Getty Images, pág. 159 © Sucesión Pablo Picasso, VEGAP, Barcelona 2006, Getty Images (G. Belli), Víctor Rojas/AFP (E. Cardenal), pág. 160 COVER (Cabeza de Vaca), Mario A. Magallanes Trejo (mapa), pág. 162 Destino Libros, Getty Images (Delibes), pág. 163 Mondadori, 2004, Getty Images (G. G. Márquez), pág. 164 Gaillarde Raphael/GAMMA, pág. 165 Jeff Harris, Lester Lim/Framewerkz, Faye Grosvenor, Dan Wong, Tim Rucci, Oronoz/COVER, Dainis Derics/Dreamstime.com, Jeff Harris, Lester Lim/Framewerkz, Tomasz Dziubinski, pág. 166 Alicia Gómez, pág. 167 Time Life Pictures/Getty Images, pág. 168 Hulton Archive/Getty Images, pág. 169 Alfaguara/Santillana, Carmelo Rubio (Pérez-Reverte), pág. 171 www.visonchamanica.com (chamán), Clare & John Portwood (Kallawaya), pág. 172 Mónica I. Díaz (S. Bolívar), pág. 174 Colita/CORBIS.

Contenido del CD audio: © Eugenio, "El genio de Eugenio" © Picap, S. L.; © "Contigo aprendí" de Armando Manzanero, interpretada por Dani Torres **Locutores:** Cristina Carrasco (España), Mª Isabel Cruz (Colombia), Paulina Fariza (España), Mila Lozano (España), Eva Llorens (España), Lynne Martí (España), Caro Miranda (Cuba), Jorge Peña (España), Mamen Rivera (España), Leila Salem (Argentina), Juan José Surace (Argentina), Víctor Torres (España), David Velasco (España) **Grabación:** CYO Studios.

Agradecimientos: Nico Boixader, Textura Ediciones, Mª Paz Vega (Santillana), Luis de Benito Murga (TVE), Laia y Sergi (Arxiu Sagrada Família), Javier Navarro y Guillermo Pascual (Lino Patalano), Les Luthiers, Yolanda (Gomaespuma), Nuria (Cadena SER), Martín Ruiz de Azúa, Alicia Gómez, Gonçal Planas

© Los autores y Difusión, S.L. Barcelona 2006
ISBN: 978-84-8443-232-6
Depósito legal: B-34532-11
Impreso en España Tugrupográfico 2005
Reimpresión: octubre 2011

difusión
Centro de
Investigación y
Publicaciones
de Idiomas, S.L.

c/ Trafalgar, 10, entlo. 1ª
08010 Barcelona
tel. 93 268 03 00
fax 93 310 33 40
editorial@difusion.com
www.difusion.com

AULA
INTERNACIONAL
3

Jaime Corpas
Agustín Garmendia
Carmen Soriano

Coordinación pedagógica
Neus Sans

CÓMO ES AULA INTERNACIONAL

Este volumen consta de 12 unidades didácticas que presentan la siguiente estructura:

1. COMPRENDER

Se presentan textos y documentos muy variados (anuncios, entrevistas, artículos, fragmentos literarios, etc.) que contextualizan los contenidos lingüísticos y comunicativos básicos de la unidad, y frente a los que los alumnos desarrollan fundamentalmente actividades de comprensión.

2. EXPLORAR Y REFLEXIONAR

En el segundo bloque, los alumnos realizan un trabajo de observación de la lengua a partir de nuevas muestras o de pequeños corpus. Se trata de ofrecer un nuevo soporte para la tradicional clase de gramática con el que los alumnos, dirigidos por el propio material y por el profesor, descubren el funcionamiento de la lengua en sus diferentes niveles (morfológico, léxico, sintáctico, funcional, discursivo…).

Se trata, por tanto, de ofrecer herramientas alternativas para potenciar y para activar el conocimiento explícito de reglas, sin tener que caer en una clase magistral de gramática. En el mismo apartado, se presentan esquemas gramaticales y funcionales a modo de cuadros de consulta. Con ellos, se ha perseguido, ante todo, la claridad, sin renunciar a una aproximación comunicativa y de uso a la gramática.

3. PRACTICAR Y COMUNICAR

El tercer bloque está dedicado a la práctica lingüística y comunicativa. Incluye propuestas de trabajo muy variadas, pero que siempre consideran la significatividad y la implicación del alumno en su uso de la lengua. El objetivo es experimentar el funcionamiento de la lengua a través de "microtareas comunicativas" en las que se practican los contenidos presentados en la unidad. Muchas de las actividades que encontramos en esta parte del manual están basadas en la experiencia del alumno: sus observaciones y su percepción del entorno se convierten en material de reflexión intercultural y en un potente estímulo para la interacción comunicativa dentro del grupo-clase.

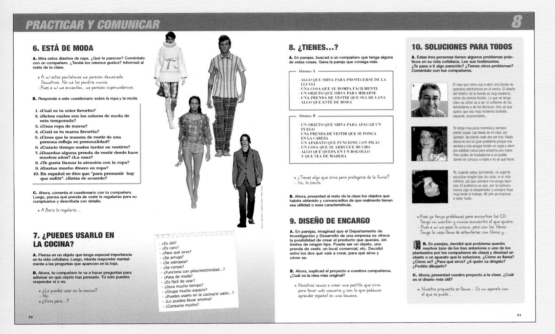

Al final de esta sección, se proponen una o varias tareas cuyo objetivo es ejercitar verdaderos procesos de comunicación en el seno del grupo, que implican diversas destrezas y que se concretan en un producto final escrito u oral (una escenificación, un póster, la resolución negociada a un problema, etc.).

Este icono señala qué actividades pueden ser incorporadas a tu PORTFOLIO.

4. VIAJAR

El último bloque de cada unidad incluye materiales con contenido cultural (artículos periodísticos, textos divulgativos, canciones, fragmentos literarios, juegos...) vinculados temáticamente con la unidad y que ayudan al alumno a comprender mejor la realidad cotidiana y cultural de los países de habla hispana.

Además, el libro se completa con las siguientes secciones:

MÁS EJERCICIOS

En este apartado se proponen nuevas actividades de práctica formal que estimulan la reflexión y la fijación de los aspectos lingüísticos presentados en las unidades. Los ejercicios están diseñados de modo que los alumnos los puedan realizar de forma autónoma, aunque también pueden ser utilizados en la clase para ejercitar aspectos gramaticales y léxicos de la secuencia.

MÁS CULTURA

Esta sección incluye una selección de textos de diferentes tipos (artículos, fragmentos literarios, reportajes, etc.) y explotaciones pensadas para que el estudiante amplíe sus conocimientos sobre temas culturales relacionados con los contenidos de las unidades. El carácter complementario de esta sección permite al profesor incorporar estos contenidos a sus clases y al estudiante profundizar en el estudio del español por su cuenta.

MÁS GRAMÁTICA

Además del apartado de gramática incluido en cada unidad, el libro cuenta con una sección que aborda de forma más extensa y detallada todos los puntos gramaticales de las diferentes unidades. Se incluyen, asimismo, modelos de conjugación para todos los tiempos verbales, así como una lista de verbos y sus modelos de conjugación correspondientes.

ÍNDICE

VOLVER A EMPEZAR

En esta unidad vamos a
**inventar la biografía del candidato ideal
para un puesto de trabajo**

Para ello vamos a repasar y a aprender:
> a hablar de hábitos en el presente > a relatar experiencias pasadas
> el uso de los tiempos del pasado: P. Perfecto, P. Indefinido y P. Imperfecto
> a hablar del inicio y de la duración de una acción
> a localizar una acción en el tiempo > algunas perífrasis:
empezar a + Infinitivo, **acabar de** + Infinitivo, **volver a** + Infinitivo,
dejar de + Infinitivo, **llevar** + Gerundio, **seguir** + Gerundio

1. PROMOCIÓN DEL 87

CD 1 **A.** Todas estas personas están en una fiesta de ex alumnos de la Facultad de Medicina. Hace tiempo que no se ven. Lee y escucha las conversaciones y, luego, contesta a las preguntas.

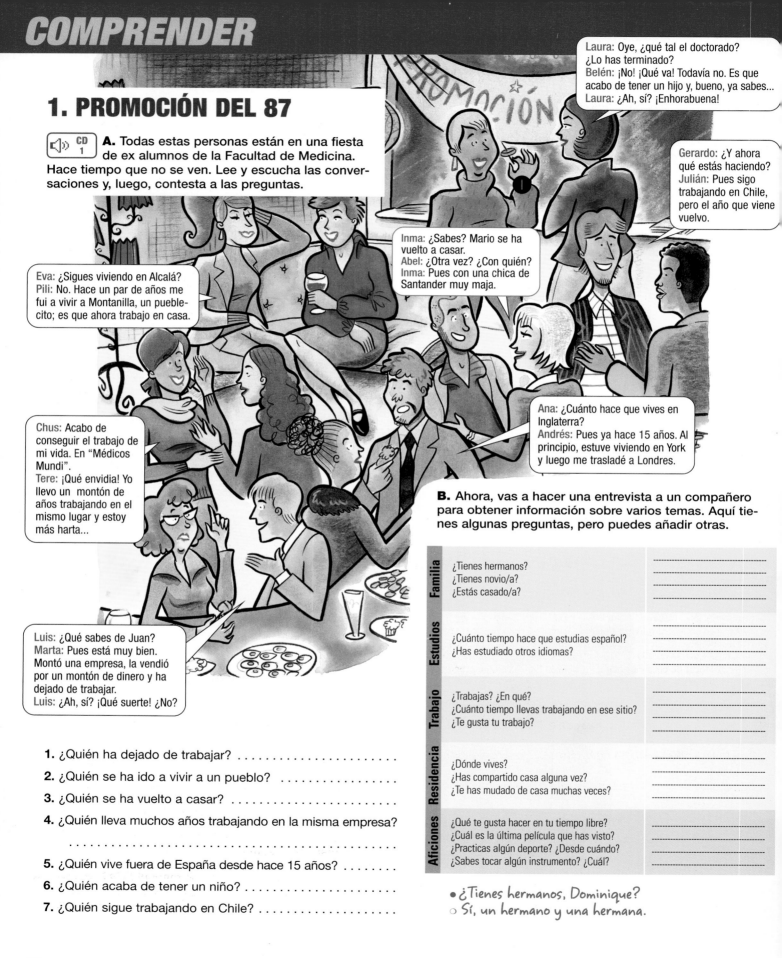

Laura: Oye, ¿qué tal el doctorado? ¿Lo has terminado?
Belén: ¡No! ¡Qué va! Todavía no. Es que acabo de tener un hijo y, bueno, ya sabes...
Laura: ¿Ah, sí? ¡Enhorabuena!

Gerardo: ¿Y ahora qué estás haciendo?
Julián: Pues sigo trabajando en Chile, pero el año que viene vuelvo.

Inma: ¿Sabes? Mario se ha vuelto a casar.
Abel: ¿Otra vez? ¿Con quién?
Inma: Pues con una chica de Santander muy maja.

Eva: ¿Sigues viviendo en Alcalá?
Pili: No. Hace un par de años me fui a vivir a Montanilla, un pueblecito; es que ahora trabajo en casa.

Ana: ¿Cuánto hace que vives en Inglaterra?
Andrés: Pues ya hace 15 años. Al principio, estuve viviendo en York y luego me trasladé a Londres.

Chus: Acabo de conseguir el trabajo de mi vida. En "Médicos Mundi".
Tere: ¡Qué envidia! Yo llevo un montón de años trabajando en el mismo lugar y estoy más harta...

Luis: ¿Qué sabes de Juan?
Marta: Pues está muy bien. Montó una empresa, la vendió por un montón de dinero y ha dejado de trabajar.
Luis: ¿Ah, sí? ¡Qué suerte! ¿No?

1. ¿Quién ha dejado de trabajar? . . . .

2. ¿Quién se ha ido a vivir a un pueblo? . . . .

3. ¿Quién se ha vuelto a casar? . . . .

4. ¿Quién lleva muchos años trabajando en la misma empresa?

. . . .

5. ¿Quién vive fuera de España desde hace 15 años? . . . .

6. ¿Quién acaba de tener un niño? . . . .

7. ¿Quién sigue trabajando en Chile? . . . .

B. Ahora, vas a hacer una entrevista a un compañero para obtener información sobre varios temas. Aquí tienes algunas preguntas, pero puedes añadir otras.

Familia	¿Tienes hermanos? ¿Tienes novio/a? ¿Estás casado/a?
Estudios	¿Cuánto tiempo hace que estudias español? ¿Has estudiado otros idiomas?
Trabajo	¿Trabajas? ¿En qué? ¿Cuánto tiempo llevas trabajando en ese sitio? ¿Te gusta tu trabajo?
Residencia	¿Dónde vives? ¿Has compartido casa alguna vez? ¿Te has mudado de casa muchas veces?
Aficiones	¿Qué te gusta hacer en tu tiempo libre? ¿Cuál es la última película que has visto? ¿Practicas algún deporte? ¿Desde cuándo? ¿Sabes tocar algún instrumento? ¿Cuál?

● ¿Tienes hermanos, Dominique?
○ Sí, un hermano y una hermana.

1

2. VIDAS ESPECIALES

A. Aquí tienes la biografía de dos personajes famosos del mundo latino. Comenta con un compañero quién ha tenido la vida más...

| interesante | tranquila | divertida |
| peligrosa | segura | dura | fácil |

José Ramón Andrés

El rey de la sartén

Congresistas y senadores saborean en Washington platos de este cocinero español.

José Ramón Andrés, más conocido como José Andrés, nació en Mieres (Asturias) en 1969, pero se crió en Cataluña. Sus padres lo matricularon en la Escuela de Restauración y Hostelería de Barcelona. Durante el servicio militar, Andrés trabajó como cocinero en el barco-escuela de la marina española Juan Sebastián Elcano y viajó por todo el mundo.

En 1990 se fue a Nueva York y, de allí, a Puerto Rico, a San Diego (California) y a Washington, donde decidió montar su propio restaurante: Jaleo. Actualmente, dirige la cocina de sus dos restaurantes Jaleo, la del prestigioso Café Atlántico y la de Zaytinya, un local de comida griega, turca y libanesa.

José Ramón Andrés es también el presidente del Consejo de Administración de DC Central Kitchen, una organización benéfica que da de comer a más de 2500 personas todos los días y que ofrece cursos de cocina para personas con pocos recursos.

En 2005 publicó *Los fogones de José Andrés*, un libro de recetas elaboradas con productos españoles, e inició su aventura televisiva en España con su programa Vamos a cocinar.

Laura Restrepo

Entre armas y palabras

Una escritora comprometida con la dura realidad de su país, Colombia.

Laura Restrepo nació en Bogotá en 1950. Estudió Filosofía y Letras, formación que completó con un postgrado en Ciencias Políticas. A los diecisiete años, ya daba clases de literatura en una escuela y, concluidos sus estudios, pasó a enseñar en la Universidad Nacional de Colombia.

A finales de los años setenta, vivió en España y luego se marchó a Argentina a reclutar médicos y enfermeras para Nicaragua. Allí pasó cuatro años, en los que pudo observar la dureza de la dictadura militar de Somoza. A su regreso a Colombia, comenzó su actividad como periodista en la revista Semana.

En 1983 fue nombrada por el presidente Belisario Betancur miembro de la Comisión de Paz, encargada de mediar entre el gobierno y la guerrilla M-19. El fracaso de las negociaciones y las amenazas de muerte forzaron a la escritora a abandonar el país. Tras su periodo de exilio en México, volvió a su país en 1989, cuando el M-19 abandonó sus armas y se convirtió en un partido legal.

Ha publicado los siguientes libros: *Historia de un entusiasmo* (1986), *La isla de la pasión* (1989), *Leopardo al sol* (1993), *Dulce compañía* (1995, premios Sor Juana Inés de la Cruz y Premio de la Crítica Francesa Prix France Cultura), *La novia oscura* (1999), *La multitud errante* (2001), *Olor a Rosas Invisibles* (2002) y *Delirio* (2004, Premio Alfaguara). Es autora, además, del libro para niños *Las vacas comen espaguetis*.

> • José Ramón Andrés ha tenido una vida muy interesante; ha viajado mucho.
> ○ Sí, pero Laura Restrepo...

B. Aquí tienes algunos testimonios de los dos personajes anteriores extraídos de diferentes entrevistas. ¿Podrías identificar quién ha dicho cada uno de ellos?

1. "En medio de la adversidad, las relaciones humanas se intensifican."

2. "Solo existe una cosa: trabajo y más trabajo."

3. "El pan es un ingrediente maravilloso porque te permite hacer mil cosas."

4. "Mírennos como un espejo de lo que puede llegar a pasar; mírennos como un espejo de lo que todavía están a tiempo de impedir."

5. "La política y la realidad están por delante de la literatura."

6. "Tengo la gran suerte de trabajar con un equipo maravilloso y parece que a la gente le gusta lo que hacemos."

7. "A mí lo que verdaderamente me hace ilusión es cocinar para una persona que trabaja 80 horas a la semana en una ONG en mitad de África y nadie se lo reconoce."

8. "La cultura se convierte en una de esas bolsas de aire que mantienen al margen la guerra."

C. Imagina que puedes entrevistar a uno de los dos personajes. ¿A quién escogerías? ¿Qué preguntas le harías? Si necesitas más información, puedes buscar en Internet.

3. CONTRATO INDEFINIDO

A. La multinacional Endexa está buscando un director financiero para su sede de El Cairo. Observa el anuncio y la información sobre Petra y sobre Pedro, dos directivos de Endexa que trabajan actualmente en España. Decide con tu compañero cuál es el candidato más adecuado para el puesto.

Grupo multinacional líder en el sector químico precisa:

DIRECTOR ADMINISTRATIVO/FINANCIERO PARA SU SEDE EN EL CAIRO (EGIPTO)

Se requiere
→ Estudios superiores
→ Dominio del inglés y conocimientos de árabe
→ Experiencia en dirección de equipos
→ Experiencia internacional
→ Flexibilidad horaria
→ Disponibilidad para viajar

NOMBRE: *Petra Lorente*

- **Hace** 10 **años** que trabaja en la empresa.
- Acabó la carrera de Económicas **hace 8 años**.
- **Hace** poco ha acabado un máster de Gestión Empresarial.
- **Desde que** está al mando de su departamento, ha conseguido duplicar los beneficios.
- Viaja menos **desde que** nació su hija.
- Estudia árabe **desde hace** tres años e inglés **desde hace** dos.
- Vive en Madrid **desde** 2001.

NOMBRE: *Pedro del Toro*

- **Hace** 2 **años** que trabaja en la empresa.
- Acabó la carrera de Administración de Empresas **hace 3 años**.
- **Desde que** dirige su departamento, la coordinación del equipo ha mejorado.
- Habla árabe. Estudia francés e inglés **desde hace** 4 años.
- Se casó **hace** dos años. **Hace** tres meses nació su primer hijo.
- Ha estado a cargo de las exportaciones al Norte de África **desde que** entró en la empresa.
- Vivió en Alejandría **de** 1999 **a** 2002. **Desde** 2003 vive en Barcelona.

B. Fíjate en las estructuras que están en negrita. ¿Entiendes cómo funcionan?

C. Completa estas frases con información sobre ti mismo.

- Vivo en ...Halifax...... desde ......hace 2 años.......
- Estudio español desde hace ......2 años...........
- Hace ...dos semanas........... que hemos empezado la clase.

4. ÉPOCA DE CAMBIOS

A. Dos mujeres nos cuentan cómo han cambiado sus vidas a partir de un determinado momento. Escoge uno de los tres títulos propuestos para cada testimonio.

☐ ESCLAVA DE SUS HIJOS
☐ MATERNIDAD RESPONSABLE
☐ EL PRIMER HIJO

Marta Vega. **Acaba de nacer** su primera hija. "Ser madre es una experiencia increíble. Te cambia la vida." La niña **lleva** dos horas **llorando,** pero Marta está encantada. Desde que ha recuperado sus 59 kilos de peso y **ha vuelto a trabajar** es otra mujer. "Lo peor fue **dejar de fumar**". Su vida social no se ha interrumpido radicalmente. "Es verdad que no puedes salir tanto como antes, pero compensa. Además, mi marido y yo **seguimos saliendo** a cenar fuera una vez por semana como antes."

☐ LA VIDA EMPIEZA A LOS 65
☐ VOLVER A TRABAJAR
☐ LA TRISTE TERCERA EDAD

Ana Soriano. "Estuve trabajando en una fábrica durante más de cuarenta años." Cuando **dejó de trabajar,** hace dos años, tuvo una pequeña depresión. "Cuando eres viejo, la gente piensa que no vales para nada, pero es mentira; yo **sigo teniendo** la misma fuerza y las mismas ganas de vivir que a los veinte." Ahora sale con sus amigas y **ha empezado a viajar**. Con los viajes para la tercera edad ha estado en Canarias y en Mallorca. "Quiero recuperar el tiempo perdido."

B. Fíjate en las expresiones subrayadas. Todas son perífrasis. Completa el cuadro.

Verbo principal	Preposición (a/de/ø)	Infinitivo o Gerundio
empezar	....	....
acabar	de	Infinitivo
volver	....	....
dejar	....	....
seguir	....	....
llevar	....	....

HABLAR DE LA DURACIÓN

HACE + CANTIDAD DE TIEMPO + QUE + VERBO

- **Hace** más de tres años **que** vivo en España. ¿Y tú?
- ○ Yo, **hace** ocho años.

DESDE HACE + CANTIDAD DE TIEMPO

- No veo a Carlos **desde hace** un año.

MARCAR EL INICIO DE UNA ACCIÓN

DESDE + FECHA

- ¿**Desde cuándo** estudias español?
- ○ **Desde** enero.

DESDE QUE + VERBO

- Está en Granada **desde que** empezó el curso.
- **Desde que** ha aprobado el examen, está más tranquila.

LOCALIZAR UNA ACCIÓN EN EL TIEMPO

HACE + CANTIDAD DE TIEMPO + PRETÉRITO PERFECTO/INDEFINIDO

- Ha conseguido el trabajo **hace** muy poco tiempo, ¿no?
- ○ Sí, **hace** solo un par de meses, creo.

YA/TODAVÍA NO + PRETÉRITO PERFECTO

Usamos **ya** cuando nos referimos a una acción cuya realización esperamos o creemos posible.

- ¿**Ya** has preparado la cena?
- ○ Sí, **ya** la he puesto en la mesa y todo.

Con **todavía no** expresamos que una acción no se ha producido en el pasado, pero que puede ocurrir en el futuro.

- ¿**Ya** has acabado la redacción?
- ○ No, **todavía no.** Es que voy muy lento.

PERÍFRASIS

Una perífrasis es una combinación de dos verbos, uno en forma personal y el otro en forma no personal (Infinitivo, Gerundio o Participio), a veces unidos por una preposición, en la que el verbo conjugado adopta un nuevo significado.

LLEVAR + GERUNDIO

Esta perífrasis sirve para expresar la duración de una acción.

- **Lleva** más de siete años **saliendo** con Marta.
  (= Hace más de siete años que sale con Marta.)
- **Lleva trabajando** en la misma empresa desde 2000.
  (=Trabaja en la misma empresa desde 2000.)

EMPEZAR A + INFINITIVO

Expresa el inicio de una acción.

- ¿Cuándo **empezaste a trabajar** aquí?
- ○ **Empecé a trabajar** en esta empresa en mayo de 2000.

SEGUIR + GERUNDIO

Expresa la continuidad de una acción.

- **Seguimos yendo** al cine una vez a la semana.

VOLVER A + INFINITIVO

Expresa la repetición de una acción.

- ¿**Has vuelto a tener** problemas con el coche?
- ○ Por suerte, no. Ahora funciona perfectamente.

DEJAR DE + INFINITIVO

Expresa la interrupción de una acción.

- **Dejé de estudiar** a los dieciséis años.

ACABAR DE + INFINITIVO

Sirve para referirse a una acción pasada reciente.

- **Acabo de conseguir** el trabajo de mi vida.

ESTAR + GERUNDIO

Usamos **estar** en Pretérito Perfecto o Pretérito Indefinido + Gerundio para presentar, en un relato, una acción en su desarrollo y como concluida.

- Esta mañana **he estado paseando** con un amigo.
- El año pasado **estuve viviendo** en Alemania.

Utilizamos estas formas con expresiones que aluden a periodos temporales cerrados.

- He estado **todo el fin de semana** durmiendo.
- Ayer estuve hablando **un buen rato** con mi jefe.
- Mi abuelo se ha pasado **toda la mañana** chateando.

5. ¿CUIDAS A TUS AMIGOS?

A. ¿Eres buen amigo de tus amigos? Responde a este cuestionario y descúbrelo.

TEST

¿Cuidas a tus amigos?

1. ¿Cuánto tiempo hace que conociste a tu mejor amigo/a?
- ☐ a) Hace menos de un año.
- ☐ b) Hace más de tres años.
- ☐ c) Hace más de diez años.

2. ¿Invitas a tus amigos a tu casa habitualmente?
- ☐ a) No, nunca.
- ☐ b) Sí, a veces.
- ☐ c) Sí, muchas veces.

3. ¿Cuántas fechas de cumpleaños recuerdas?
- ☐ a) Solo la de mi cumpleaños.
- ☐ b) Las de mis padres y las de mis hermanos.
- ☐ c) Las de bastantes de mis amigos.

4. ¿Cuánto hace que no llamas a un/a amigo/a?
- ☐ a) Más de una semana.
- ☐ b) Más de tres días.
- ☐ c) Unas horas.

5. ¿Cuándo enviaste un correo electrónico a un/a amigo/a tuyo/a por última vez?
- ☐ a) Hace un mes, o más.
- ☐ b) La semana pasada.
- ☐ c) Hace un rato.

6. ¿Cuánto tiempo hace que no le pides un consejo a un/a amigo/a?
- ☐ a) Hace muchísimo tiempo.
- ☐ b) Hace bastante tiempo.
- ☐ c) Hace poco.

7. ¿Sales mucho con tus amigos?
- ☐ a) No, desde que conocí a mi novio/a.
- ☐ b) A veces.
- ☐ c) Sí, casi todos los fines de semana.

B. Ahora, lee los resultados. ¿Estás de acuerdo? Coméntalo con tus compañeros.

Resultados

Mayoría de respuestas A. Parece que no valoras mucho a tus amigos. ¿Recuerdas sus nombres?

Mayoría de respuestas B. Tienes amigos que te quieren y a los que quieres. Pero a veces el estrés y el ritmo de vida que llevas pueden interferir en tu relación con ellos.

Mayoría de respuestas C. Eres un amigo excelente. Das un gran valor a la amistad y cuidas a tus amigos. Todo tiene su recompensa: seguro que ellos también te cuidan a ti.

6. MIS COMPAÑEROS Y YO

Fíjate en esta ficha. Marca, primero, aquellas informaciones que pueden aplicarse a ti. Luego, busca en la clase a personas que respondan afirmativamente. Puedes añadir otras informaciones. ¿Con quién tienes más cosas en común?

Busca a alguien que...	Yo	Mis compañeros
Ha dejado de comer carne o alguna otra cosa.		
Sigue viviendo con sus padres.		
Lleva más de un año saliendo con alguien.		
Acaba de cambiar de trabajo.		
Hace poco ha empezado a ir a un gimnasio.		
Piensa irse a vivir a un país de habla hispana.		
....		

7. CAMBIOS

A. Aquí tienes una serie de cosas que pueden cambiar la vida de una persona. En parejas, pensad otras y completad la lista.

casarse   enamorarse   acabar los estudios

cumplir 18 años   estudiar en el extranjero

trasladarse a otra ciudad   tener un hijo

hacer un viaje   cambiar de trabajo

sacarse el carné de conducir

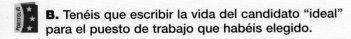
comprar el casa primero

B. En tu opinión, ¿cuál o cuáles de los momentos del apartado A cambian más la vida de las personas? ¿Por qué? Coméntalo con tu compañero.

- Yo creo que estudiar en el extranjero es un cambio muy importante porque tienes que empezar de cero.
- Sí, pero para mí es más importante cumplir 18 años porque...

CD 2-5 C. Escucha ahora el testimonio de unas personas que comentan por qué han cambiado sus vidas. ¿Qué ha pasado en cada caso? Escríbelo.

1. ....   2. ....

3. ....   4. ....

D. ¿Cuáles de las cosas de la lista te han pasado a ti? ¿Cuáles no? Coméntalo con tus compañeros.

8. CANDIDATOS IDEALES

A. En la sección de ofertas de empleo de una revista han aparecido los siguientes puestos de trabajo. Elegid uno y, en grupos, pensad las características del candidato ideal para ese puesto: estudios, idiomas, experiencia laboral, aficiones, etc.

Farero/a en una isla desierta en Escocia

Profesor/a de los hijos de un rey europeo

Médico/a en Alaska   Instructor/a de Tai-Chi

Catador/a de bombones de chocolate en Suiza

Astronauta en el primer vuelo con tripulación a Venus

Director de una residencia de ancianos

Dj en una discoteca de Ibiza

B. Tenéis que escribir la vida del candidato "ideal" para el puesto de trabajo que habéis elegido.

Jacques Chocolat nació en Bélgica hace 32 años. Estudió en la Escuela de Pastelería de Bruselas, donde se especializó en la preparación de postres de chocolate. Actualmente, trabaja en una fábrica de bombones...

C. Ahora, por turnos, algunos de vosotros asumiréis el papel de los candidatos y contestaréis a las preguntas que os harán los demás compañeros como si se tratara de una entrevista de trabajo.

- ¿Tienes experiencia como profesor?
- Sí. Trabajé durante cinco años en un colegio privado.

VIAJAR

9. LENGUAS EN CONTACTO CON EL ESPAÑOL

A. Lee este artículo y anota en los mapas siete de las lenguas que se mencionan.

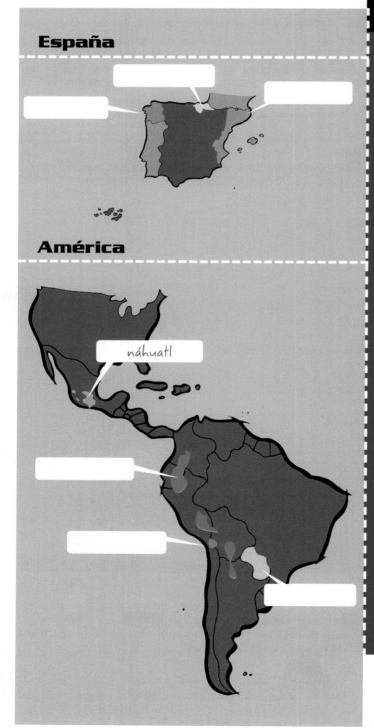

España

América

náhuatl

El español no está solo

A diferencia de lo que mucha gente cree, ni en España ni en Latinoamérica se habla solo español.

Orígenes. El español (o castellano) es una de las lenguas románicas derivadas del latín. Nació en el norte de España, en una zona protegida con castillos. Por eso fue denominada la región Castilla y su lengua, castellano. En 1714, Felipe V la declaró lengua oficial de España y generalmente es conocida como "español".

Desde entonces se ha convertido en la lengua oficial de 20 países. El castellano, que se habla en todo el territorio español, Guinea Ecuatorial, los antiguos territorios españoles del Sáhara y toda América Central y del Sur (excepto en Brasil, las Guayanas y Belice), es también la lengua vehicular de muchas personas que viven en otros países. Solo en Estados Unidos, por ejemplo, hay más de 40 millones de hablantes de español.

En España. El catalán, el gallego y el euskera (cuyo origen es todavía desconocido) son, junto con el español, lenguas oficiales en sus respectivas comunidades autónomas: Cataluña, las Islas Baleares y la Comunidad Valenciana, Galicia, y el País Vasco y parte de Navarra.

En América. La pluralidad lingüística alcanza en América cifras increíbles. Se han estudiado cerca de 2000 idiomas y dialectos divididos en 17 grandes familias. Algunas de las familias lingüísticas más importantes son:

a) La familia **yuto-azteca.** Comprende 16 lenguas habladas en el sur de Estados Unidos, México y América Central. Las principales son el *náhuatl*, utilizada actualmente por alrededor de un millón de personas en México, y el *pipil*, que se habla en El Salvador.

b) La familia **maya.** Abarca unas 30 lenguas. De ellas, 21 se hablan en Guatemala y, las demás, en México. La más conocida es el *maya quiché*, que cuenta con más de medio millón de hablantes en Guatemala.

c) La familia **quechua.** Cuenta con unas 20 lenguas. La principal es el *quechua*, que se habla principalmente en zonas de Ecuador, El Perú y Bolivia y, en menor medida, en el sur de Colombia y en el norte de Argentina. Cuenta con unos 10 millones de hablantes.

d) La familia **tupi-guaraní.** Son alrededor de 60 lenguas habladas en Brasil, Uruguay, Paraguay, noreste de Argentina y este de Bolivia. La variedad más importante es el *guaraní paraguayo*, hablado actualmente por la mayoría de la población de Paraguay.

e) La familia **arahuac.** Representa alrededor de 80 lenguas y dialectos, que se hablaban, en el pasado, en Florida y las Antillas y, actualmente, en las Guayanas, Venezuela, Colombia y Brasil.

f) La familia **aimara.** Representa fundamentalmente las lenguas andinas *jaqaru, kawki* y *aimara*. El *aimara* se habla en las proximidades del lago Titicaca, en Bolivia, Chile y El Perú. Tiene más de medio millón de hablantes.

B. ¿Sabes a qué familia pertenece tu lengua? ¿Desde cuándo es la lengua oficial de tu país? ¿Hay otras lenguas oficiales? ¿Dónde se hablan?

2

PROHIBIDO PROHIBIR

En esta unidad vamos a
establecer las normas de nuestra clase

Para ello vamos a aprender:

> a expresar prohibición
> a expresar obligatoriedad
> a expresar impersonalidad
> a hablar de hábitos: es **normal/habitual/
raro** + Infinitivo, **soler** + Infinitivo
> **todo el mundo/la mayoría (de...)/muchos/algunos...**

1. ¿QUÉ SABES DE LOS ESPAÑOLES?

A. ¿Sabes algo de las costumbres de los españoles? ¿Qué crees que hacen en las situaciones que plantea este cuestionario? Márcalo. Puedes marcar más de una opción, o no marcar ninguna y proponer otra cosa.

CÓMO RELACIONARSE EN ESPAÑA Y NO MORIR EN EL INTENTO

1. Un español te invita a una fiesta. Te ha dicho que empieza a las 11 de la noche.

- ☐ a) Llegas a las 11 h.
- ☐ b) Llegas a las 11:30 h.
- ☐ c) Llegas antes de las 11 h.

2. Unos amigos españoles te han invitado a comer en su casa.

- ☐ a) Al día siguiente, llamas por teléfono o envías una tarjeta para dar las gracias.
- ☐ b) Dices que todo está muy bueno y, al despedirte, les propones cenar en tu casa algún día.
- ☐ c) Al despedirte, dices "gracias por la cena".

3. Es tu cumpleaños y un amigo español te hace un regalo.

- ☐ a) Lo guardas y lo abres en otro momento.
- ☐ b) Lo abres y dices que te gusta mucho.
- ☐ c) Lo abres y dices que no te gusta.

4. Son las 9 h de la noche, estás cenando y un amigo español te llama por teléfono.

- ☐ a) Le dices que no puedes hablar porque estás cenando.
- ☐ b) Le dices que estás cenando, pero sigues hablando.
- ☐ c) No le dices que estás cenando y hablas con él durante media hora.

5. Estás de visita en casa de los padres de un amigo español y te ofrecen quedarte a comer.

- ☐ a) Dices "sí, gracias".
- ☐ b) Dices "no, gracias", pero, si insisten, aceptas la invitación.
- ☐ c) Dices "no, gracias" y das una excusa.

6. Has comido en un restaurante en España y te traen la cuenta.

- ☐ a) Dejas un 5% de propina para el camarero.
- ☐ b) No dejas propina.
- ☐ c) Dejas un 20% de propina.

7. Vas a un restaurante con tres amigos españoles. A la hora de pagar...

- ☐ a) Dividís la cuenta en cuatro partes.
- ☐ b) Dividís la cuenta en cuatro partes, pero, si alguien ha comido menos, paga un poco menos.
- ☐ c) Pedís la cuenta por separado y cada uno paga lo que ha tomado.

8. Estás viajando en tren y, tras hablar durante dos horas con un desconocido, te da su dirección y te invita a visitarlo algún día.

- ☐ a) Al cabo de unos meses vas a visitarlo con la intención de quedarte unos días en su casa.
- ☐ b) Le das tu dirección y lo invitas a tu casa también. Esperas verlo pronto.
- ☐ c) Le das tu dirección y lo invitas a tu casa también aunque sabes que probablemente no vas a verlo más.

B. Aquí tienes una serie de informaciones relacionadas con cada una de las situaciones del test. ¿Hay algo que te sorprende? ¿Te has encontrado en alguna situación parecida? Explícaselo a tu compañero.

1 En España no es normal llegar a una fiesta antes de la hora prevista. En general, la gente suele llegar media hora o una hora más tarde. Si te invitan a una cena o a una comida, se puede llegar un poco más tarde, pero no mucho más de un cuarto de hora.

2 En España es raro llamar o enviar una tarjeta para dar las gracias después de una comida en casa de unos amigos. Es normal elogiar los platos durante la comida y sugerir un próximo encuentro, pero no se suele dar las gracias al despedirse.

3 En España, cuando alguien recibe un regalo, lo abre delante de la persona que se lo ha hecho, le da las gracias y, normalmente, dice algo positivo como, por ejemplo, "¡Qué bonito!".

4 No está muy aceptado decir que no puedes hablar porque estás comiendo o cenando. Lo normal es esperar que la conversación no se alargue demasiado. En todo caso, siempre tienes la opción de no atender la llamada.

5 En situaciones de cierta formalidad, la mayoría de los españoles no acepta quedarse a comer después de un primer ofrecimiento. Lo normal es dar una excusa y decir, por ejemplo, que te esperan para cenar en otro lugar. Normalmente solo te quedas si insisten bastante.

6 En España, se suele dejar propina en los restaurantes, pero eso siempre depende de lo satisfecho que has quedado del servicio y de la comida. Lo normal suele ser alrededor de un 5%.

7 En España, cuando no se trata de una invitación, lo normal es pagar "a escote", es decir, se divide la cuenta a partes iguales. Jamás se pide la cuenta por separado.

8 En España, dos personas que se acaban de conocer pueden intercambiarse la dirección o el teléfono al despedirse. Muchas veces es solo una forma de demostrar que se han caído bien.

● Una vez me invitaron a una fiesta y llegué el primero...

2. PROHIBIDO FUMAR

A. ¿Dónde crees que puedes encontrar estos carteles? Coméntalo con un compañero.

B. ¿Sabes qué significan estas señales? Escribe el número correspondiente debajo de cada una.

A .... B .... C .... D ....
E .... F .... G .... H ....

1. No está permitido sentarse en la barandilla
2. No se permite la entrada con comida
3. No se admiten perros
4. Se prohíbe hacer ruido
5. Es obligatorio entrar sin zapatos
6. Prohibido el paso con carritos de niño
7. No se puede tocar
8. Está prohibido pasar

C. ¿Conoces alguna señal especial o curiosa? Dibújala en la pizarra. Tus compañeros tienen que adivinar qué significa.

3. EN EL TRABAJO

A. Estas diez frases hacen referencia a cuestiones relacionadas con el mundo del trabajo en España. ¿Cuáles crees que son verdad? Coméntalo con tu compañero.

1. **Todos** los trabajadores tienen 15 días de vacaciones cuando se casan.
2. En **la mayoría de** las empresas, cuando alguien se casa, los compañeros suelen hacerle un regalo.
3. En **algunas** empresas se suele trabajar los sábados por la mañana.
4. En **casi todas** las empresas, los trabajadores reciben el sueldo semanalmente.
5. **Casi todos** los trabajadores tienen dos pagas extras al año: una en junio y la otra en diciembre.
6. **Todos** los trabajadores tienen, como mínimo, un mes de vacaciones al año.
7. **Muchas** empresas pagan un seguro médico privado a sus trabajadores.
8. **Casi ninguna** empresa cierra en agosto por vacaciones.
9. A media mañana, en **todas** las empresas, los empleados tienen un descanso para desayunar.
10. **Casi todas** las empresas tienen una cantina donde comen los trabajadores a mediodía.

B. Ahora escribe cinco frases sobre el mundo del trabajo en tu país.

> En la mayoría de las empresas…
> Mucha gente suele…
> Todos los trabajadores…

C. Intenta ordenar estas expresiones de más a menos.

Pocas empresas	Todas las empresas
Ninguna empresa	Casi ninguna empresa
La mayoría de las empresas	Algunas empresas
Casi todas las empresas	Muchas empresas

4. EN EL COLEGIO

A. Rubén tiene 14 años y acaba de cambiar de colegio. Ahora estudia en un colegio privado. Escucha la conversación y marca las cosas que están prohibidas, las que están permitidas y las que son obligatorias en su nuevo colegio.

CD 6

	ESTÁ PROHIBIDO	ESTÁ PERMITIDO	ES OBLIGATORIO
Llegar tarde a clase			
Quedarse a comer en el colegio			
Mascar chicle en clase			
Tener el móvil conectado en clase			
Utilizar la calculadora en la clase de matemáticas			
Consultar el diccionario en la clase de inglés			
Tutear al profesor			
Llevar uniforme			

B. ¿Qué cosas están prohibidas, están permitidas y son obligatorias normalmente en las escuelas o en los institutos de tu país? Comentadlo en grupos.

5. COSTUMBRES

A. Lee las siguientes frases sobre algunas cosas que son normales en España. ¿Es igual en tu país? ¿Te sorprende alguna información? Coméntalo con tus compañeros.

En España es normal…

- preparar las vacaciones con poca antelación.
- comer con la familia los domingos.
- enseñar toda la casa a los invitados que nos visitan por primera vez.
- tomar café después de comer.
- invitar a tomar algo a los amigos el día de tu santo y de tu cumpleaños.
- cenar después de las nueve de la noche.
- veranear cerca del lugar de residencia.

> Es (muy/bastante) normal/habitual/frecuente/raro…
> No es (muy) normal/habitual/frecuente/raro…

- Aquí no es normal preparar un viaje con poca antelación. Normalmente…

B. ¿Qué tiempo verbal acompaña a las expresiones **es normal**, **es habitual** y **es raro**?

EXPRESAR PROHIBICIÓN

En carteles o en textos escritos, generalmente se usan las siguientes construcciones.

Prohibido + Infinitivo
(Está/n) prohibido/a/os/as + sustantivo
Se prohíbe/n + sustantivo
No se permite/n + sustantivo/Infinitivo
No está/n permitido/a/os/as + sustantivo
No se admite/n + sustantivo

 NO SE PERMITE LA ENTRADA SIN CASCO

 SE PROHÍBE EL PASO

ESTÁ PROHIBIDA LA VENTA DE TABACO A MENORES DE 16 AÑOS

PROHIBIDO FUMAR

 NO SE ADMITEN TARJETAS DE CRÉDITO

 NO ESTÁ PERMITIDA LA VENTA DE BEBIDAS ALCOHÓLICAS

En la lengua oral, para expresar prohibición, solemos usar estas construcciones.

Está prohibido + Infinitivo
No se permite + Infinitivo
No está permitido + Infinitivo
No se puede + Infinitivo
No dejan + Infinitivo

- *En este restaurante **está prohibido** cantar.*
- ***No se permite** hacer fotos durante la actuación.*
- ***No está permitido** usar el teléfono móvil en la clase.*
- *En este edificio **no se puede** entrar sin identificación.*
- *En mi cole **no dejan** llevar gorra.*

EXPRESAR OBLIGATORIEDAD

Es obligatorio + Infinitivo
Es/Son obligatorio/a/os/as + sustantivo

- *En mi trabajo **es obligatorio** usar guantes.*
- ***Es obligatoria** la aceptación de las condiciones.*

HABLAR DE HÁBITOS

(No) es normal/habitual/frecuente/raro + Infinitivo

- *En España **es normal** acostarse después de las 12.*
- *En mi país **no es** muy **habitual** tomar café después de las comidas. (= En mi país **es poco habitual** tomar café después de las comidas.)*

Para hablar de hábitos usamos también **soler** + Infinitivo.

	soler	
(yo)	**sue**lo	
(tú)	**sue**les	
(él/ella/usted)	**sue**le	+ Infinitivo
(nosotros/as)	solemos	
(vosotros/as)	soléis	
(ellos/ellas/ustedes)	**sue**len	

- *En España la gente **suele** acostarse tarde.*

Para opinar, valorar o aconsejar, podemos usar esta estructura.

Es bueno/malo/aconsejable/interesante/fácil + Infinitivo

- *En mi país es aconsejable dejar propina.*

CUANTIFICADORES

Todo el mundo	**Algún(o)/a/os/as** (+ sust.)
(Casi) todo/a/os/as (+ sust.)	**Poco/a/os/as** (+ sust.)
La mayoría (de + sust.)	**(Casi) nadie**
Mucho/a/os/as (+ sust.)	**Ningún(o)/a** (+ sust.)
La mitad (de + sust.)	

- *En mi clase **todo el mundo** estudia mucho.*
- ***Todas** las empresas cierran los domingos.*
- *En España **la mayoría de** la gente vive en las ciudades.*
- ***Muchos** jóvenes españoles viven con sus padres.*
- ***La mitad de** los alumnos de esta escuela son griegos.*
- ***Algunas** tiendas cierran a las 10 h.*
- ***Poca** gente viaja al extranjero.*
- *En mi casa, **casi nadie** se acuesta antes de las 11 h.*
- ***Ningún** trabajador ha recibido la paga extra en verano.*

EXPRESAR IMPERSONALIDAD

Existen varios recursos para no especificar quién realiza la acción. Uno de ellos es la estructura **se** + verbo en 3ª persona (singular/plural) + nombre.

- En España **se cena** bastante tarde.

! Cuando el verbo es reflexivo, no se puede usar la estructura anterior. En estos casos, aparece un sujeto colectivo o difuso.

- En mi país **la gente se acuesta** muy temprano.

También podemos usar la 2ª persona del singular, sobre todo en la lengua oral.

- En mi país, si **sacas buenas notas**, **te** dan una beca.

6. ¿BUENOS ESTUDIANTES?

A. El profesor os va a hacer unas preguntas en voz alta. Levanta el brazo si tu respuesta es sí y completa el cuadro de la derecha.

¿Quién hace siempre los deberes?

■■■	¿Cuántos?
Hacer siempre los deberes	
Estudiar español en casa por la noche	
Hablar siempre en español en clase	
Tomar notas de las explicaciones del profesor	
Leer periódicos, revistas o libros en español	
Ver películas en español	
Practicar el español fuera de la clase	
Escuchar música española en casa	
Consultar habitualmente gramáticas y diccionarios	
Navegar por webs que están en español	

B. Ahora, en parejas tenéis que redactar las conclusiones.

(Casi) toda la clase	Algunos
La mayoría	(Casi) nadie

Casi toda la clase escucha música española en casa...

7. ¿DÓNDE CENAMOS?

A. Imagina que estás en España y que, esta noche, vas a cenar fuera con tus compañeros. Aquí tienes las reseñas de cuatro restaurantes. ¿Cuál prefieres?

AZAFRÁN [1] **El restaurante con más clase de la ciudad. Un lugar frecuentado por famosos nacionales e internacionales. Desde que abrió sus puertas en 1995, es conocido por su calidad, por su atención al cliente y por su ambiente relajado. En su carta destacan los pescados, los arroces y las carnes.** 🕐 Abierto todos los días. De domingo a jueves de 11 a 23 h. Viernes y sábados de 11 a 1 h. ℹ️ Es obligatorio llevar americana y corbata. Se admiten todas las tarjetas de crédito.

NATURAL [2] **Un restaurante para los más sanos. En su carta ofrece los platos vegetarianos más exquisitos. No se sirven bebidas alcohólicas.** 🕐 Abierto de lunes a sábado. De 13 a 17 h y de 20 a 1 h. ℹ️ Se admiten tarjetas de crédito.

LA BODEGA [3] **Una bodega típica con más de 100 años de historia. Famosa por su divertido ambiente y por sus tapas de pescadito y de jamón. Buen vino y buena música a precios asequibles.** 🕐 Abierto todos los días (excepto los lunes) de 18 a 3 h. ℹ️ No se admiten tarjetas de crédito.

EL BARQUITO [4] **Un barco reconvertido en restaurante. Ideal para despedidas de soltera o reuniones de amigas. Después de la cena, lo mejor es el show de sus "go-go boys" vestidos de marineros. Solo se permite la entrada a mujeres. Está permitido fumar.** 🕐 Abierto de miércoles a domingo de 20 a 3 h. ℹ️ Se admiten tarjetas de crédito.

B. Ahora ponte de acuerdo con tres de tus compañeros. ¿Cuál elegís?

- Yo quiero ir al Azafrán.
- No, al Azafrán, no. Es obligatorio llevar corbata y yo lo odio.

C. ¿Y en vuestra ciudad? ¿A qué restaurante le gustaría ir a toda la clase? Poneos de acuerdo.

8. UN EXTRATERRESTRE DE VISITA POR ESPAÑA

A. 4D-2 es una extraterrestre que está pasando una temporada en España. Lee estos fragmentos de un informe que ha escrito sobre algunas fiestas. ¿Sabes a qué fiesta se refiere en cada caso?

1

En España todas las ciudades tienen unos días especiales que se llaman "fiestas". Hay algunas muy raras. Por ejemplo, en una ciudad que se llama Pamplona mucha gente se pasa una semana corriendo delante de unos animales muy peligrosos (sobre todo porque están muy asustados). Por lo visto, siempre hay heridos.

2

En otra ciudad, que se llama Valencia, también tienen una fiesta muy rara que consiste en hacer explotar unas cosas que llaman "tracas" y que hacen tanto ruido que pueden dejar sordo a cualquiera. En casi todas las calles tienen unas esculturas de cartón muy grandes y muy bonitas. Las exponen durante unos días y, una noche, las queman todas a la vez.

3

Durante una semana, en otra ciudad que se llama Sevilla, es normal ver todos los días cómo desfilan por la calle unas esculturas de un hombre "clavado" en una cruz y de una mujer que llora (creo que es su madre). Hay una banda que toca una música muy triste y la gente camina detrás muy despacio. Las mujeres suelen ir vestidas de negro. De vez en cuando se paran y entonces alguien empieza a cantar.

B. Imagina que 4D-2 también ha visitado tu país y ha escrito un informe como el anterior sobre algunas fiestas o tradiciones de tu país. ¿Puedes escribirlo?

9. ESTILOS DE VIDA

¿Cuáles de estas cosas se hacen normalmente en tu casa? ¿Y en casa de tu compañero? Pregúntaselo y completa el cuadro.

■ ■ ■	EN MI CASA		EN SU CASA	
	Sí	No	Sí	No
Cenar antes de las nueve				
Cocinar con aceite de oliva				
Celebrar las fiestas importantes con toda la familia				
Ver la televisión durante las comidas				
Escuchar la radio por la mañana				
Comer pan en las comidas				
Desayunar en la cocina				
Acostarse después de las doce				

• ¿En tu casa se cena antes de las nueve?

10. LAS NORMAS DE LA CLASE

A. En parejas, tenéis que elaborar las diez normas de la clase. Tened en cuenta los siguientes aspectos.

LA ROPA, LOS DESCANSOS,
LOS DEBERES, LA ASISTENCIA,
LA COMIDA, LA PUNTUALIDAD,
LOS DERECHOS Y LOS DEBERES DEL
PROFESOR Y DE LOS ALUMNOS,
EL COMPORTAMIENTO
(DURANTE LA CLASE)

• Están prohibidos los exámenes sorpresa.

B. Ahora, vamos a dividir la clase en dos grandes grupos. Cada grupo tiene que ponerse de acuerdo para elaborar las 10 normas de la clase y, a continuación, presentarlas a los demás. Una vez expuestas las normas de los dos grupos, tenéis que poneros todos de acuerdo y elaborar una única lista, que podéis colgar en una pared de la clase.

11. LO QUE MÁS ME GUSTA DE MI TRABAJO

A. Fíjate en estas tres personas y lee lo que dicen. ¿Dónde crees que trabajan? ¿Por qué?

Arturo

Lo que más me gusta de mi trabajo

"Lo mejor es que suelo salir a las 6 h de la tarde y que no trabajo los fines de semana. También me gusta tratar con la gente y vender. Otra cosa buena es que cuando hago una venta importante, cobro una comisión y mi sueldo se duplica o se triplica."

Lo que menos me gusta de mi trabajo

"No me gusta llevar traje, pero en mi trabajo es obligatorio. No me gusta viajar y, a veces, tengo que ir a ferias o a otras ciudades para visitar a clientes y, claro, a veces estoy más de una semana sin ver a mi familia. Eso es lo peor de mi trabajo."

Roberto

Lo que más me gusta de mi trabajo

"Una de las cosas que más me gusta de mi trabajo son las vacaciones. Tenemos más de dos meses en verano, dos semanas en Navidad y una semana en Semana Santa. También me gusta trabajar con niños. Es muy gratificante."

Lo que menos me gusta de mi trabajo

"Lo peor es que muchos padres piensan que somos los únicos responsables de la educación de sus hijos cuando, en realidad, solo compartimos con ellos esa responsabilidad."

Elisenda

Lo que más me gusta de mi trabajo

"Me gusta tratar con la gente. Me encanta la ropa y todo lo que está relacionado con la moda. Me llevo muy bien con mis compañeras."

Lo que menos me gusta de mi trabajo

"En mi trabajo es obligatorio llevar uniforme y no me gusta nada. El horario tampoco me gusta mucho. Empiezo a las 10 h y tengo que hacer una pausa de 2 a 4:30 h. Vivo bastante lejos del trabajo así que normalmente me quedo por el centro de la ciudad, como y, a veces, voy a un gimnasio para aprovechar el tiempo. Suelo llegar a casa a las 9 o a las 9:30 h de la noche. Y encima, trabajo casi todos los sábados. Pero lo peor es que el sueldo tampoco es gran cosa. Por eso todavía vivo con mis padres."

B. ¿Encuentras diferencias en estos trabajos respecto a tu país? Coméntalo con tus compañeros.

- En mi país los profesores no tienen dos meses de vacaciones en verano. Tienen solo uno y medio porque las clases empiezan en agosto.

3

MENSAJES

En esta unidad vamos a
**transmitir mensajes y desarrollar
estrategias de comunicación**

Para ello vamos a aprender:

> *a desenvolvernos por teléfono* > *a tomar y a dejar recados por teléfono*
> *a transmitir mensajes:* **me ha dicho que… / me ha preguntado si…**
> *algunas estrategias de comunicación*
> *verbos que resumen la intención de un*
mensaje **(preguntar, recomendar, etc.)**

1. UNA CARTA, UNA NOTA...

A. ¿Qué haces en cada uno de estos casos? Explícaselo a tus compañeros.

1. Quieres decir buenas noches a tu novio/a que está de viaje.
2. Quieres ofrecerte en una empresa para trabajar.
3. Quieres decirle a tu compañero/a de piso que vas a organizar una cena esta noche en casa.
4. Quieres informar a tus clientes de los nuevos precios de tus productos.
5. Quieres mandar unas flores y una felicitación.

Mandar una carta

Escribir un correo electrónico

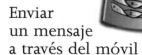

Enviar
un mensaje
a través del móvil

Carlos Martínez Lázaro
Calle Quevedo, 6
28003 Madrid

¡FELIZ CUMPLE!

Enviar una tarjeta

Escribir una nota

• Yo, cuando mi novio está fuera y quiero decirle "Buenas noches", le envío un mensaje.

B. ¿Cuál de los siguientes textos crees que es la carta, el mensaje de móvil, el correo electrónico, la tarjeta y la nota? Escríbelo en el recuadro correspondiente.

① Querida mamá:
¡Feliz cumpleaños! Un beso muy fuerte.
Tu hijo, Pedro

② Apreciados clientes:
Como cada año por estas fechas, les adjunto la nueva lista de precios de nuestros productos para el próximo año.
Un cordial saludo,

Aurora Jurado
INDIFEX
C/ Ribera, 42
28924 Alcorcón (Madrid)
www.indifex.es

③ ¿Dónde te metes? Nunca te veo... Esta noche vienen a cenar Pedro, Mari Carmen y Julián. ¿Cenas con nosotros? Hablamos luego. Si no puedes venir, llámame.

Rafa

④ IBERMÁQUINAS S.L
Avda. de Madrid, 23
20011 San Sebastián

Muy señores míos:
Les escribo con la intención de presentarme y mostrarles mi interés en trabajar en su empresa. Como pueden ver en el currículum adjunto, me licencié en la Universidad Autónoma de Madrid y desde entonces he trabajado en varias empresas del sector.

Quedo a su disposición para poder hablar con más detalle sobre mi experiencia profesional en una entrevista personal. A la espera de sus noticias, reciban un cordial saludo.

Atentamente,

Alberto Cabo Moreno

⑤ Buenas noches,
cariño.

C. ¿Cuál de los anteriores tipos de texto escribes tú con más frecuencia? Coméntalo con tus compañeros.

• Antes escribía muchas cartas y postales pero ahora ya no. Ahora escribo más...

2. AL TELÉFONO

A. Lee estas transcripciones de conversaciones telefónicas y complétalas con las frases que faltan.

A

● ¿Sí?
○ Hola, ¿está Javier?
● Sí, soy yo.
○ Ay, perdona. Soy Marisa. ¿Qué tal?
● ¡Hola Marisa! ¿Qué tal?

○ ....

B

● ¿Diga?
○ Hola, quería hablar con Rosa María.
● ¿De parte de quién?
○ De Juan Manuel.

● ....

C

● Industrias Ferreiro. Buenos días.
○ Buenos días. ¿Podría hablar con el señor Ferreiro?
● ¿De parte de quién, por favor?
○ De parte de Antonio Román.
● Un momentito por favor.
  (…)
● Sr. Román, le paso con el señor Ferreiro.

○ ....

D

● ¿Dígame?
○ Buenas tardes. ¿Podría hablar con la señora Escudero?
● Lo siento, pero no está. ¿Quiere dejarle algún recado?

○ ....

E

● ¿Dígame?
○ ¿Con el señor Sancho, por favor?
● Lo siento, pero creo que se equivoca. Aquí no vive ningún señor Sancho.
○ ¿No es el 98 456 78 78?
● No, no, se equivoca.

○ ....

Sí, dígale que ha llamado Adela Giménez, por favor.

Un momento, ahora se pone.

Ah, pues perdone.

De acuerdo, gracias.

Nada, te llamaba para saber qué haces el domingo. Es que...

🔊 CD 7-11 **B.** Ahora, escucha y comprueba.

C. ¿En qué situaciones se pueden dar estas conversaciones?

● Yo creo que Marisa quiere...

3. ¿QUÉ SIGNIFICA...?

A. Lee esta nota. ¿Qué crees que significan los verbos inventados "gallar", "maller", "noter", "agapir" y "teser"? Coméntalo con un compañero.

Marta:
Esta noche voy a "gallar" tarde a casa. Te he "mallido" varias veces pero "notías" el móvil "agapido". Si quieres "mallerme", "teseré" en el restaurante Los Garbanzos. Mi teléfono es el 688 99 99.
Un beso muy grande.

Antonio

B. Seguro que has deducido fácilmente el significado de los verbos anteriores. ¿Qué estrategias has utilizado? Coméntalo con tus compañeros. Luego, escribe una frase con una palabra inventada. Tus compañeros tendrán que adivinar qué significa.

- ¿No "sañes" carne? ¿Eres vegetariana?
- "Sañer" significa "comer".
- ¡Sí!

4. ¿CÓMO DICES?

CD 12

A. Vas a escuchar unas conversaciones. ¿Qué crees que pasa en cada una de ellas? Completa el cuadro.

	No sabe cómo decir algo	No ha entendido bien o no está seguro de haber entendido
1		
2		
3		
4		
5		
6		
7		
8		
9		

B. Y tú, ¿qué haces cuando no sabes cómo se dice una palabra en español?

la dices en tu lengua / describes la cosa a la que te refieres (cómo es, para qué sirve...) / la buscas en el diccionario / pones ejemplos / intentas imaginar cómo se dice en español / preguntas cómo se dice / haces un dibujo / haces un gesto / ...

- Yo, cuando no sé cómo se dice una cosa en español, explico para qué sirve o...

5. RECADOS

A. Alfonso le ha contado estas cosas a un amigo. ¿Puedes relacionarlas con los textos originales?

1. ● Esta mañana he visto a Elena y me ha preguntado si voy a ir a la fiesta de Luisa.
2. ● Luisa me ha enviado un correo electrónico para invitarme a su fiesta de cumpleaños.
3. ● Me ha llamado Mamen. Quiere saber qué voy a llevar a la fiesta de Luisa.
4. ● Hoy me he encontrado con Pedro y me ha dicho que no va a la fiesta de Luisa porque se va de fin de semana a Venecia con Mari.
5. ● ¿Sabes qué me ha contado Pilar? Que Mari y Pedro se van a casar en Venecia y que por eso no van a la fiesta.

A
Hola Alfonso:
Solo cuatro líneas para decirte que el sábado es mi cumpleaños y hago una fiesta en casa. Te espero a partir de las 10, ¿vale? No faltes.
Besos.

B
- ● Hola Alfonso, ¿qué tal?
- ○ ¡Hola! ¡Qué sorpresa! ¿Cómo va?
- ● Muy bien... Oye, ¿vas a ir a la fiesta de Luisa?
- ○ ¡Ah, sí! Es verdad. ¿Cuándo es? El sábado, ¿no?
- ● Sí, el sábado por la noche.

C
- ● ¡Alfonso!
- ○ ¡Hombre! ¿Qué tal?
- ● Bien, ¿y tú?
- ○ Bien también. Por cierto, ¿vas a la fiesta de Luisa?
- ● No, no puedo. Me voy a Venecia con Mari.

D
- ● ¿A que no sabes las últimas noticias? Mari y Pedro se casan... ¡en Venecia! Por eso no van a la fiesta.
- ○ ¡No me digas!

E
- ● ¿Diga?
- ○ ¿Está Alfonso?
- ● Sí, soy yo.
- ○ Hola, soy Mamen.
- ● ¡Hola Mamen! ¿Qué tal?
- ○ Bien, bien. Oye, ¿tú qué vas a llevar a la fiesta de Luisa?
- ● No sé, supongo que un pastel o algo así.

B. Ahora imagina que Alfonso te ha hecho estas preguntas. ¿Cómo lo cuentas?

- ¿Te apetece ir a la fiesta?
- ¿Cómo vas a ir a la fiesta?
- ¿Quién va ir a la fiesta?
- ¿Javi va a ir a la fiesta?
- ¿Dónde es la fiesta?
- ¿Qué vas a llevar a la fiesta?

- Alfonso me ha preguntado...

AL TELÉFONO
RESPONDER

● ¿Diga? / ¿Dígame?
● ¿Sí?
● Transportes Álvarez, **buenos días.**

En Latinoamérica existen también otras formas para responder al teléfono: **bueno**, **aló**, **pronto**, **hola**…

PREGUNTAR POR ALGUIEN

● Hola, ¿**está** Javier?
○ Sí, soy yo. / No, no está.

● Hola, **quería hablar con** César.

● Hola, buenos días. **¿Puedo hablar con** Pedro Aragón?
○ Lo siento, pero no está. Ha salido.
● **¿A qué hora lo puedo encontrar?**
○ Creo que hoy ya no va a volver.

● Buenos días. **¿Podría ponerme con** el señor Ramírez?
○ Un momento, por favor.

○ **¿La señora García / Pilar García**, por favor?
● Lo siento, pero se equivoca.
○ ¿No es el 94 567 38 94?
● No, lo siento.
○ Disculpe.

IDENTIFICAR A LA PERSONA QUE LLAMA

● **¿De parte de quién**, por favor?
○ **De** Pedro.

PASAR UNA LLAMADA

● Un momento, **ahora le pongo/paso con** él/ella.
● Un momento, **ahora se pone.**

TOMAR UN MENSAJE

● ¿Quiere/s dejar algún mensaje/recado?
○ Sí, dígale/dile que ha llamado Javier.

TRANSMITIR MENSAJES DE OTROS
UNA INFORMACIÓN

Me ha dicho que…
Me ha contado que…
Me ha comentado que…

● *Juan **me ha dicho que** no puede ir a la fiesta, que se va de fin de semana a Venecia.*

UNA PREGUNTA

Me ha preguntado si…
Me ha preguntado qué/dónde/cuál/por qué/cómo/
          cuándo/cuánto…

● *¿Eres español?*
➡ *Me ha preguntado si soy español.*

● *¿Cuándo os vais de vacaciones?*
➡ *Me ha preguntado cuándo nos vamos de vacaciones.*

En un registro coloquial, estas frases pueden llevar la partícula **que**.

● *Me ha preguntado (que) si me voy a casar.*
● *Me ha preguntado (que) cuándo será la boda.*

UNA INTENCIÓN
Para transmitir un mensaje, podemos utilizar verbos que resumen la intención del hablante.

dar las gracias (a alguien **por** algo) **proponer** (algo a alguien)
despedirse (**de** alguien) **protestar** (**por** algo)
felicitar (a alguien **por** algo) **recomendar** (algo a alguien)
invitar (a alguien **a** algo) **recordar** (algo a alguien)
pedir (algo a alguien) **sugerir** (algo a alguien)
preguntar (**por** alguien) **saludar** (a alguien)

● *Julio ha llamado para **invitar a** Ricardo **a** cenar.*
● *Ha llamado Vicente para **despedirse de** tu hermano.*
● *Ha pasado tu padre. **Me ha preguntado por** ti.*

ESTRATEGIAS DE COMUNICACIÓN
CUANDO NO ENTENDEMOS ALGO

¿Puede/s repetírmelo, por favor?
¿Cómo dice/s?
No entiendo qué quiere/s decir.
Perdone/a pero no le/te he entendido bien.
Entonces quiere/s decir que…
¿Qué significa…?

CUANDO NO SABEMOS CÓMO DECIR ALGO

Es algo/una cosa/un objeto… que sirve para / que se
    parece a / que se puede encontrar en…
Es como… pero más/menos…
Es lo contrario de…
¿Cómo se dice?

CUANDO NO SABEMOS SI NOS HAN ENTENDIDO

No sé si me explico.
¿Sabe/s lo que quiero decir?

6. ¿QUÉ ESCRIBIMOS?

A. Vas a escribir un texto, pero primero piensa un número del 1 al 5; luego, piensa otro número del 6 al 10. Ya tienes el motivo de tu mensaje y su destinatario. Ahora, elige el canal más adecuado y escríbelo.

MOTIVO	DESTINATARIO	CANAL
1. Quieres enviar una felicitación	6. a un/a buen/a amigo/a	Una carta
2. Quieres decir que ha llamado su madre	7. al director de una empresa	Un mensaje de móvil
3. Quieres comunicar que te casas este año	8. a un familiar	Una tarjeta
4. Estás estudiando en un país extranjero y quieres enviar un saludo	9. a alguien que vive contigo	Una nota
5. Quieres pedir trabajo	10. a un/a amigo/a que vive muy lejos	Un correo electrónico

B. Pásale tu texto a un compañero (él te pasará el suyo). Explícale qué tipo de texto es, cuál es el destinatario y cuál es su finalidad. Después de leerlo, tenéis que intentar mejorarlo entre los dos. Fijaos en la corrección léxica y gramatical, en la estructura y en si es adecuado.

- Me parece que "Muy señor mío" no es muy adecuado, ¿no?
- ¿Tú crees? Yo no estoy segura.

Yo creo que / Me parece que aquí **puedes/tienes que poner** ... (en vez de ...) / ... **no es muy adecuado**. / aquí **falta** un pronombre/una preposición...

¿Estás seguro/a de que ... **es correcto/se dice así**?
No sé si esto **está bien/es correcto**.

7. HOLA, SOY BIBIANA

CD 13-15 Hoy Bibiana ha hablado por teléfono con tres personas. Escucha las conversaciones y completa el cuadro.

	Con quién habla	Para qué llama Bibiana	Qué dice la otra persona
1	Marta	para felicitarla por su cumpleaños	le da las gracias por llamar y la invita a...
2			
3			

8. LLAMADAS

A. Vamos a trabajar en grupos de tres (A, B y C). Cada grupo prepara estas dos conversaciones telefónicas.

1
- **A** y **B** son amigos y viven juntos.
- Llama vuestro amigo **C** porque quiere hablar con **B**
- **A** responde al teléfono.
- **A** y **C** se conocen también.

2
- **B** es recepcionista en una empresa en la que **C** es el director.
- **A** llama por teléfono porque quiere hablar con **C** para pedirle una cita.

B. Ahora, vais a representar las dos conversaciones.

- ¿Sí?
- Hola, soy Karen. ¿Está Alfred?
- Sí, un momento, ahora se pone.

9. TABÚ

A. Vamos a jugar al juego del tabú. Primero vamos a dividir la clase en dos grupos (A y B). Cada grupo tiene que preparar diez tarjetas como estas, es decir, con un verbo o un sustantivo y, al lado, tres palabras muy relacionadas.

Nieve: blanco/a, frío/a, invierno   **Sol:** calor, verano, rayo

Lechuga: verde, verdura, ensalada

Leer: libro, gafas, literatura   **Comer:** boca, masticar, dientes

Carne: animal, comer, vegetariano/a

Paraguas: llover, lluvia, mojarse

Música: instrumento, canción, CD

B. El grupo A elige una de sus tarjetas y se la entrega a un miembro del grupo B, que tiene que conseguir que su grupo adivine la palabra. ¡Cuidado!, no se pueden usar las tres palabras que aparecen al lado. Tampoco se pueden utilizar gestos, ni sonidos, ni palabras en vuestro idioma, pero sí el diccionario. Si su grupo la adivina, gana un punto.

- Es como la lluvia, pero un poco más sólida.
  Cae del cielo, normalmente en diciembre, enero...
- Nieve.
- ¡Sí!

10. TENGO UN MENSAJE PARA TI

A. Escribe una nota para el compañero que te diga el profesor. Puedes informarle de algo, invitarle a algo, agradecerle, pedirle o preguntarle algo. Luego, entrégale la nota a tu profesor.

> ¡Hola Olga!
>
> ¿Verdad que tú tienes un libro sobre filosofía griega? Es que tengo que hacer un trabajo para la semana que viene. ¿Puedes traerlo mañana?
>
> Tom

B. Tu profesor te va a dar la nota que un compañero ha escrito para otra persona. Tienes que transmitir el mensaje a su destinatario.

- Olga, tengo un mensaje de Tom para ti. Te pide un libro de filosofía griega y te pregunta si...

VIAJAR

11. TRABALENGUAS

A. Seguro que sabes algunos trabalenguas en tu idioma, pero... ¿sabes para qué sirven? Lee el siguiente texto y lo descubrirás.

SE ME LENGUA LA TRABA

En todos los idiomas existen juegos de palabras formados por sonidos que, juntos, son difíciles de pronunciar. Se llaman trabalenguas, aunque, en algunos lugares también son conocidos como "destrabalenguas" o "quiebralenguas". La gracia de estas pequeñas composiciones está en decirlas sin parar, de forma rápida y clara, y sin equivocarse.

Tradicionalmente, los trabalenguas han formado parte del repertorio de la literatura infantil y han sido un recurso al que los padres han acudido con una doble intención: la de divertir y la de potenciar el desarrollo verbal de los niños. Hoy en día,

además, educadores y logopedas emplean estas piezas para corregir problemas de pronunciación e incluso recurren a ellas profesionales que necesitan una buena dicción (intérpretes, actores, locutores…).

Existe un buen número de trabalenguas que pueden ser considerados "clásicos" dentro de las diferentes tradiciones orales en español, pero el carácter oral de estas composiciones hace que existan muchas variantes según la zona o el país, y que sufran cambios con el paso del tiempo. Por otro lado, se trata de un género abierto y en constante evolución, ya que cualquiera, adulto o niño, puede crear un trabalenguas.

> " LOS TRABALENGUAS SE HAN HECHO PARA DESTRABAR LA LENGUA, SIN TRABAS NI MENGUA ALGUNA Y SI ALGUNA MENGUA TRABA TU LENGUA, CON UN TRABALENGUAS PODRÁS DESTRABAR TU LENGUA."

SELECCIÓN DE TRABALENGUAS HISPANOS:

CUANDO CUENTAS CUENTOS,
NUNCA CUENTAS CUÁNTOS CUENTOS CUENTAS.

NO ME MIRES, QUE MIRAN QUE NOS MIRAMOS,
Y VERÁN EN TUS OJOS QUE NOS AMAMOS.

ME HAN DICHO QUE HAS DICHO UN DICHO
QUE HAN DICHO QUE HE DICHO,
Y EL QUE LO HA DICHO MINTIÓ.

PABLITO CLAVÓ UN CLAVITO.
¿QUÉ CLAVITO CLAVÓ PABLITO?

¡QUÉ INGENUO ES EUGENIO!
¡Y QUÉ GENIO TIENE EL INGENUO EUGENIO!

UN BURRO COMÍA BERROS Y EL PERRO SE LOS ROBÓ,
EL BURRO LANZÓ UN REBUZNO Y EL PERRO AL BARRO CAYÓ.

—¿USTED NO NADA NADA?
—NO, NO TRAJE TRAJE.

—COMPADRE, CÓMPREME UN COCO.
—COMPADRE, NO COMPRO COCO,
PORQUE COMO POCO COCO COMO,
POCO COCO COMPRO, COMPADRE.

¡QUÉ COL COLOSAL COLOCÓ EN AQUEL LOCAL EL LOCO AQUEL!

¿CÓMO COMO? ¡COMO COMO COMO!

B. ¿Quién es capaz de leerlos todos en menos tiempo?

C. ¿Por qué no intentas crear tu propio trabalenguas con sonidos difíciles?

4

VA Y LE DICE...

En esta unidad vamos a
**contar chistes y a escribir
la sinopsis de una película**

Para ello vamos a aprender:

> a relatar en presente
> a resumir un argumento
> a contar chistes
> algunos conectores para relatar
> la forma y los usos de los pronombres de OD y de OI

1. CLÁSICOS

A. Aquí tienes algunas obras muy conocidas de la literatura universal. Seguro que muchas te suenan, porque todas han sido llevadas al cine. ¿Has leído alguno de estos libros? ¿Has visto las películas?

Robinson Crusoe, **de Daniel Defoe**
Frankenstein, **de Mary W. Schelley**
La sirenita, **de H. C. Andersen**
El nombre de la rosa, **de Umberto Eco**
La vuelta al mundo en 80 días, **de Julio Verne**
Romeo y Julieta, **de William Shakespeare**
Muerte en el Nilo, **de Agatha Christie**
Quo vadis?, **de Henryk Sienkiewicz**
2001, una odisea espacial, **de Arthur C. Clarke**
Bailando con lobos, **de Michael Blake**
El señor de los anillos, **de J.R.R. Tolkien**
Harry Potter, **de J. K. Rowling**

- Yo leí hace años "Robinson Crusoe".
- Pues yo he visto la película. Sale Pierce Brosnan. Es muy buena.

B. ¿Sabes de qué género son las películas anteriores?

una película	**de** amor/**de** aventuras/**de** ciencia ficción **de** dibujos animados/**de** acción/**de** terror **del** oeste policíaca/histórica

una comedia
un drama

- "La vuelta al mundo en 80 días" es una película de aventuras", ¿no?

C. ¿Recuerdas el argumento de alguna? Cuéntaselo a tus compañeros.

- "La vuelta al mundo en 80 días" es la historia de un hombre que hace una apuesta e intenta dar la vuelta al mundo en solo 80 días con...

D. ¿Cuáles son tus películas favoritas? ¿De qué género son?

- Una de mis películas favoritas es "X-Men II". Es una película de ciencia ficción y de acción muy buena.

2. ¿QUÉ PONEN HOY?

Imagina que hoy, de 20 a 22 h, tienes un rato para ver la tele. Esta es la programación de algunos canales. ¿Qué te gustaría ver? ¿Por qué? ¿Qué tipo de programa es? Coméntalo con tus compañeros.

un programa	**de** actualidad
	de entrevistas
	de humor

un programa musical
un concurso
un magacín
un documental
un informativo
una película
una serie
una retransmisión deportiva
dibujos animados

canal 45

20:10
Zapping
Programa que ofrece una recopilación de las imágenes más curiosas de la semana.

21:00
El gafe: "La discordia"

Jack Nagle trabaja en una agencia de publicidad. En este episodio todo en su vida empieza a ir mal hasta que conoce a Katie, una misteriosa chica.

21:30
¡Ay, que me parto!
De lunes a viernes, el dúo Punto y aparte presenta este miniespacio de humor en el que se repasan las noticias del día de manera divertida.

tele2

19:50
Cine familiar: *El rey de la granja*
Tristán es un niño de 10 años que está pasando las vacaciones de verano en una granja con sus abuelos. Un día encuentra una esfera procedente de otro planeta que tiene el poder de controlar la mente de las personas.

21:40
Lo +

Programa presentado por Carmen Perea, Ana García y Fernando Warner en el que, cada día, uno o varios invitados responden a todo tipo de preguntas. En el programa de hoy Ana García estrena una sección propia en la que analizará aspectos de la actualidad.

odisea

20:00
Viajes mensuales
La vuelta al mundo que realiza el equipo del programa pasa este mes por Grecia, donde Susan Wolf asiste al festival del fuego de Anasteneria. Por su parte, Ray James recorre el río Grande, desde el cañón de Santa Elena hasta el Golfo de México.

20:35
Ciudades en taxi: Venecia

Si viajamos en un taxi de madera, eso significa que estamos en Venecia. No hay nada mejor que moverse en góndola por los canales para descubrir las maravillas de esta increíble ciudad.

21:00
Un millón para el más sabio
Tres nuevos concursantes compiten para llegar a la final. Solo uno de ellos conseguirá ganar el millón de euros.

canal 69

20:00
Solo música

Programa que repasa la actualidad musical nacional e internacional. El programa de hoy contará con las actuaciones en directo de los ganadores de los Grammy latinos, además de una entrevista exclusiva con Britney Spears.

21:00
FUTBOL
Final de la Copa del Rey.
Real Sociedad - Deportivo de La Coruña.

TC telecine

20:00
Película: *El barrio es mío*

Cameron Davids solo tiene 11 años, pero en su barrio de Nueva York todos le admiran. Es el mejor alumno de la escuela, juega al fútbol y al baloncesto como nadie y, además, es un excelente jugador de ajedrez. Pero Cameron no se conforma. Quiere convertirse en el primer presidente negro de los Estados Unidos.

21:30
Magacine
Programa sobre cine presentado por Álvaro Rodríguez-Santos en el que se presentan las novedades más destacadas de la cartelera española. El programa de hoy incluye un extenso reportaje sobre la directora Icíar Bollaín con imágenes inéditas del rodaje de su última película.

CANAL ACTUAL

19:05
Mundo rosa con Rosa

De lunes a viernes Rosa Villa repasa la actualidad del mundo de los famosos.

20:30
Economía actual
Programa de actualidad económica.

21:00
Noticias (edición noche)

21:30
Cara a cara
Espacio de entrevistas presentado por Carlos Fernández. El invitado de hoy es el cocinero Ferran Adrià.

● A mí me apetece ver "Ciudades en taxi".
○ ¿Qué es?
● Un documental de viajes, hoy va sobre Venecia.
○ Pues a mí me gustaría más ver la película "El barrio es mío". Tiene buena pinta.

3. LA LEYENDA

A. Este es el resumen de una obra de teatro infantil basada en una antigua leyenda vasca. Léelo y fíjate en los pronombres marcados en negrita. Son los pronombres de Objeto Directo (OD). Escribe en el cuadro a qué se refieren en cada caso.

José, un joven pastor, encuentra un día, a la entrada de una cueva, a una joven bellísima que se está peinando con un peine de oro. Cuando **la** ve, José se enamora inmediatamente de la joven y le pide casarse con ella.

La misteriosa joven le pone una condición: para casarse con ella, él debe acertar cuántos años tiene. José vuelve a su pueblo y le pide ayuda a una vecina, quien le promete averiguar**lo**.

Para ello, la vecina va a aquella misma cueva, se pone de espaldas a esta y, cuando aparece la bella joven, se inclina hacia adelante y le enseña el trasero. Asustada, la bella joven exclama: "¡En los ciento cinco años que tengo, jamás he visto nada igual!"

La mujer vuelve al pueblo y le comunica a José la edad de la misteriosa mujer. De este modo, cuando al día siguiente José va a ver a la joven y esta **lo** recibe en su cueva, José acierta la edad de la bella, por lo que esta acepta casarse con él.

Sin embargo, antes del matrimonio, José les comenta el asunto a sus padres. Sus ancianos padres le advierten de que su amada puede ser una lamía, un hada de las montañas, y le dicen que, antes de casarse, debe verle los pies para saber si es humana o no. Al día siguiente José encuentra de nuevo a la bella joven y le obliga a enseñarle los pies; cuando se **los** enseña, José comprueba que estos no son humanos, sino pies de pato, por lo que se confirma que es una lamía.

El joven rompe de inmediato su compromiso y no se casa, pero como está muy enamorado, enferma de tristeza y no tarda mucho tiempo en morir. El día de su funeral, las campanas de la iglesia tocan por la muerte de José. Cuando la lamía **las** oye, va al pueblo para decirle adiós.

PRONOMBRES DE OD

UNA COSA O PERSONA (MASCULINA SINGULAR) lo	UNA COSA O PERSONA (FEMENINA SINGULAR) la	UNA FRASE O UNA PARTE DEL DISCURSO lo
esta **lo** recibe	Cuando **la** ve	promete averiguar**lo**

UNA COSA O PERSONA (MASCULINA PLURAL) los	UNA COSA O PERSONA (FEMENINA PLURAL) las
Cuando se **los** enseña	la lamía **las** oye

B. Observa las formas que aparecen subrayadas. Son los pronombres de Objeto Indirecto (OI). ¿A qué hacen referencia en cada caso? Escríbelo en tu cuaderno.

PRONOMBRES DE OI

UNA COSA O UNA PERSONA (SINGULAR) le	UNA COSA O UNA PERSONA (PLURAL) les
le pide casarse con ella	**les** comenta el asunto
a la joven	

C. Recuerda que los pronombres de OI **le** y **les** se transforman en **se** cuando aparecen junto a los pronombres de OD **lo**, **la**, **los** y **las**. Busca en el texto la frase "**cuando se los enseña**". ¿A quién se refiere **se**?

D. Fíjate en el tiempo verbal que se usa en el texto para resumir la obra de teatro. Es el mismo que se usa en la mayoría de resúmenes de películas, programas de TV y series de la página anterior. ¿Es igual en tu lengua?

4. UN CHISTE

A. ¿Lee este chiste? ¿Lo entiendes? ¿Te hace gracia?

Resulta que están jugando al fútbol el equipo de los elefantes contra el equipo de los gusanos. Cuando faltan diez minutos para acabar, los elefantes van ganando por 50-0. *De repente* anuncian un cambio en el equipo de los gusanos y sale el ciempiés. El ciempiés mete un gol tras otro y el partido acaba 50-100. *Al final*, un elefante se acerca a un gusano y le dice:
● ¡Qué jugador! ¿Por qué no lo habéis sacado antes?
○ *Es que* estaba terminando de atarse los zapatos.

B. Fíjate ahora en las palabras que están en negrita. Son conectores y sirven para enlazar ideas, acontecimientos, etc. ¿Podrías colocar los conectores adecuados en estas frases?

1. Hoy no podré ir a clase, ... tengo que ir al médico.

2. Estaba en el sofá y .... llamaron a la puerta.

3. Intenté hablar con el director muchas veces, y no pude, pero .... conseguí reunirme con él.

4. ● ¡A que no sabes qué me ha pasado!
○ No.
● Pues .... he ido a casa de Ana y cuando he llegado…

HABLAR DE GÉNEROS

UNA PELÍCULA

una película	**de** amor/**de** aventuras/**de** ciencia ficción
	de dibujos animados/**de** acción/**de** terror
	del oeste
	policíaca
	histórica

un musical/un documental/un drama/un thriller/un corto
una comedia

UNA OBRA DE TEATRO

un musical	una comedia
un drama	una tragedia

UNA NOVELA

una novela	**de** amor/**de** aventuras/**de** ciencia ficción/
	de misterio/**de** terror
	policíaca
	histórica

un cuento
un relato corto

UN PROGRAMA DE TELEVISIÓN

un programa	**de** actualidad/**de** entrevistas/**de** humor/
	de deportes
	musical

un concurso/un magacín/un documental/un informativo...
una película/una serie/una retransmisión deportiva...
dibujos animados

RELATAR EN PRESENTE

Cuando resumimos obras de ficción o contamos chistes, o a veces cuando relatamos anécdotas, usamos el Presente.

- Es una película muy buena. **Es la historia de** una chica muy tímida que **trabaja** en un café y que un día **conoce** a...

- **Están** tres hormigas bailando debajo de una palmera y de repente **cae** un coco...

- ¿Sabes que me pasó ayer? Pues nada, que **salgo** de clase y **me encuentro** con Carla.

Para organizar un relato utilizamos conectores que secuencian la acción.

de repente/de pronto
(y) entonces/en aquel momento
al final

> - *La chica está en una tienda y **de repente** entran unos atracadores. **En aquel momento** pasa por allí un coche de policía y los polis se paran. **Entonces**...*

O conectores que explican la causas de los acontecimientos.

es que   **porque**

PRONOMBRES DE OD Y DE OI

Cuando un elemento ya ha sido mencionado o, por el contexto, está claro, para no repetirlo usamos los pronombres de Objeto Directo y de Objeto Indirecto.

OBJETO DIRECTO (OD)

El Objeto Directo es la persona o cosa que recibe de manera directa la acción expresada por el verbo.

- ¿Qué sabes d**el último libro de Mendoza**?
- No **lo** he leído, pero dicen que está muy bien.

- Hoy Rosa me ha contado **unos chistes muy buenos**.
- Sí, a mí también me **los** ha contado.

- ¿Y **Laura**?
- Ayer **la** vi, está muy bien.

- ¿Y **las revistas**?
- **Las** he dejado en mi habitación.

El pronombre de OD **lo** también puede sustituir toda una frase o una parte del discurso.

- ¿**Te ha tocado la lotería?**
- Sí, pero nadie **lo** sabe.

También aparece cuando el OD es mencionado antes del verbo.

- **Al protagonista** de la novela **lo** meten en la cárcel.
- En la película **la historia la** cuenta una abuela.

> La forma **lo** también puede sustituir al atributo de verbos como **ser**, **estar** o **parecer**.
>
> - Ana ahora es muy simpática, pero antes no **lo** era.

OBJETO INDIRECTO (OI)

El Objeto Indirecto es la persona (y con menos frecuencia, la cosa) destinataria final de la acción del verbo.

- ¿**Marcos** sabe que estás aquí?
- No, no **le** he dicho nada todavía.

- He ido a casa de **mis padres** y **les** he llevado un regalo.

En español casi siempre usamos los pronombres de OI incluso cuando no hemos mencionado antes el elemento al que se refieren.

- ¿Qué **le** has comprado **a Marta** por su cumpleaños?
- Todas las noches **les** cuento un cuento **a mis hijos**.

Cuando los pronombres de OI **le** o **les** aparecen junto a los de OD, se convierten en **se**.

- ¿**Le** has contado **el chiste** a Juana?
- Sí, ya **se lo** he contado esta mañana.

- ¿**Les** has dicho a los niños **que nos vamos**?
- No. ¿**Se lo** puedes decir tú?

5. ¿QUÉ HACES CUANDO…?

¿Cómo actúas en estas situaciones? Coméntalo con un compañero. ¿Hacéis lo mismo?

Cuando empiezo un libro y me parece horrible…
Cuando veo una película y me gusta mucho…
Cuando me dejan libros o discos…
Cuando tengo un problema grave…
Cuando alguien me cuenta un secreto…
Cuando alguien me deja dinero…
Cuando tengo una duda de español…
Cuando un amigo íntimo me pide dinero…
Cuando me hace gracia un chiste…
Cuando no me gusta la/el novia/o de un/a amigo/a…
Cuando no sé una palabra en español…
Cuando encuentro algo que no es mío…
Cuando no sé cómo ir a un lugar en la ciudad en la que estoy…

			recomiendo	
			pregunto	
			cuento	
			digo	a mis amigos/as
a veces		lo	digo la verdad	a mis compañeros/as
normalmente	le/se	la	devuelvo	a mis padres
siempre	les/se	los	acabo	a mi profesor
no		las	busco	a alguien en la calle
nunca			comento	a nadie
			vuelvo a ver/leer	a todo el mundo
			dejo	
			pido consejo	

• Yo, cuando empiezo un libro y me parece horrible, lo dejo, no lo acabo.
○ Pues yo normalmente lo acabo…

6. ¿LO PILLAS?

A. ¿Entiendes estos chistes? ¿Y tus compañeros? Si no, el profesor os los explicará. ¿Cuál os parece más gracioso?

1 ¿SABES POR QUÉ LOS DE LEPE NUNCA ENTRAN EN LA COCINA? PORQUE HAY UN BOTE EN EL QUE PONE "SAL".

2 • QUERÍA UN CAFÉ. CORTO.
○ NO TENEMOS. CAMBIO.

3 ESTÁN DOS CUBANOS EN EL MALECÓN Y PASA UN HOMBRE VESTIDO DE SANTA CLAUS. VA UNO Y DICE: "PAPÁ NOÉ." Y EL OTRO RESPONDE: "MAMÁ TAMPOCO."

4 • HOLA. MUY BUENAS. ¿TIENEN ZAPATILLAS?
○ MUY BUENAS.
• MUY BUENAS. ¿TIENEN ZAPATILLAS?

B. ¿Qué elementos te faltaban (cuestiones culturales, lingüísticas, etc.) para entender estos chistes?

C. Piensa ahora en algún chiste y escríbelo en español. ¿Sigue siendo gracioso? Luego, cuéntaselo a tus compañeros.

7. Y ENTONCES…

Entre todos vamos a inventar una historia. El profesor decidirá por turnos quién de vosotros la continúa. En cada intervención deberéis usar como mínimo uno de los conectores. Uno de vosotros tomará notas y al final leerá la historia completa. Este es el principio.

Era julio y ese día hacía mucho calor. Resulta que me despierto después de la siesta con mucha sed. Voy a la cocina a beber un vaso de agua y…

DE REPENTE
(Y) ENTONCES
COMO
PORQUE
AL FINAL

8. UNA BROMA

 CD 16 **A.** Vas a escuchar una historia. Marca a cuál de estas imágenes corresponde.

B. Y a ti, ¿te han gastado una broma alguna vez? ¿Has gastado tú alguna? Cuéntaselo a tus compañeros.

● Yo, una vez, estaba en casa durmiendo tan tranquilo, eran las tres o las cuatro de la mañana, y, de repente, suena el teléfono y resulta que es un amigo que…

9. GUIONISTAS

A. Imaginad que vais a hacer una película. En parejas, elegid uno de estos títulos u otro que os guste más y preparad un resumen detallado de la historia, de diez líneas como mínimo.

PÁNICO EN LA CLASE DE ESPAÑOL

AMOR EN LAS AULAS **CANTANDO BAJO EL SOL**

LA ALUMNA QUE SABÍA DEMASIADO

2026, ODISEA EN EL AULA

LOCA ACADEMIA DE ESPAÑOL III

PROFESORES AL BORDE DE UN ATAQUE DE NERVIOS

TODO SOBRE MI GATO

LAS ESPAÑOLAS LOS PREFIEREN RUBIOS

● ¿Te gusta alguno de estos títulos?
○ No sé. ¿Qué te parece "Las españolas los prefieren rubios"?
● Sí, puede ser. ¿Y de qué puede ir?
○ Es la historia de un chico rubio que…

B. Para la producción de la película, tenéis que decidir los siguientes puntos.

qué actores y actrices necesitáis

en qué localizaciones grabaréis las escenas

quién será el director o la directora

qué música usaréis como banda sonora

C. Ahora, tenéis que presentar vuestra película al resto de compañeros.

● Hemos escrito el guión de una película de amor y aventuras que se titula "Las españolas los prefieren rubios".
○ Va de un chico holandés, Hans, que decide ir a pasar dos meses en España para aprender español…

10. ¡QUÉ BUENO!

A. Aquí tienes un texto sobre los chistes en España. ¿Es igual en tu país? ¿Cuándo se cuentan chistes? ¿Sobre qué? Coméntalo con tus compañeros.

CHISTES

Los españoles cuentan muchos chistes: en las reuniones de amigos, después de una cena, cuando van de excursión o, simplemente, cuando hay entre los reunidos alguien a quien le gusta contar chistes o tiene una gracia especial para hacerlo.

En España se hacen chistes sobre todo: hombres, mujeres, médicos, políticos…; chistes inocentes, simples, crueles, largos, cortos, políticamente incorrectos, "verdes"… Los españoles hacen chistes sobre los argentinos, los madrileños sobre los catalanes, los de Bilbao sobre los de San Sebastián y todo el mundo sobre los de Lepe, un pequeño pueblo de Huelva famoso por el buen humor de sus habitantes. Todos hacen chistes sobre los demás y, cuando surge cualquier noticia (una boda, un acontecimiento político o incluso una desgracia), al día siguiente empiezan a circular por España chistes sobre el tema.

● Nosotros también contamos chistes sobre…

B. Aquí tienes algunos chistes agrupados por temas. ¿Los entiendes? ¿Existen chistes parecidos en tu país?

TAN, TAN, TAN…

- Era un país tan seco, tan seco, que las vacas daban leche en polvo.
- Era una mujer tan gorda, tan gorda, que se puso un vestido de flores y llegó la primavera.
- Era un señor tan bajito, tan bajito, que la cabeza le olía a pies.
- Había una ciudad tan vieja, tan vieja, que los semáforos eran en blanco y negro.

DE MUJERES

- ¿Qué hace una idea en la cabeza de una mujer? Eco, ecooo…
- ¿Cómo se sabe que una mujer ha usado el ordenador? Porque hay "tipex" en la pantalla.
- ¿Qué es mejor, una pila o una mujer? Una pila, porque al menos tiene un lado positivo.

DE HOMBRES

- A qué no sabes en qué se parecen los hombres a las botellas de cerveza. En que del cuello para arriba están vacíos.
- ¿Por qué Dios hizo primero al hombre y después a la mujer? Porque los experimentos no se hacen con seres humanos.
- ¿Qué es para un hombre una hoja partida en dos? Un rompecabezas imposible de hacer.

¡MAMÁ, MAMÁ!

- Mamá, mamá, en el colegio nadie quiere hablar conmigo, mamá. Mamá, adónde vas, ¡mamá!
- ● Mamá, mamá, en el colegio me llaman "pato".
  ○ ¿Por qué hijo?
  ● Cua… cua… cualquiera lo sabe.

DE MÉDICOS

- ● Doctor, vengo a que me reconozca.
  ○ Pues ahora mismo no caigo.

- ● Doctor, doctor, nadie me hace caso.
  ○ El siguiente, por favor.

¿QUÉ LE DICE…?

- ¿Qué le dice una pared a otra? ¡Nos vemos en la esquina!
- ¿Qué le dice el número 3 al número 30? Para ser como yo, tienes que ser sincero.

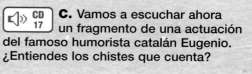 **C.** Vamos a escuchar ahora un fragmento de una actuación del famoso humorista catalán Eugenio. ¿Entiendes los chistes que cuenta?

5

¡BASTA YA!

En esta unidad vamos a
**redactar un manifiesto a favor
de la igualdad de la mujer**

Para ello vamos a aprender:

> *a expresar deseos, reclamaciones y necesidad* > *a valorar situaciones
y hechos:* **me parece muy bien/mal... que** + *Presente de Subjuntivo*
> **querer/pedir/exigir/necesitar** + *Infinitivo,* **querer/pedir/exigir/
necesitar que** + *Presente de Subjuntivo,* **que** + *Presente de Subjuntivo*
> *a proponer soluciones:* **deberían/se debería/habría que**
> **cuando** + *Subjuntivo* > *el Presente de Subjuntivo*

1. TEMAS QUE PREOCUPAN

A. ¿Cuáles imaginas que son los tres problemas que más preocupan en tu país? Márcalo en el cuestionario de la derecha y, luego, coméntalo con un compañero.

● Yo creo que lo que más le preocupa a la gente es...

B. Una empresa ha realizado un estudio para determinar cuáles son, para los españoles, los principales problemas de su país. ¿Preocupan las mismas cosas que en el tuyo?

¿QUÉ NOS PREOCUPA A LOS ESPAÑOLES?

Una encuesta sobre los problemas que más preocupan a los ciudadanos muestra que para seis de cada diez españoles el terrorismo es el problema más grave del país. El paro ocupa el segundo lugar, mientras que los atracos, los robos y la inseguridad ciudadana representan el tercer problema más grave para la sociedad española.

Los menores de 24 años son los que muestran más preocupación por el medio ambiente, mientras que los mayores de 55 años lo hacen por el problema del desempleo, la inseguridad ciudadana y el tráfico

Cuestionario

ESTUDIO SOCIOLÓGICO 2034/5-B

Aquí tiene una serie de problemas sociales. Marque los tres que usted considera que preocupan más en su país.

☐ Los atracos, los robos y la inseguridad ciudadana.

☐ El tráfico y el consumo de drogas.

☐ El paro y la dificultad para encontrar el primer empleo.

☐ El coste de la vida, los precios y los salarios.

☐ La presión fiscal y los impuestos.

☐ El mal uso del dinero público y la corrupción.

☐ El terrorismo.

☐ La contaminación y la conservación del medio ambiente.

☐ La inmigración.

☐ Otros:...

y el consumo de drogas. Las personas con estudios universitarios dan más importancia al problema del desempleo que el resto de los españoles.

GRÁFICO DE OPINIÓN

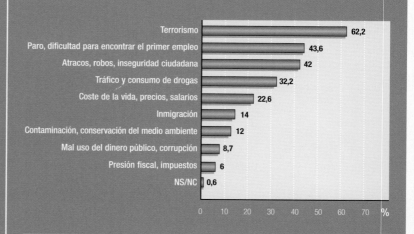

	%
Terrorismo	62,2
Paro, dificultad para encontrar el primer empleo	43,6
Atracos, robos, inseguridad ciudadana	42
Tráfico y consumo de drogas	32,2
Coste de la vida, precios, salarios	22,6
Inmigración	14
Contaminación, conservación del medio ambiente	12
Mal uso del dinero público, corrupción	8,7
Presión fiscal, impuestos	6
NS/NC	0,6

Nota: La suma total es superior al 100% porque los entrevistados podían escoger más de una opción.

C. ¿Cuál es el tema o los temas que más preocupan a estas personas?

**Lisa Gómez Silva.
34 años.
Peluquera**

"Yo no sé cómo consigue vivir una familia con los sueldos que tenemos en este país y lo cara que está la vida. En mi casa somos tres: mi marido, mi hijo y yo. Trabajamos los dos pero, aun así, a veces casi no llegamos a fin de mes. Luego dicen que en este país la gente no tiene hijos. Pues a mí me parece normal: está todo carísimo."

**Justa Bravo López.
66 años.
Pensionista**

"Yo vivo en un barrio muy céntrico y cada vez me da más miedo salir a la calle. Desde mi casa, todos los días oigo a alguien que grita detrás de un ladrón porque le han robado el bolso o la cartera. El otro día, a una vecina le quitaron el monedero en el mercado. ¡No hay derecho! Estas cosas antes no pasaban."

D. Y a ti, ¿qué problema te preocupa más? Coméntalo con tus compañeros.

● Para mí, el problema más grave aquí es...

2. MANIFESTACIONES

CD 18-20 **A.** Hoy, en una ciudad española, hay tres manifestaciones. Un reportero ha ido a hablar con los manifestantes para saber cuáles son sus reclamaciones. ¿Qué piden en cada una de ellas? Escucha y márcalo.

1
- ☐ Quieren que bajen los precios de las viviendas.
- ☐ Quieren ocupar las casas que están vacías.

2
- ☐ Piden que el gobierno legalice a los inmigrantes sin papeles.
- ☐ Creen que el gobierno debería buscar trabajo y vivienda los inmigrantes.

3
- ☐ Exigen al gobierno que frene la desertización.
- ☐ Quieren que los agricultores aumenten la producción.

B. ¿Te parece justo lo que piden? Coméntalo con tus compañeros.

● Yo creo que la gente que ocupa una casa vacía no hace daño a nadie.
○ Pues a mí me parece bastante injusto porque...

C. Tres expertos han dado su opinión sobre uno de los temas del apartado A. ¿Sobre cuál? ¿Con qué afirmación estás más de acuerdo?

- ☐ 1. Es un problema cada vez más grave y únicamente se solucionará cuando el Gobierno cierre las fronteras.

- ☐ 2. Este problema solamente se resolverá cuando los países desarrollados ayuden realmente a los países más pobres.

- ☐ 3. Hay que permitir la entrada de .... al país, pero solo cuando existan garantías de que van a tener trabajo.

● A mí me parece que la primera propuesta no es una buena solución, pero...

3. REIVINDICACIONES

A. ¿A qué colectivos crees que pertenecen estas reivindicaciones?

- [ ] Asociación de jubilados
- [ ] Grupo feminista
- [ ] Grupo pacifista
- [ ] Asociación de parados
- [ ] Asociación de vecinos

1 ¡Que no nos mientan! ¡Basta de muertes a cambio de petróleo!

2 ¡No más despidos! ¡Necesitamos **trabajar**!

3 POR UNA VIDA DIGNA: EXIGIMOS QUE **NOS** **SUBAN** LAS PENSIONES

4 QUEREMOS QUE CONSTRUYAN UN PARQUE... ¡NO UN PÁRKING!

5 TRABAJAMOS LAS MISMAS HORAS **QUEREMOS TENER** EL MISMO SUELDO

B. ¿Qué tienen en común las frases anteriores? Fíjate en las estructuras que están en rojo. ¿En qué casos se construyen con Infinitivo y en cuáles con Presente de Subjuntivo?

C. ¿Sabes cómo se forma el Presente de Subjuntivo? Intenta completar las formas que faltan.

	hablar	comprender	subir
(yo)	hable	....	suba
(tú)	....	comprendas	....
(él/ella/usted)	hable	....	suba
(nosotros/as)	....	comprendamos	....
(vosotros/as)	habléis	....	subáis
(ellos/ellas/ustedes)	....	comprendan	....

D. Las siguientes formas verbales son irregulares. Corresponden a la primera persona del Presente de Subjuntivo. ¿Sabes cuál es su Infinitivo? Escríbelo.

1. haga *hacer*
2. sea ....
3. quiera ....
4. juegue ....
5. pueda ....
6. esté ....
7. pida ....
8. sepa ....
9. vaya ....
10. conozca ....
11. tenga ....
12. ponga ....

4. POR LOS ANIMALES

A. Lee esta entrevista y busca en el texto los argumentos con los que estás de acuerdo. Márcalos y, luego, coméntalos con tus compañeros.

Raúl Santos es presidente de APDA, una asociación para la defensa de los animales. Acaba de publicar un libro titulado *Atacados e indefensos*.

"LA GENTE SIGUE TRATANDO MAL A LOS ANIMALES"

¿En España todavía se maltrata a los animales?
Creo que hemos mejorado mucho en los últimos años, pero todavía hay mucha gente que se comporta de una forma cruel con los animales.

Su asociación denuncia cientos de casos cada año.
Sí, y nos parece vergonzoso que , a estas alturas, algunas personas traten a los animales así, pero ocurre. Cada año denunciamos aproximadamente 500 casos de familias que abandonan a su perro o a su gato. Es inconcebible que hagan eso con animales indefensos. Deberíamos tener leyes más duras para todas las personas que cometen esos crímenes.

¿Cuál es la postura de su asociación respecto a las corridas de toros?
Las hemos denunciado muchas veces y todos los años organizamos manifestaciones delante de las plazas de toros. Es lamentable que en el siglo XXI exista todavía esta demostración de crueldad y creemos que debería aprobarse de inmediato una ley para prohibir las corridas.

Pero hay algunos datos positivos, ¿no cree? Últimamente se han prohibido varias fiestas populares en las que se maltrataba a animales.
Es verdad que la situación actual es mucho mejor que la de hace dos años. Es lógico también que las leyes cambien y que se prohíban costumbres primitivas. Es más, pensamos que habría que prohibirlas todas ya. Nuestra postura es clara: pedimos que las leyes y la sociedad respeten a los animales.

B. ¿Las expresiones resaltadas van seguidas de Indicativo o de Subjuntivo? ¿En todos los casos? ¿Intuyes por qué?

C. Busca en el texto las expresiones que sirven para proponer soluciones.

PRESENTE DE SUBJUNTIVO

VERBOS REGULARES

	estudiar	comer	escribir
(yo)	estudie	coma	escriba
(tú)	estudies	comas	escribas
(él/ella/usted)	estudie	coma	escriba
(nosotros/nosotras)	estudiemos	comamos	escribamos
(vosotros/vosotras)	estudiéis	comáis	escribáis
(ellos/ellas/ustedes)	estudien	coman	escriban

ALGUNOS VERBOS IRREGULARES

	saber	ser	ir
(yo)	sepa	sea	vaya
(tú)	sepas	seas	vayas
(él/ella/usted)	sepa	sea	vaya
(nosotros/nosotras)	sepamos	seamos	vayamos
(vosotros/vosotras)	sepáis	seáis	vayáis
(ellos/ellas/ustedes)	sepan	sean	vayan

	estar	dar	ver	haber
(yo)	esté	dé	vea	haya
(tú)	estés	des	veas	hayas
(él/ella/usted)	esté	dé	vea	haya
(nosotros/nosotras)	estemos	demos	veamos	hayamos
(vosotros/vosotras)	estéis	deis	veáis	hayáis
(ellos/ellas/ustedes)	estén	den	vean	hayan

Los verbos con irregularidades **e-ie** / **o-ue** en Presente de Indicativo, presentan esas mismas irregularidades en Presente de Subjuntivo en las mismas personas.

	E-IE	O-UE
	querer	poder
(yo)	quiera	pueda
(tú)	quieras	puedas
(él/ella/usted)	quiera	pueda
(nosotros/nosotras)	queramos	podamos
(vosotros/vosotras)	queráis	podáis
(ellos/ellas/ustedes)	quieran	puedan

Algunos verbos que presentan una irregularidad en la primera persona del Presente de Indicativo tienen esa misma irregularidad en todas las personas del Presente de Subjuntivo. Esto incluye los verbos con cambio vocálico **e-i** (**pedir**, **seguir**, **reír**...).

hacer ➡ **haga**...	conocer ➡ **conozca**...	tener ➡ **tenga**...
poner ➡ **ponga**...	salir ➡ **salga**...	venir ➡ **venga**...
decir ➡ **diga**...	oír ➡ **oiga**...	pedir ➡ **pida**...

EXPRESAR DESEOS Y RECLAMACIONES

QUERER/PEDIR/EXIGIR... + INFINITIVO

● Trabajamos las mismas horas. ¡**Queremos tener** el mismo salario! (MISMO SUJETO)

QUERER/PEDIR/EXIGIR... QUE + PRESENTE DE SUBJUNTIVO

● ¡**Exigimos que** el Presidente **nos reciba**! (SUJETOS DISTINTOS)

QUE + PRESENTE DE SUBJUNTIVO

● ¡**Que se acaben** las guerras!

EXPRESAR NECESIDAD

NECESITAR + INFINITIVO

● ¡No más despidos! ¡**Necesitamos trabajar** para vivir!

NECESITAR QUE + PRESENTE DE SUBJUNTIVO

● ¡**Necesitamos que se instalen** nuevas industrias en la zona!

VALORAR SITUACIONES Y HECHOS

Es Me parece	(i)lógico (in)justo increíble normal importante una vergüenza una tontería ...	que + Presente de Subjuntivo Infinitivo

Está Me parece	(muy) bien/mal	que + Presente de Subjuntivo Infinitivo

● *Es una vergüenza que haya hambre en el mundo.*
○ *Sí, me parece increíble que no se solucione ese problema.*

● *No me parece lógico tener que pagar por todo.*

CUANDO + SUBJUNTIVO

● Las energías alternativas se desarrollarán **cuando se acaben** las reservas de petróleo.

❗ Si en una oración subordinada **cuando** presenta una acción futura, no se combina con el Futuro Imperfecto.

● Volveré cuando **termine**. Volveré cuando ~~terminaré~~.

PROPONER SOLUCIONES Y REIVINDICAR

● El gobierno **debería** bajar los impuestos.
● **Deberíamos** tener leyes para evitar estos delitos.

● **Se debería** aprobar una ley contra la violencia doméstica.
● **Se deberían** prohibir las corridas de toros.

● **Habría que** prohibir las corridas de toros.

5. NOTICIAS

A. Imagina que estos titulares de periódico se han publicado hoy y que son reales. ¿Qué opinas? Coméntalos con un compañero.

1 Se prohíben los exámenes en las escuelas públicas

2 A partir de mañana están prohibidas en España las corridas de toros y la caza

3 El Gobierno elimina varios impuestos a las parejas con hijos

4 Entra en vigor la nueva ley que permite fumar en todos los lugares públicos

5 Nueva "ecotasa": Los turistas deberán pagar 100 euros para entrar en España

6 Los países productores acuerdan subir el precio del café para potenciar su desarrollo

7 Se prohíbe el matrimonio a menores de 21 años

8 Desde hoy los ciudadanos de todo el mundo pueden entrar en España sin pasaporte

- Me parece fantástico que se prohíban las corridas de toros. Son algo salvaje y cruel...
- Sí, a mí también me parece estupendo. Son horribles.

B. En parejas, escribid un titular imaginario. Luego, leedlo en voz alta. Vuestros compañeros lo comentarán.

6. ¿QUIÉN QUIERE QUE EL PROFESOR...?

Busca en la clase a algún compañero que responda afirmativamente a las siguientes preguntas.

Quiere qué el profesor...	nombre
1. le corrija más	
2. explique más gramática	
3. sea menos exigente	
4. ponga más deberes	
5. escriba más cosas en la pizarra	
6. hable más despacio	
7. pregunte más cosas	
8. ponga más canciones en clase	

- ¿Quieres que el profesor te corrija más?
- No, yo creo que nos corrige lo suficiente.

7. TRES DESEOS

A. Imagina que tu hada madrina te concede tres deseos. Escríbelos en un papel y, luego, entrégaselo a tu profesor.

- Quiero hablar español perfectamente.
- Quiero que la gente viva por lo menos 100 años.
- Quiero que se acaben las guerras.

B. Tu profesor va a leer los deseos de tus compañeros. ¿Sabes quién los ha escrito? Luego, entre todos, decidid si son realizables o no.

- "Quiero que se acaben las guerras."
- Eso lo ha escrito Tony.
- ¡Muy bien!
- A mí me parece imposible que eso pase. Creo que siempre habrá guerras.
- Pues yo creo que...

C. ¿Cuándo crees que se podrán cumplir tus deseos? Exprésalo usando **cuando** + Subjuntivo.

- Yo creo que las guerras se acabarán cuando gobiernen las mujeres.

8. CARTA AL DIRECTOR

A. La redacción de un periódico local español ha recibido este correo electrónico. Léelo. ¿Crees que Carlos Pardo tiene razón? ¿Cómo crees que debería actuar el Ayuntamiento?

● Yo creo que el Ayuntamiento debería...

B. En grupos de tres, decidid qué problemas creéis que tiene la ciudad en la que estáis. ¿Qué soluciones proponéis? Explicádselo a vuestros compañeros.

● Pensamos que uno de los mayores problemas de la ciudad es la contaminación. Creemos que habría que promocionar el transporte público y el Ayuntamiento debería crear...

Asunto: ¡no puedo dormir!
Datos adjuntos:ninguno

N K S T

Vivo en el centro histórico, al lado de la Catedral, concretamente en la calle Mayor. Como seguramente saben, en esta calle hay un gran número de bares nocturnos y discotecas. Tengo la mala suerte de vivir en un primer piso y llevo ya varios años durmiendo mal por culpa del ruido.

Los vecinos nos hemos quejado repetidas veces al Ayuntamiento, pero hasta el momento no se ha tomado ninguna medida. Los bares continúan abiertos todos los días hasta las 4 de la madrugada y, después, cuando cierran, la fiesta sigue en la calle.

¿Es que nadie va a hacer nada al respecto? ¿Tendremos que irnos a vivir a otro sitio para poder dormir tranquilamente?

Carlos Pardo

9. HOMBRES Y MUJERES

A. Dividid la clase en dos grupos. Cada grupo tiene que reflexionar sobre si hay igualdad entre hombres y mujeres en los diferentes ámbitos de la sociedad. Escribid algunos ejemplos.

EN LA ESCUELA
EN EL TRABAJO
EN CASA
EN LA POLÍTICA
OTROS:

● En el trabajo, por ejemplo, las mujeres casi siempre ganan menos.

B. Poneos de acuerdo y decidid cuáles son las cuatro principales injusticias. Luego, escribidlo.

A nosotros nos parece injusto que...

C. Imaginemos que hoy es el Día Internacional de la Mujer, y que vosotros pertenecéis a un colectivo para la igualdad. Escribid vuestro manifiesto y preparad una pancarta.

Nuestro manifiesto consta de cuatro puntos. En primer lugar, pensamos que en el trabajo existe una gran diferencia entre los sueldos de los hombres y los de las mujeres, y por eso queremos que cambien algunas leyes. El Gobierno debería...

D. Ahora, leed el manifiesto a vuestros compañeros.

10. ESPAÑA EN DEMOCRACIA

A. ¿Qué sabes sobre la historia reciente de España? Coméntalo con tus compañeros.

● Ahora hay un gobierno…

B. Ahora, lee y comprueba.

DIARIO DE BARCELONA

FRANCO HA MUERTO

GUERRA **NO** ✗

intersindical valenciana

NO LA GUERRA

1975-1981 / Los años de transición

20 de noviembre. Muere Francisco Franco.
22 de noviembre de 1975. Juan Carlos de Borbón es coronado rey de España.
15 de diciembre de 1976. Gana el sí en el referéndum sobre la Ley de Reforma Política, que abre el camino hacia una transición a la democracia.
15 de junio de 1977. Primeras elecciones generales libres en 41 años. Gana la Unión de Centro Democrático (UCD) de Adolfo Suárez.
6 de diciembre de 1978. Se aprueba la Constitución por referéndum.
1 de marzo de 1979. La UCD de Adolfo Suárez vuelve a ganar las elecciones generales.
23 de febrero de 1981. Intento fallido de golpe de Estado.

1982-1995 / De Felipe González a Europa

28 de octubre de 1982. El Partido Socialista Obrero Español (PSOE) gana las elecciones generales. Felipe González es investido presidente del gobierno.
1 de enero de 1986. España y Portugal se convierten en miembros de la Comunidad Europea.
12 de marzo de 1986. Se aprueba por referéndum la integración de España en la OTAN.
1992. Se celebran la Exposición Universal en Sevilla y los Juegos Olímpicos de Barcelona.

1996-marzo 2004 / El gobierno del PP

3 de marzo de 1996. El Partido Popular (PP) de José María Aznar gana las elecciones.
12 de marzo de 2000. El PP vuelve a ganar las elecciones generales, esta vez por mayoría absoluta.
2003. A pesar de las numerosas manifestaciones ciudadanas, el gobierno de España apoya a Estados Unidos en la invasión de Irak.
11 de marzo de 2004. Más de 200 muertos en un terrible atentado a cuatro trenes de cercanías en Madrid.

Marzo 2004 / El gobierno del PSOE

14 de marzo de 2004. El PSOE gana las elecciones. Su líder, José Luis Rodríguez Zapatero, se convierte en presidente del gobierno.
21 de mayo de 2004. Se completa la retirada de las tropas españolas en Irak.
20 de febrero de 2005. España vota "sí" en el referéndum sobre la Constitución Europea.
30 de junio de 2005. El Congreso aprueba la ley que permite contraer matrimonio a parejas homosexuales.

6

EL TURISTA ACCIDENTAL

En esta unidad vamos a
contar anécdotas reales o inventadas

Para ello vamos a aprender:

> *recursos para contar anécdotas*
> *recursos para mostrar interés al escuchar un relato*
> *a hablar de causas y de consecuencias: **como, porque, así que...***
> *el Pretérito Pluscuamperfecto de Indicativo*
> *a combinar los tiempos del pasado en un relato*
(Perfecto/Indefinido/Imperfecto/Pluscuamperfecto)

1. VACACIONES

A. Completa este cuestionario sobre tu manera de viajar. Puedes marcar más de una opción. Luego, compara tus respuestas con las de un compañero y toma nota de las suyas.

---

1. Cuando decides hacer un viaje, ¿qué haces?
- ☐ Voy a una agencia de viajes y comparo precios.
- ☐ Busco en Internet y lo organizo yo.
- ☐ Pregunto a amigos o a conocidos.
- ☐ Siempre voy de vacaciones al mismo sitio.

2. Cuando preparas un viaje, quieres...
- ☐ planificarlo todo con mucha antelación.
- ☐ que otra persona organice el viaje. Tú te adaptas.
- ☐ tener cosas organizadas, pero no todo.
- ☐ poder decidir las cosas sobre la marcha e improvisar.

3. Prefieres viajar...
- ☐ con un grupo numeroso.
- ☐ con la familia.
- ☐ con amigos.
- ☐ solo/a.

4. ¿Qué es lo que más te gusta hacer en tus vacaciones?
- ☐ Perderme por las calles; descubrir cómo vive la gente.
- ☐ Salir de noche y conocer la vida nocturna.
- ☐ Descansar cerca del mar o en la montaña...
- ☐ Visitar museos, iglesias, monumentos...

5. ¿Qué tipo de alojamiento prefieres?
- ☐ Acampar en plena naturaleza.
- ☐ Alquilar un apartamento.
- ☐ Hospedarme en una casa rural.
- ☐ Alojarme en un hotel.

6. ¿Qué sueles comprar en tus viajes?
- ☐ Productos típicos (artesanía, alimentos, bebidas, ropa...).
- ☐ Música.
- ☐ Souvenirs.
- ☐ Nada, no me gusta comprar.

7. Lo que nunca falta en tu maleta es...
- ☐ un buen libro.
- ☐ una plancha.
- ☐ una cámara.
- ☐ un botiquín.

8. ¿Qué te gusta comer cuando viajas?
- ☐ Como las cosas típicas, pero solo en buenos restaurantes.
- ☐ Lo mismo que en mi país.
- ☐ Pruebo la comida del lugar y como de todo.
- ☐ Me llevo la comida de casa.

● Yo, cuando quiero preparar un viaje, normalmente voy a una agencia de viajes, ¿y tú?
○ Pues yo no, yo prefiero...

B. Ahora, interpreta las respuestas de tu compañero e intenta explicar a los demás cómo es.

independiente	imprudente	intelectual

previsor/a	aventurero/a	organizado/a

valiente	tradicional	curioso/a	deportista

prudente	raro/a	original	familiar

● Yo creo que Gina es muy previsora, siempre prepara sus viajes con muchísima antelación y...

C. Fíjate en estas ofertas de viajes y elige uno para ti. Luego, justifica tu elección al resto de la clase.

MARRUECOS. Ciudades, desierto y Atlas

Precio desde: ~~519,00~~ → 419,00 € | Más detalles: www.supergangas.es

Ven a conocer sus ciudades más importantes y a recorrer las montañas del Atlas y el desierto del Sáhara. Será una experiencia inolvidable. Marruecos es un país fascinante, una mezcla de cultura milenaria y de modernidad.

PARÍS. La ciudad de la luz

Precio desde: ~~399,20~~ → 349,00 € | Más detalles: www.supergangas.es

París, ciudad de la luz y del amor, ofrece glamour en cada esquina: sus cafés, que recuerdan con nostalgia los años de la Belle Époque, maravillas arquitectónicas como Notre Dame o la Torre Eiffel, el Sagrado Corazón de Montmartre, el Museo del Louvre...

MENORCA. La isla paradisíaca

Precio desde: ~~250,00~~ → 199,00 € | Más detalles: www.supergangas.es

Menorca es una isla apacible donde el visitante encuentra un paraíso de tranquilidad. La belleza de sus calas hace de la isla un lugar idóneo para unas agradables vacaciones alejadas del ruido y del estrés de la vida cotidiana.

LA PATAGONIA. Espectáculo natural

Precio desde: ~~1480,00~~ → 1280,00 € | Más detalles: www.supergangas.es

Situada en el extremo sur del continente americano, La Patagonia ofrece a sus visitantes paisajes espectaculares de bosques, lagos, cascadas y glaciares.

● Yo creo que prefiero el viaje a Marruecos porque...

2. ¿BUEN VIAJE?

A. Trotamundos.com es una página web sobre viajes. Algunos usuarios cuentan en ella sus experiencias. Léelas y, luego, completa el cuadro.

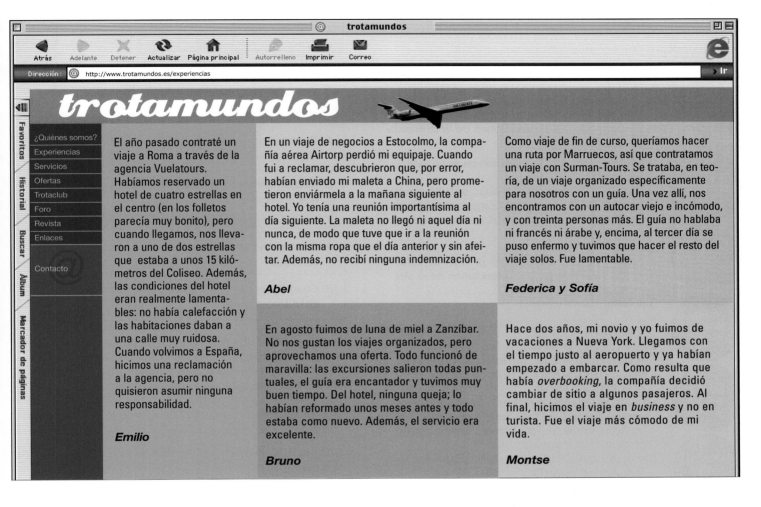

En la página web **trotamundos** (http://www.trotamundos.es/experiencias):

Menú lateral: ¿Quiénes somos? · Experiencias · Servicios · Ofertas · Trotaclub · Foro · Revista · Enlaces · Contacto

El año pasado contraté un viaje a Roma a través de la agencia Vuelatours. Habíamos reservado un hotel de cuatro estrellas en el centro (en los folletos parecía muy bonito), pero cuando llegamos, nos llevaron a uno de dos estrellas que estaba a unos 15 kilómetros del Coliseo. Además, las condiciones del hotel eran realmente lamentables: no había calefacción y las habitaciones daban a una calle muy ruidosa. Cuando volvimos a España, hicimos una reclamación a la agencia, pero no quisieron asumir ninguna responsabilidad.

Emilio

En un viaje de negocios a Estocolmo, la compañía aérea Airtorp perdió mi equipaje. Cuando fui a reclamar, descubrieron que, por error, habían enviado mi maleta a China, pero prometieron enviármela a la mañana siguiente al hotel. Yo tenía una reunión importantísima al día siguiente. La maleta no llegó ni aquel día ni nunca, de modo que tuve que ir a la reunión con la misma ropa que el día anterior y sin afeitar. Además, no recibí ninguna indemnización.

Abel

En agosto fuimos de luna de miel a Zanzíbar. No nos gustan los viajes organizados, pero aprovechamos una oferta. Todo funcionó de maravilla: las excursiones salieron todas puntuales, el guía era encantador y tuvimos muy buen tiempo. Del hotel, ninguna queja; lo habían reformado unos meses antes y todo estaba como nuevo. Además, el servicio era excelente.

Bruno

Como viaje de fin de curso, queríamos hacer una ruta por Marruecos, así que contratamos un viaje con Surman-Tours. Se trataba, en teoría, de un viaje organizado específicamente para nosotros con un guía. Una vez allí, nos encontramos con un autocar viejo e incómodo, y con treinta personas más. El guía no hablaba ni francés ni árabe y, encima, al tercer día se puso enfermo y tuvimos que hacer el resto del viaje solos. Fue lamentable.

Federica y Sofía

Hace dos años, mi novio y yo fuimos de vacaciones a Nueva York. Llegamos con el tiempo justo al aeropuerto y ya habían empezado a embarcar. Como resulta que había *overbooking*, la compañía decidió cambiar de sitio a algunos pasajeros. Al final, hicimos el viaje en *business* y no en turista. Fue el viaje más cómodo de mi vida.

Montse

■■■ ¿QUÉ PASÓ?	¿A QUIÉN?
1. El viaje estuvo muy bien organizado.	
2. El alojamiento no era como les habían prometido.	
3. Le perdieron las maletas y nunca las recuperó.	
4. Tuvieron suerte con el hotel.	
5. Tuvieron mala suerte con el guía.	
6. Las condiciones reales del viaje no eran las que anunciaban los folletos.	
7. Estuvieron a punto de perder el avión.	
8. Tuvieron buena suerte con el vuelo; les pusieron en una clase superior.	
9. Hicieron una reclamación pero no recibieron ninguna compensación.	

B. Y tú, ¿has estado en alguno de los lugares que se mencionan en los textos? ¿Has tenido algún problema parecido alguna vez?

● Yo, una vez, tuve que pasar dos días en un aeropuerto porque había huelga de controladores.
○ ¿Ah, sí? ¡Qué rollo!, ¿no?
■ Pues yo...

3. EQUIPAJE EXTRAVIADO

A. Vas a escuchar a unas amigas que comentan una anécdota. Marca qué frase la resume. *(CD 21)*

☐ En un viaje a Japón le perdieron la maleta y nunca la recuperó.

☐ En un viaje a Japón le perdieron la maleta y durante unos días se tuvo que poner la ropa de sus amigas.

B. Aquí tienes la transcripción de la conversación. Léela y vuelve a escuchar. En lila aparecen los recursos que utiliza la interlocutora para mostrar interés. Relaciona cada recurso con las explicaciones de la izquierda. *(CD 21)*

REACCIONA EXPRESANDO SENTIMIENTOS: SORPRESA, ALEGRÍA...

HACE PREGUNTAS Y PIDE MÁS INFORMACIÓN

REPITE PALABRAS DEL OTRO

DA LA RAZÓN O MUESTRA ACUERDO

ACABA LAS FRASES DEL OTRO

- A mí, <u>una vez</u> me perdieron las maletas en un viaje.
- ○ ¿Ah, sí? ¡Qué rabia!, ¿no?
- Pues sí... Era un viaje de fin de curso, de la Universidad. Habíamos decidido ir a Japón <u>y bueno</u>, cuando llegamos, todo el mundo recogió sus maletas y yo, pues, esperando y esperando y nada.
- ○ ¡Qué rollo!
- Y digo: "Bueno, no sé, ahora saldrán". Pero no. Fui a preguntar y resulta que las maletas habían ido en otro avión... ¡a Cuba!
- ○ ¡A Cuba!
- Sí, sí.
- ○ ¿Y qué hiciste?
- <u>Bueno... Pues...</u> En realidad, no podía hacer nada, <u>de modo que</u> al final me fui al hotel con los demás y a esperar. ¡Tardaron tres días en devolvérmelas!
- ○ ¿Tres días? ¡Qué fuerte!
- Y claro, yo tenía toda la ropa en la maleta. <u>Así que</u> los primeros días tuve que pedir cosas a mis amigas, <u>¿no?</u>: camisetas, bañadores, ropa interior... de todo, <u>¿sabes?</u>
- ○ Ya, claro. Eso o ir desnuda.
- Menos mal que <u>al final</u> llegó la maleta porque, hija, <u>como</u> ninguna de mis amigas tiene mi talla...
- ○ ... ibas todo el día disfrazada, ¿no? ¡Menos mal!

C. Vuelve a leer la anécdota y fíjate ahora en los recursos subrayados. Sirven para organizar el relato. Clasifícalos en la columna correspondiente.

Empezar	Terminar	Mantener la atención o el turno de palabra	Hablar de causas y consecuencias

D. ¿Conoces otras expresiones para reaccionar, conectar, empezar, terminar y mantener la atención? Entre todos podéis hacer una lista en la pizarra.

4. ANTES O DESPUÉS

A. Lee estos cuatro pares de frases y responde a las preguntas.

	SÍ	NO
1. ¿Vieron a Juan?		
A. Cuando llegó Juan, **nos fuimos** al cine.		
B. Cuando llegó Juan, **nos habíamos** ido al cine.		
2. ¿Viajaron juntos?		
A. Cuando nos conocimos, **hicimos** muchos viajes.		
B. **Habíamos hecho** muchos viajes, cuando nos conocimos.		
3. ¿Se casaron Andrés e Inés en España?		
A. Cuando Andrés volvió a España, **se casó** con Inés.		
B. Cuando Andrés volvió a España, **se había casado** con Inés.		

B. Fíjate en los dos tiempos que están en negrita en las frases anteriores. ¿Entiendes cuándo usamos uno u otro? Ahora, lee estas frases y marca cuál de los dos tiempos es más adecuado en cada caso.

1. Al principio no lo reconocí porque no lo **vi / había visto** desde la escuela.

2. Cuando salimos del teatro, nos **fuimos / habíamos ido** a cenar.

C. Fíjate de nuevo en las frases anteriores. Cuando en un relato queremos marcar que una acción es anterior a otras acciones que ya hemos mencionado, usamos el Pretérito Pluscuamperfecto de Indicativo. ¿Sabes cómo se forma este tiempo? Completa el cuadro.

	Pretérito Imperfecto de **haber**	+	Participio
(yo)	había		
(tú)	....		
(él/ella/usted)	había		habl**ado**
(nosotros/nosotras)	....	+	com**ido**
(vosotros/vosotras)	....		viv**ido**
(ellos/ellas/ustedes)	habían		

NARRAR ACONTECIMIENTOS PASADOS

PRETÉRITO PLUSCUAMPERFECT0

Usamos el Pretérito Pluscuamperfecto para marcar que una acción pasada es anterior a otra ya mencionada.

	Pretérito Imperfecto de **haber**	+ Participio
(yo)	hab**ía**	
(tú)	hab**ías**	viaj**ado**
(él/ella/usted)	hab**ía**	com**ido**
(nosotros/nosotras)	hab**íamos**	sal**ido**
(vosotros/vosotras)	hab**íais**	
(ellos/ellas/ustedes)	hab**ían**	

23.30 H
- Cuando **llegamos** al hotel, no pudimos cenar porque **habían cerrado** la cocina.

23.00 H

PRETÉRITO INDEFINIDO

Lo usamos para relatar acciones pasadas.

PRETÉRITO IMPERFECTO

En un relato, el Imperfecto se suele usar para hablar de las circunstancias que rodean a otra acción, presentándolas como hechos no terminados.

Había mucho tráfico

El aeropuerto *estaba* lleno de gente

Fuimos al aeropuerto en autobús

Llegamos muy tarde

Perdimos el avión

Había overbooking

Observa que, en un relato, el Imperfecto no es independiente. La narración avanza por la secuencia de acciones referidas en Indefinido o Perfecto. El Imperfecto añade información sobre las circunstancias.

REFERENCIAS Y RELACIONES TEMPORALES EN EL PASADO

Aquel día/mes/año
Aquella semana/mañana/tarde/noche
Al día/mes/año siguiente
A la semana/mañana/tarde/noche siguiente
El día/mes/año anterior
La mañana/tarde/noche/semana anterior

- *Aquel día* estuvimos estudiando hasta tarde. *Al día siguiente* teníamos un examen muy importante.

RECURSOS PARA CONTAR ANÉCDOTAS

Cuando contamos una anécdota, utilizamos numerosos recursos. El que la cuenta intenta captar y mantener la atención de su interlocutor. Este suele cooperar dando muestras de atención y de interés.

EMPEZAR UNA ANÉCDOTA

Para empezar a narrar la historia, podemos usar **resulta que**.

- **Resulta que** un día estábamos en Lugo y queríamos salir...

Para situar una anécdota en el tiempo, utilizamos:

Un día / Ayer...	**Una vez/noche**...
Hace unos meses	**El otro día / La otra tarde**...

- *Una vez* me quedé dos horas encerrada en un lavabo.

También solemos usar el verbo **pasar**.

- Hace tiempo **me pasó** una cosa increíble. Estaba en...

TERMINAR UNA ANÉCDOTA

Para terminar una anécdota, presentando el resultado de lo relatado anteriormente, solemos usar recursos como:

- **Al final** fuimos en tren porque no había plazas en el avión.
- **Total, que** se fueron todos y tuve que pagar yo la cuenta.

MOSTRAR INTERÉS AL ESCUCHAR UNA ANÉCDOTA

Solemos reaccionar haciendo preguntas, pidiendo detalles.

¿Y qué hiciste?	**¿Qué pasó?**	**¿Y cómo terminó?**

Dando la razón o mostrando acuerdo.

Claro.	**Normal.**	**Lógico.**	**Ya.**

O con expresiones de sorpresa, alegría...

¿Ah, sí?
¡No!
¡Menos mal!
¡No me digas!
¡Qué rabia/horror/rollo/pena/bien/mal/extraño...!, (¿no?)
¡Qué mala/buena suerte!, (¿no?)

También podemos mostrar interés mediante la risa, repitiendo las palabras del otro o acabando las frases del que habla (normalmente con otra entonación).

HABLAR DE CAUSAS Y CONSECUENCIAS

Para presentar la causa, usamos **como** y **porque**.

- **Como** no tenía dinero, me quedé en casa.
- Nos quedamos en casa **porque** no teníamos dinero.

Para presentar las consecuencias, usamos **así que** o **de modo que**.

- Estábamos agotados, **así que** decidimos no salir.
- No reservé con tiempo, **de modo que** me quedé sin plaza.

5. METER BAZA

A. Anabel Portero habla y habla sin parar. Fíjate en su "monólogo" y decide dónde y cómo puedes intervenir. Estos recursos te pueden ayudar. Luego, compáralo con tu compañero y, finalmente, practicad el diálogo. Quizá tendréis que añadir o modificar algo.

¿Ah, sí?	¿Qué?	¡No!	Ya	¡Menos mal!

¿Por qué?	¿Y qué pasó?	¡Qué mala suerte!

¿Y cómo terminó?	¿Y qué hiciste?	¡No me digas!

"¿Sabes qué? Resulta que ayer no dormí en casa. Pues nada... que me dejé las llaves dentro. Sí, sí dentro de casa, y no me di cuenta hasta que llegué a casa, tardísimo. ¿Sabes cuando empiezas a buscar y a buscar y no las encuentras y te asustas? Bueno. Yo vivo con un amigo, ¿sabes? Entonces empecé a llamar al timbre y mi amigo, nada, que no me oía. Así estuve una hora y nada... Al final, llamé por teléfono a una amiga que vive cerca y he dormido allí esta noche. Sí, menos mal porque ya no sabía qué hacer."

B. Y a ti, ¿te ha pasado algo similar alguna vez? Piénsalo y coméntalo con tus compañeros.

6. CUENTA, CUENTA...

Vamos a trabajar en parejas. Averigua si a tu compañero le han pasado algunas de estas cosas. En caso afirmativo, ¿qué otras cosas puedes preguntarle?

1. perder un avión/tren...
2. olvidarse las llaves dentro de casa/del coche...
3. enamorarse a primera vista
4. conocer a una persona famosa
5. encontrar algo de valor por la calle
6. tener que dormir en la calle
7. ir a una comisaría de policía
8. pasar mucho miedo
9. tener una experiencia paranormal

¿Cuándo fue?	¿Dónde estabas?	¿Con quién?

¿Por qué?	¿Qué habías hecho antes?

¿Adónde ibas?	¿Qué pasó al final?

- ● ¿Has perdido alguna vez un avión?
- ○ Sí, una vez.
- ● ¿Cuándo fue?

7. A MÍ, UNA VEZ...

En grupos de tres, cada uno elige una anécdota y se la cuenta a sus compañeros con la ayuda de los recursos de abajo. Los otros escuchan y reaccionan.

resulta que	porque	y entonces	total, que

así que	al final	como	de modo que

anécdota 1

Hace un tiempo / En un parque / *Ver* a una chica y a un chico peleándose / La chica *estar* muy asustada/ *Llamar* a la policía / *Estar rodando* una película

anécdota 2

El otro día / *Llevar* solo 6 € / *Decidir* comprar un billete de lotería / *Ganar* un premio de 600 € / *Invitar* a unos amigos a una barbacoa / *Pasarlo* muy bien

anécdota 3

Una vez / *Encontrar* a alguien en un tren / *Empezar* a hablarle y preguntarle por su vida / *Pensar* que lo conocía La otra persona *mirarme* con cara rara / *Parecerse* mucho a un amigo / *Confundir* con un amigo

En la isla (de 1750 a 1770)

8. EL VIAJE DE PETRA

En 1750 el barco en el que iba Petra Smith naufragó cerca de las costas de las Islas Bulabula. Ella fue la única superviviente. Veinte años después la rescataron y volvió a su Londres natal. En parejas, fijaos en los dibujos y completad las frases.

En Londres (a partir de 1770)

➡ Llegó a Londres y casi no recordaba a nadie; *había pasado más de veinte años fuera.*

➡ Como ...., publicó el primer mapa de las islas Bulabula.

➡ Llegó a Londres con una gran fortuna porque en la isla ....

➡ Como ...., publicó un curso de inglés para bulabulenses.

➡ Se convirtió en la primera profesora de lenguas bulabulenses en Gran Bretaña porque en la isla ....

➡ Organizó un partido político de mujeres sufragistas ....

9. VACACIONES INFERNALES

 Vamos a imaginar unas vacaciones desastrosas. En parejas, mirad el programa de este viaje a San Martín (un lugar imaginario) y escribid un texto contando todo lo que salió mal. Luego, leédselo a vuestros compañeros. ¿Quién tuvo las peores vacaciones?

VISITE... SAN MARTÍN

DÍA 1
.00 Traslado al aeropuerto en autobús
.00 Salida del vuelo 765
.00 Llegada y traslado al hotel en coche pico de la zona
.30 Cóctel de bienvenida en el Hotel rtuga Feliz (de 4 estrellas)
.00 Baño nocturno en la piscina
.00 Cena al aire libre

DÍA 2
08.00 Desayuno
10.00 Excursión en camello
12.00 Visita comentada a las ruinas de Santiago
14.00 Comida en el oasis de Miras. Alimentos naturales: cocos, dátiles...
17.00 Paseo por las dunas de Fraguas
19.00 Vuelta al hotel en furgoneta
21.00 Cena

DÍA 3
09.00 Desayuno
10.00 Actividades lúdicas: gimnasia acuática con instructor, masajes con barro caliente del desierto de Fraguas
12.00 Paseo a caballo por el desierto
14.00 Comida. Degustación de productos de la zona: dátiles, hormigas, escorpiones...
Tarde libre

DÍA 4
09.00 Desayuno
10.00 Excursión a las playas de Lama (se recomienda llevar antimosquitos)
14.00 Comida en la playa
17.00 Visita en helicóptero al gran cañón de Santa Cruz para ver sus impresionantes puestas de sol
20.00 Cena de despedida en el hotel

● El año pasado decidimos ir de viaje de novios a San Martín. Todo salió mal desde el principio. Habíamos contratado un hotel de 4 estrellas y, en realidad...

10. LA NOCHE DE SAN JUAN

A. ¿Con qué palabras asocias el verano? Márcalas y añade otras.

- ☐ El calor
- ☐ El fuego
- ☐ Las vacaciones
- ☐ La alegría
- ☐ Las fiestas
- ☐ El agua
- ☐ La noche
- ☐ El trabajo
- ☐ El campo

B. ¿Sabes por qué se celebra la noche de San Juan en España? Lee el texto para descubrirlo.

La noche de San Juan es una de las principales fiestas populares de España. Se celebra la madrugada del 23 al 24 de junio y festeja la llegada de la noche más corta del año (el solsticio de verano). Todas las celebraciones que se hacen esa noche tienen en común prácticas purificadoras relacionadas con el agua o el fuego, y tienen su origen en ritos ancestrales. Se cree, por ejemplo, que toda el agua que se toma en la noche de San Juan es beneficiosa para la salud y algunas personas se bañan desnudas esa madrugada en ríos o en playas de su región.

San Juan se celebra en muchas zonas de España. En **Cataluña**, por ejemplo, se encienden hogueras en las calles, y en las numerosas fiestas, llamadas verbenas, se lanzan fuegos artificiales y se come la famosa "coca".

En **Alicante***, tres días antes de San Juan, se colocan en las calles una serie de enormes figuras de cartón y madera (los "ninots") que satirizan diversos aspectos de la vida social y política. Estos "ninots" se queman el día 24 en una ceremonia llamada "la cremà".

En **Ciutadella (Menorca)** se lleva a cabo el "jaleo", una exhibición ecuestre de origen medieval. Los jinetes, vestidos con trajes de época, se pasean entre la multitud con sus caballos al son de músicas tradicionales. La bebida típica durante las fiestas de San Juan es la "pomada", una mezcla de ginebra local y limonada.

En **Icod de los Vinos (Tenerife)** se bajan desde la montaña más cercana los famosos "hachitos", estructuras de madera adornadas con ramas y flores.

En **San Pedro Manrique (Soria)** tiene lugar el famoso "paso del fuego". La gente del lugar pisa descalza las brasas de la hoguera, llevando muchas veces a otra persona a sus espaldas, sin sufrir daño alguno.

C. ¿A cuál de los lugares mencionados en el texto te gustaría ir la noche de San Juan? ¿Por qué? ¿Hay alguna fiesta de verano en tu país? ¿En qué consiste?

* Las fotos que aparecen en esta página corresponden a la fiesta de San Juan en Alicante.

7

TENEMOS
QUE HABLAR

En esta unidad vamos a
simular una discusión de pareja

Para ello vamos a aprender:
> *a expresar intereses y sentimientos*
> *a hablar de las relaciones entre las personas*
> *a mostrar desacuerdo en diversos registros*
> *a suavizar una expresión de desacuerdo*
> *a contraargumentar*

1. ADOLESCENTES

A. Aquí tienes las fotografías de las habitaciones de dos adolescentes españoles: la de un chico y la de una chica. ¿De quién crees que es cada una? ¿Por qué? Escríbelo y, luego, coméntalo con tus compañeros.

B. Ahora, lee este texto sobre los adolescentes españoles. En parejas, proponed un posible título al texto.

La adolescencia no llega a la misma edad a los niños y a las niñas. Actualmente, las niñas españolas entran en esta etapa entre los 9 y los 11 años, mientras que sus compañeros varones, en general, siguen siendo niños y haciendo cosas de niños hasta los 12 ó 13 años.

Con la adolescencia cambian los gustos y las preferencias; las niñas empiezan a preocuparse por su aspecto físico, por la ropa y por la moda en general. Les encanta ir de compras con sus amigas y, a menudo, se quedan a dormir en casa de alguna de ellas para pasar la noche probándose ropa o maquillándose.

También comienzan a interesarse por los chicos, especialmente por los que son mayores que ellas, y a querer salir hasta tarde. Sus ídolos son las estrellas del cine y de la música y, en general, dejan de interesarles sus muñecas. Su nuevo juguete preferido es el teléfono móvil, y se comunican con las amigas y con los amigos a través de mensajes y de chats.

Los cambios en los intereses de las chicas adolescentes provocan frecuentemente los primeros conflictos; en muchos casos, la escuela, los exámenes y las notas les preocupan menos que salir con sus amigas y divertirse. Por eso, a veces, los resultados escolares empeoran y el colegio les aburre tanto que hacen cualquier cosa para no estudiar. Y aquí empiezan, lógicamente, los conflictos con los padres.

Estos cambios afectan también a los chicos, pero suelen llegar un poco más tarde. A los chicos adolescentes les interesan los deportes y los juegos de ordenador y sus ídolos son, en general, futbolistas y otros deportistas famosos. Normalmente solo se relacionan con otros chicos, y las chicas les producen sentimientos contradictorios, incluso de rechazo en algunos casos.

C. ¿Estás de acuerdo con lo que dice el texto? ¿Cómo fue tu adolescencia? ¿Te sientes reflejado? Cuéntaselo a la clase.

● Yo, cuando tenía 12 años, empecé a tener malas notas en el cole. Discutía mucho con mis padres y...

2. EL DIARIO DE VERO

Vero es una adolescente española de 13 años. Aquí tienes algunos fragmentos de su diario. ¿Cuáles de las cosas que dice Vero te parecen típicas en una chica de su edad? ¿Cuáles te parecen menos normales? Coméntalo con tus compañeros.

Hoy me han dado la nota de Matemáticas. He sacado un 5. ¡Uf! Casi suspendo... La verdad es que las mates de este año son superdifíciles y el profe es un rollo. Me aburro como una ostra en sus clases. En cambio, he sacado un 9,5 de media en Ciencias Naturales, ¡la mejor nota de la clase! La profe me ha puesto un 10 en el trabajo que hice sobre el reciclaje y en el examen he sacado un 9. No está mal.

Mis padres están contentos porque lo he aprobado todo. Pero mi madre dice que si quiero ser bióloga, también tengo que estudiar matemáticas porque son muy importantes para los científicos. No sé. Yo, en realidad, lo que quiero es ser de Greenpeace, viajar por todo el mundo en sus barcos y salvar a las ballenas y a todos los animales que están en peligro de extinción. Seguro que es superguay. Como premio por mis notas, mis padres me han dado 20 euros para recargar el móvil: así podré volver a enviar mensajes. Esta semana no he podido llamar ni enviar mensajes y ha sido horrible. Por suerte, cuando llegaba a casa después del cole, podía chatear con mis amigas.

Hoy he ido a patinar con Marta y con Lara y, luego, hemos ido de compras. Mi madre me había dado 80 euros y me he comprado un montón de cosas: una colonia, una crema contra el acné, dos "tops" y dos CD de música clásica. Marta es genial. Tenemos los mismos gustos y lo pasamos muy bien juntas. Además, usamos la misma talla y nos podemos intercambiar ropa. Me encanta que me invite a su casa a cenar y a dormir. Nos pasamos la noche hablando de nuestras cosas y probándonos ropa. ¡Es genial! En cambio a Lara no la aguanto. Lara es la prima de Marta y, por eso, muchas veces tenemos que quedar con ella. Pero es que es muy mandona y estoy harta de que siempre hagamos lo que ella quiere. Yo la llamo "Larita" porque sé que le molesta que la llamen así. Je, je...

Durante la comida, mis padres han vuelto a discutir sobre mis vacaciones. ¡Son unos pesados! Estoy cansada de que nunca estén de acuerdo. A mi padre le parece bien que me vaya de vacaciones con Marta y sus padres a Mallorca, pero a mi madre le da vergüenza que pase dos semanas en casa de otra familia. ¿Pero por qué? ¡¡Si Marta y yo somos como hermanas!! Además, ellos van a trabajar durante todo el mes de agosto y todas mis amigas se van fuera. No quiero quedarme sola aquí como el año pasado, mientras todas mis amigas están en la playa. Además, en Mallorca estará Álvaro, el primo de Marta... ¡y es tan guapo!

Bueno, ahora, querido diario, te dejo.

Me voy a clase de Kárate.

¡Hasta mañana!

• A mí me parece una niña muy normal, ¿no? Le aburren las matemáticas, empieza a tener problemas con sus padres por las vacaciones...
○ Sí, pero, en cambio...

3. ODIO MENTIR A MIS AMIGOS

A. ¿Cuáles de las siguientes opiniones compartes? Puedes señalar varias sobre cada tema.

☐ **Me encanta** hacer regalos. Soy muy detallista.
☐ **No me gusta nada** tener que hacer regalos.
☐ **No me importa que** se olviden de mi cumpleaños. Yo no recuerdo casi ninguno.

☐ **Estoy harto/a de** las relaciones superficiales.
☐ **No me interesa** hacer nuevas amistades; ya tengo bastantes amigos.
☐ **Me apasiona** conocer gente nueva.

☐ **No me gustan** las personas demasiado sinceras.
☐ **Odio** mentir a mis amigos. Nunca lo hago.
☐ **Me sienta fatal** que un amigo me mienta. Eso no lo perdono.

☐ **Me encantan** las fiestas grandes, con mucha gente.
☐ **No me gusta** que me inviten a una fiesta si no conozco a nadie.
☐ **Me da pereza** hacer fiestas en mi casa.

☐ **No soporto** los viajes con grupos grandes de amigos.
☐ **Me da miedo** viajar solo/a.
☐ **Me sienta mal** que mis amigos se vayan de vacaciones y que no me pregunten si quiero ir con ellos.

☐ **Me da mucha rabia** que alguien de otro país critique el mío.
☐ **Me horroriza** la gente que no acepta opiniones y costumbres distintas a las suyas.
☐ **Me fascina** conocer a personas de otras culturas.

B. Compara tus respuestas con las de un compañero. ¿Coincidís en muchas cosas? Coméntaselo a los demás.

> ● Tom y yo tenemos bastantes cosas en común: a los dos nos encantan las fiestas y no soportamos...

C. Fíjate en las expresiones que aparecen en negrita en las frases anteriores. Observa en qué casos van seguidas de **que** + Subjuntivo. ¿Entiendes por qué?

verbo + sustantivo	verbo + Infinitivo	verbo + **que** + Subjuntivo

D. Ahora, escribe cinco frases en las que expreses los sentimientos que te provocan otras situaciones u otras actitudes en el ámbito de las relaciones de amistad o familiares. Intenta usar las tres estructuras anteriores.

4. ¿ESTÁ ENFADADO?

A. Lee estas conversaciones que mantiene César con varias personas. En todas muestra desacuerdo con lo que le dicen. ¿Cómo lo hace? Subraya y observa cómo funcionan los recursos que usa.

1 En una tienda

● *Lo siento, pero tenía un mes para poder cambiar el producto. Ahora ya no aceptamos devoluciones.*
○ *¿Cómo? ¿Que solo tenía un mes? ¡No puede ser!*

2 Con su mujer

● *Mira, César, estoy cansada de hacerlo yo todo en casa. ¡Es que últimamente no haces nada!*
○ *¿Que no hago nada? ¡Eso no es verdad! Te preparo el desayuno todos los días y siempre friego los platos.*

3 Con su jefe

● *Me han dicho que últimamente siempre llega usted tarde.*
○ *Bueno, eso no es del todo cierto. La semana pasada tuve que llegar tarde dos días, pero porque tenía a mi mujer en el hospital. Ya se lo comenté al jefe de Personal.*

4 Con su médico

● *¡Vaya! Veo que ha engordado...*
○ *¿Engordado? No, yo diría que no. Estoy en mi peso de siempre, creo.*

5 Con su hijo

● *Papá, ¿te pasa algo? Estás muy raro.*
○ *¿Raro? ¡Qué va! Lo que pasa es que estoy muy cansado.*

B. Imagina que el profesor os dice: **"Participáis poco en clase"**. ¿Cuántas maneras diferentes se os ocurren de expresar desacuerdo? Decidlas en voz alta prestando especial atención a la entonación.

EXPRESAR INTERESES Y SENTIMIENTOS

La mayoría de verbos o expresiones que, como **encantar**, sirven para expresar intereses, sentimientos o sensaciones, pueden funcionar con estas estructuras.

Me encanta	mi trabajo	(+ SUSTANTIVO SINGULAR)
Me encantan	los gatos	(+ SUSTANTIVO PLURAL)
Me encanta	vivir aquí	(+ INFINITIVO)
Me encanta	que me regalen flores*	(+ **QUE** + SUBJUNTIVO)

* El sujeto del verbo en Subjuntivo no es el mismo que la persona que experimenta la sensación.

Entre otros muchos, los siguientes verbos funcionan de la misma manera que **encantar**: **molestar**, **interesar**, **gustar**, **apasionar**, **importar**, **fascinar**, **entusiasmar**, **horrorizar**, **irritar**, **sentar bien/mal**, **poner nervioso/triste**..., **hacer ilusión/gracia**..., **dar miedo/pereza**...

Con todos ellos es necesario usar los pronombres personales **me/te/le/nos/os/les**. Hay que tener en cuenta que el sujeto gramatical del verbo es la cosa o acción que produce el sentimiento.

	SUJETO
Me fascina	**la gente** original.
Me fascina**n**	**las personas** originales.
Me fascina	**conocer** gente diferente.
Me fascina	**que me presenten** gente original.

Con los verbos **odiar**, **(no) soportar**, **(no) aguantar**, **adorar**, **estar cansado/harto de**..., etc., el sujeto es la persona que experimenta la sensación.

> Muchos de estos verbos no aceptan gradativos porque ya tienen un significado intensificado:
>
> me encanta ~~mucho~~, me apasiona ~~mucho~~, adoro ~~mucho~~, odio ~~mucho~~, no soporto ~~mucho~~

MOSTRAR DESACUERDO

Una manera de expresar desacuerdo es repetir, en forma de pregunta, lo que ha dicho nuestro interlocutor. Este recurso sirve para mostrar sorpresa, incredulidad o enfado.

- ● Silvia, ayer no apagaste las luces al salir…
- ○ **¿Que no apagué las luces al salir?**

También podemos retomar, en forma de pregunta, solo una parte del enunciado.

- ● Fran, estás un poco distraído, ¿no?
- ○ **¿Distraído?** Ay, no sé…

En general, las preguntas con **qué** y con **cómo** expresan rechazo a lo que nos acaban de decir.

- ● No sé qué te pasa, pero estás de muy mal humor.
- ○ **¿Cómo?/¿Qué?** Y ahora me dirás que tú estás de muy buen humor, ¿no?

En un registro coloquial, algunas fórmulas sirven para expresar un rechazo total, incluso agresivo.

- ● Sandra, creo que tu actitud no ha sido muy correcta.
- ○ **¡(Pero) qué dices!** Me he comportado perfectamente.

Otras expresiones coloquiales sirven para negar con énfasis una afirmación.

- ● ¿Has estado en la playa? Tienes buen color.
- ○ **¡Qué va!** He estado todo el fin de semana en casa.

SUAVIZAR UNA EXPRESIÓN DE DESACUERDO

Es habitual usar diferentes recursos para suavizar nuestro desacuerdo. En general, estos recursos presentan nuestra opinión como algo "personal y subjetivo" y no como afirmaciones absolutas.

- ● Alba, tu hermano está muy antipático, ¿no?
- ○ **Yo no diría eso.** Lo que pasa es que está en un mal momento.

- ● Creo que no nos han dado la subvención porque no somos lo suficientemente conocidos.
- ○ **A mi modo de ver**, ese no es el problema. **Lo que pasa es que**…

- ● En general, Oswaldo no hace bien su trabajo.
- ○ **Hombre, yo no estoy del todo de acuerdo con** eso.

CONTRAARGUMENTAR

Para introducir un argumento contrario a lo que acabamos de oír, usamos **pues** o, para mostrar nuestra sorpresa, **(pero) si**.

- ● Los informes que me diste ayer no son muy completos.
- ○ **Pues** al jefe de Ventas le han parecido perfectos.

- ● Ya no tienes detalles conmigo: no me llamas al trabajo…
- ○ **¡(Pero) si** tú me prohibiste llamarte al trabajo!

5. EL JUEGO DE LA VERDAD

CD 22-23 **A.** Carlos y Ana llevan un año casados. Un amigo les ha hecho preguntas, por separado, sobre su vida de casados. Anota qué cosas positivas y qué cosas negativas cuenta cada uno de ellos.

	Aspectos positivos	Aspectos negativos
Para Carlos...		
Para Ana...		

B. ¿Dirías que Carlos y Ana son un matrimonio feliz? Coméntalo con tus compañeros.

6. PAREJAS

A. Haz este cuestionario a un compañero.

	SÍ	NO
• Le gusta que su pareja le envíe flores.	☐	☐
• Le molesta que su pareja se lleve bien con su(s) ex.	☐	☐
• No le importa que su pareja pase las vacaciones con sus amigos/as.	☐	☐
• Le irrita que su pareja quiera saber dónde está en cada momento.	☐	☐
• Le gusta que su pareja decida cosas por los dos.	☐	☐
• Le da vergüenza ir a casa de la familia de su pareja.	☐	☐
• Prefiere que su pareja no tenga amigos/as del sexo contrario.	☐	☐
• Le molesta que su pareja no se acuerde de las fechas especiales.	☐	☐
• Le gusta que su pareja le haga regalos sorpresa.	☐	☐
• No le importa que su pareja no le llame durante dos o tres días seguidos.	☐	☐
• Le molesta que su pareja tenga un sueldo más alto.	☐	☐

B. ¿Qué te parecen sus respuestas? ¿Crees que, en sus relaciones de pareja, es una persona moderna, tradicional, tolerante...? Cuéntaselo a tus compañeros.

> • Tengo la impresión de que Amanda es bastante celosa. Le molesta, por ejemplo, que su pareja se lleve bien con sus ex.

7. ¡PERO QUÉ DICES!

CD 24-26 **A.** La entonación sirve para marcar una determinada actitud. Vas a escuchar tres pequeñas discusiones, cada una de ellas en dos versiones diferentes. Intenta anotar, en cada caso, el grado de enfado de la persona que responde.

			NO MUY ENFADADO/A 😐	MUY ENFADADO/A 😠
1	• ¡Pero Juanjo! ¡A qué hora llegas! ¡Y seguro que no has hecho los deberes!	A		
	○ **¡Que sí, mamá, no seas pesada! Los he hecho en la biblioteca.**	B		
2	• Pablo, ya no salimos nunca: ni al cine, ni a cenar, ni a pasear...	A		
	○ **¿Que no salimos nunca? ¿No fuimos el sábado al teatro?**	B		
3	• No te lo tomes mal, pero estás colaborando muy poco en este proyecto.	A		
	○ **¡Pero qué dices! ¡Si la semana pasada me quedé en la oficina hasta las tres de la mañana casi todos los días!**	B		

CD 27 **B.** Ahora, vais a escuchar una serie de "acusaciones" o reproches. El profesor dirá a cuál de vosotros van dirigidas. El alumno indicado deberá reaccionar.

8. ¡BASTA DE RUIDOS!

A. ¿Qué cosas te molestan? ¿Estás harto/a de algo? Ahora es el momento de quejarse. Escribe tu protesta en la pizarra.

RELACIONADO CON TU CASA
Una cosa negativa:
- de (a(s) persona(s) con (a(s) que vives
- de la casa en sí

RELACIONADO CON TU CALLE, CON TU BARRIO O CON TU CIUDAD
Un aspecto negativo:
- del lugar en el que vives
- de tus vecinos

RELACIONADO CON EL TRABAJO O CON LA ESCUELA
Una cosa negativa:
- de (a(s) persona(s) con (a(s) que trabajas o estudias
- del mismo trabajo o de los estudios

RELACIONADO CON LA POLÍTICA O CON LA SOCIEDAD
- Una cosa negativa de tu país
- Algo que funciona mal en el mundo

B. Ahora, lee las quejas de tus compañeros y marca con una cruz aquellas con las que estés de acuerdo. Luego, comenta con tus compañeros las frases que no entiendes o las que te llaman más la atención.

- ● ¿Quién ha escrito "Estoy harto de Maximilian y de sus pelos".
- ○ Yo.
- ● ¿Y quién es Maximilian?
- ○ Es el perro de mi compañero de piso. Es un cócker muy simpático, pero deja la casa llena de pelos...

 C. Seleccionad las protestas más interesantes y colgadlas por la clase en forma de carteles.

9. TRAPOS SUCIOS

A. Samuel y Zara son una pareja que está pasando por una pequeña crisis. Hay varias cosas que provocan desacuerdos, tensiones o malentendidos. En parejas, tenéis que inventar, como mínimo, un problema en cada uno de estos ámbitos.

el trabajo
(los horarios, la dedicación, el salario...)

la familia
(los padres, los cuñados, el tiempo que pasáis con ellos...)

las tareas de casa
(el reparto de tareas, el orden, la limpieza...)

los amigos
(el tiempo que pasáis con ellos, a cuáles veis más...)

las vacaciones
(dónde las pasáis, cuándo, con quién...)

otros temas

B. Hoy vais a tener una discusión de pareja; uno va a ser Zara y, el otro, Samuel. Cada uno va a pensar en las cosas que no le gustan de la relación, qué cosas tienen que cambiar, etc. Negociad qué temas vais a tratar y poneos de acuerdo sobre qué vais a decir.

C. Ahora, delante de toda la clase, vais a representar una conversación sobre vuestros problemas.

- ● Zara, tenemos que hablar.
- ○ Sí, tienes razón, tenemos que hablar.
- ● Creo que hay algunas cosas que no funcionan en nuestro matrimonio.
  (...)
- ○ Mira, Samuel; estoy cansada de tener que hacerlo todo yo en casa.
- ● ¿Que tú lo haces todo en casa? ¡Pero qué dices!
- ○ Pues sí. Y, además, estoy harta de que...

10. BOLERO

CD 28
A. "Contigo aprendí" es un bolero clásico, escrito por el compositor mexicano Armando Manzanero. Hemos eliminado cinco palabras de la letra. En parejas, intentad adivinar cuáles son teniendo en cuenta que riman con las palabras subrayadas. Después, escuchad la canción y comprobadlo.

Contigo aprendí

Contigo aprendí
que existen nuevas y mejores <u>emociones</u>.
Contigo aprendí
a conocer un mundo nuevo de ....

Y aprendí
que la semana tiene más de siete <u>días</u>
a hacer mayores mis contadas ....
y a ser dichoso
yo contigo lo aprendí.

Contigo aprendí
a ver la luz del otro lado de la <u>luna</u>.
Contigo aprendí
que tu presencia no la cambio por ....

Aprendí
que puede un beso
ser más dulce y más <u>profundo</u>
que puedo irme mañana mismo
de este ....
las cosas buenas
yo contigo las viví.

Contigo aprendí
que yo <u>nací</u>
el día en que te ....

B. ¿Cómo interpretas la letra de esta canción? Coméntalo con tus compañeros.

• Yo creo que es un hombre que quiere...

C. ¿Quieres saber más sobre el bolero? Lee este texto.

No se puede entender la música en español sin conocer el bolero, tal vez el más universal de los géneros musicales latinos. La historia del bolero comienza a finales del siglo XIX en Cuba, como un heredero del bolero español, pero con sus propias características musicales. Entre los primeros grandes maestros hay que destacar, entre otros, a los compositores cubanos Nilo Menéndez, Gonzalo Roig y Ernesto Lecuona, al puertorriqueño Rafael Hernández y, sobre todo, al mexicano Agustín Lara.

A lo largo del siglo XX, el bolero lanzó a la fama a artistas como Los Panchos, María Dolores Pradera o Armando Manzanero, y ha atraído a numerosos músicos de otros ámbitos. Estrellas de la canción melódica como Julio Iglesias o Luis Miguel, ilustres cantantes extranjeros como Frank Sinatra y Caetano Veloso, o maestros del jazz latino como Benny Moré, por ejemplo, se han acercado al bolero en algún momento de sus carreras.

El bolero es una exaltación absoluta del amor e implica una manera de cantar y de expresarse que no tiene vergüenza del dolor, de la pasión y del desamor. El tono de sus letras, siempre apasionado y romántico, crea una intensa comunicación entre el intérprete y el oyente. Quizá eso explique por qué muchos jóvenes vuelven hoy en día al bolero.

8
DE DISEÑO

En esta unidad vamos a
diseñar un objeto que solucione
un problema de la vida cotidiana

Para ello vamos a aprender:

> a describir las características y el funcionamiento de algo
> a opinar sobre objetos > los superlativos en -ísimo/a/os/as
> algunos modificadores del adjetivo: excesivamente, demasiado…
> las frases exclamativas: ¡qué…!, ¡qué… tan/más…!
> las frases relativas con preposición
> usos del Indicativo y del Subjuntivo en frases relativas

1. DISEÑO CONTEMPORÁNEO

A. Observa estas fotografías. ¿Qué crees que son los cinco objetos que aparecen en ellas? ¿Para qué crees que sirven? Coméntalo con tus compañeros.

- Supongo que esto sirve para ver una película mientras...
- Sí, parece una...

B. Ahora, lee el siguiente texto y descubre qué son realmente los objetos de la página anterior.

Martín Azúa. Diseñador

Martín Azúa (Álava, 1965) atrajo por primera vez la atención del público con su diseño *Casa básica* (1999), un proyecto que surgió como respuesta a la necesidad de proporcionar un refugio temporal a los inmigrantes recién llegados. Este habitáculo portátil de 220 gramos se pliega hasta caber en un bolsillo y utiliza el calor corporal o solar para mantenerse inflado. Además, es reversible (la cara dorada protege del frío y la plateada, del calor) y está fabricado en poliéster para permitir que la luz entre sin que se vean los ocupantes desde el exterior.

Casa básica es un ejemplo típico del trabajo de Azúa, que combina la tecnología, la filosofía, la poesía y, muchas veces, algún elemento inesperado. El diseñador vasco concibe productos baratos y "democráticos" aunque con un fuerte compromiso artístico y experimental; actualmente, varios de sus diseños se producen comercialmente. Azúa cree en un futuro en el que los diseñadores se ocupen de cuestiones nuevas y no de problemas que ya han sido resueltos.

Entre su producción encontramos creaciones tan originales como la colección de muebles *Levántate*, pensados para relajarse, jugar y aprovechar al máximo el espacio, ya que, cuando no se utilizan, se ponen solos de pie. Con el *Sillón-pantalla*, Azúa pretende dar una nueva dimensión a la comunicación gracias a unas fundas que pueden colocarse en cualquier silla para proyectar imágenes sobre ellas. Así, dos interlocutores pueden, por ejemplo, charlar mediante videoconferencia sentados "frente a frente" a tamaño real. El *Plato universal* es un híbrido entre plato, bandeja y paleta de pintor diseñado para poder comer de pie. Dispone de un espacio para dejar el vaso y permite tener una mano libre para comer o para saludar a la gente.

Una de sus propuestas más poéticas quizá sea el diseño de las medallas del Campeonato Mundial de Natación de Barcelona 2003. En lugar de una medalla convencional, Azúa diseñó una corona formada por dos semicírculos de cristal que contienen agua de todo el mundo llevada por los propios deportistas.

C. Aquí tienes una serie de opiniones sobre los diseños de Martín Azúa. ¿Con cuál o con cuáles estás de acuerdo?

1. ➡ La verdad, para mí son excesivamente modernos.
2. ➡ Me parecen alucinantes. Los encuentro superoriginales. Me gustan muchísimo.
3. ➡ Creo que son bonitos pero, francamente, algunos no los veo demasiado útiles.
4. ➡ No sé, no me acaban de convencer. Me parecen rarísimos. Pero yo no entiendo de arte...
5. ➡ Hay algún diseño que no me desagrada, pero, sinceramente, hay otros que me parecen muy poco prácticos.

2. ¡QUÉ HORROR!

CD 29-34 **A.** Vas a escuchar seis conversaciones en las que se habla de un objeto. ¿Sabes a cuál de estos se refieren en cada caso? Márcalo.

CD 29-34 **B.** Escucha de nuevo las conversaciones. Toma notas en tu cuaderno para saber si lo valoran positiva o negativamente.

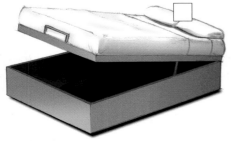

C. Ahora, imagina que quieres comprar estas cosas. ¿Cómo las pedirías en una tienda especificando alguna de sus características?

3. ¿QUÉ ES?

A. ¿Sabes a qué se refieren estas descripciones? Escríbelo.

1. ES UN MUEBLE **EN** EL **QUE** GUARDAS LA ROPA Y QUE NORMALMENTE TIENE PUERTAS.

_____

2. ES UNA HERRAMIENTA **CON** LA **QUE** PUEDES **CORTAR** PAPEL, TELA, PELO…

_____

3. SON UNAS SEMILLAS **DE** LAS **QUE** SE OBTIENE ACEITE.

_____

4. SON UNOS LUGARES **A** LOS **QUE** VAS A VER PELÍCULAS.

_____

5. ES ALGO **CON** LO **QUE** TE PEINAS.

_____

B. Fíjate en las palabras de color verde. ¿Qué tipo de palabras son? ¿A qué palabra se refieren en cada caso?

C. ¿Por qué aparecen las preposiciones en las frases anteriores?

D. Ahora, intenta formar frases relativas a partir de los elementos A y B.

A. una prenda de vestir B. te cubres la cabeza **con** esa prenda	Un sombrero es _____ ------------------------ ------------------------
A. un establecimiento B. compras medicamentos **en** ese lugar	Una farmacia es _____ ------------------------ ------------------------
A. un tema B. hay mucha polémica **sobre** ese tema	La clonación es _____ ------------------------ ------------------------
A. un lugar B. vas **a** ese lugar cuando tienes problemas de salud	Un ambulatorio es _____ ------------------------ ------------------------

4. ¿QUE TIENE O QUE TENGA?

A. ¿Qué diferencia hay entre estas dos frases? Coméntalo con tus compañeros.

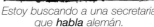

*Estoy buscando a una secretaria que **habla** alemán.*   *Estoy buscando a una secretaria que **hable** alemán.*

B. Marca la opción correcta en cada caso.

	SÍ	NO
1. ¿Sabe si existe el libro?		
A. Estoy buscando un libro que tiene fotos de Caracas.		
B. Estoy buscando un libro que tenga fotos de Caracas.		
2. ¿Sabe si existe ese programa?		
A. Quiero un programa de diseño que se pueda instalar en un ordenador portátil.		
B. Quiero un programa de diseño que se puede instalar en un ordenador portátil.		
3. ¿Sabe si venden ese pastel?		
A. Quiero un pastel que lleva chocolate y nata.		
B. Quiero un pastel que lleve chocolate y nata.		

5. ¿ES DE METAL?

Elige una de estas palabras. Luego, tu compañero te hará preguntas para adivinarla. Tú solo puedes responder sí o **no**.

unos calcetines	una silla	un tenedor
una lámpara	una chaqueta	una revista
un sacacorchos	un jarrón	una puerta
una llave	una camiseta	un sacapuntas

- ¿Es de metal?
- Sí.

Es de algodón/lana/cristal/metal/madera/piel/papel/plástico…
Sirve para + Infinitivo
Se usa para + Infinitivo

FRASES RELATIVAS

Las frases relativas sirven para añadir información sobre un sustantivo o para determinarlo.

- <u>Este anillo</u>, **que perteneció a mi abuela**, es de oro blanco.
- Esta es <u>la novela</u> **que me compré ayer**.

CON INDICATIVO O CON SUBJUNTIVO

Utilizamos el Indicativo para referirnos a algo cuya identidad concreta conocemos o que al menos sabemos que existe.

- Hola... Quería ver <u>una cámara</u> **que cuesta unos 300 €**. Me la enseñó usted ayer.
  (Sabe que la tienen y que cuesta 300 euros)

Usamos el Subjuntivo cuando nos referimos a algo cuya existencia o identidad concreta desconocemos.

- Hola... Quería ver <u>una cámara</u> **que cueste unos 300 €**.
  (No sabe si tienen cámaras de ese precio)

CON PREPOSICIÓN

Cuando las frases relativas llevan preposición, el artículo (**el/la/lo/los/las**), que va situado entre la preposición y el pronombre **que**, concuerda en género y en número con la palabra a la que se refiere.

- Este es <u>el coche</u> **en el que** fuimos a Cartagena.
- ¿Es esta <u>la llave</u> **con la que** cerraste la puerta?
- Necesito <u>algo</u> **con lo que** pueda abrir esta lata.
- <u>Los hoteles</u> **en los que** nos alojamos eran muy buenos.
- Allí están <u>las chicas</u> **de las que** te hablé.

> Cuando nos referimos a lugares, podemos usar **donde** en lugar de **en el/la/los/las que**. Cuando nos referimos a personas, podemos usar preposición + **quien/quienes** en lugar de preposición + **el/la/los/las que**.
>
> Esta es la casa **en la que** nací. = Esta es la casa **donde** nací.
> Esa es la chica **con la que** fui a la fiesta. = Esa es la chica **con quien** fui a la fiesta.

HABLAR DEL FUNCIONAMIENTO Y DE LAS CARACTERÍSTICAS

- **Sirve para** lavar las verduras.
- **Se usa para** cubrirse las orejas cuando hace mucho frío.
- **Es fácil/difícil de** usar...
- **Va/Funciona** genial/(muy) bien/(muy) mal/fatal...
- **Va/Funciona con** pilas/electricidad/gas/energía solar...
- **(No) Se arruga/estropea/rompe**...
- **(No) Pasa de moda.**
- **Consume** mucho/bastante/poco.
- **Lo/la/los/las** tomas cuando estás enfermo.

- **Ocupa** mucho/bastante/poco (espacio).
- **Cabe en** cualquier sitio.
- **Caben** muchas/bastantes/pocas cosas **dentro**.
- **Dura** mucho/bastante/poco (tiempo).

VALORAR

- (Yo) **Lo encuentro** muy bonit**o**.
- (Yo) **La encuentro** muy bonit**a**.
- (Yo) **Los encuentro** muy bonit**os**.
- (Yo) **Las encuentro** muy bonit**as**.

- (A mí) **Me parece/n** muy bonit**o/a/os/as**.

VALORACIONES NEGATIVAS

- (A mí) **No me desagrada, pero** yo no lo compraría.
- **No está mal, pero** no es lo que estoy buscando.
- (A mí) **No me convence. / No me acaba de convencer**.
- **La verdad, para mí es excesivamente** moderno.
- Es bonito, **pero, francamente/sinceramente**, no le veo ninguna utilidad.

FRASES EXCLAMATIVAS

- **¡Qué** horror/maravilla...!
- **¡Qué** (vestido **tan**) bonito! = **¡Qué** (vestido **más**) bonito!

SUPERLATIVOS Y OTROS GRADATIVOS

feo	caro	rico	rápido
muy feo	muy caro	muy rico	muy rápido
feísimo	carísimo	riquísimo*	rapidísimo

* A veces hay cambios ortográficos: ri**c**o – ri**qu**ísimo.

Para intensificar un adjetivo, en lengua coloquial, solemos usar el prefijo **super**.

- Es un aparato **super**práctico.

Con adjetivos que expresan una gran intensidad, no usamos el adverbio **muy**, ni el sufijo **-ísimo**, ni el prefijo **super**. Usamos, en su lugar, **realmente** o **verdaderamente**.

- Es **realmente/verdaderamente** fantástico/horrible...

Otros gradativos:

- Es **demasiado/excesivamente** llamativo.
- Es **(muy) poco*** práctico.
- Es **un poco**** caro. (= Es caro)
- **No** es **nada** interesante.

* Recuerda que **poco** solo se usa con adjetivos de significado positivo.
** Recuerda que **un poco** solo se usa con adjetivos de significado negativo.

6. ESTÁ DE MODA

A. Mira estos diseños de ropa. ¿Qué te parecen? Coméntalo con un compañero. ¿Tenéis los mismos gustos? Informad al resto de la clase.

- A mí estos pantalones me parecen demasiado llamativos. No me los pondría nunca.
○ Pues a mí me encantan, me parecen supermodernos.

B. Responde a este cuestionario sobre la ropa y la moda.

1. ¿Cuál es tu color favorito?
2. ¿Sabes cuáles son los colores de moda de esta temporada?
3. ¿Usas ropa de marca?
4. ¿Cuál es tu marca favorita?
5. ¿Crees que la manera de vestir de una persona refleja su personalidad?
6. ¿Cuánto tiempo sueles tardar en vestirte?
7. ¿Guardas alguna prenda de vestir desde hace muchos años? ¿La usas?
8. ¿Te gusta llamar la atención con la ropa?
9. ¿Gastas mucho dinero en ropa?
10. En español se dice que "para presumir hay que sufrir". ¿Estás de acuerdo?

C. Ahora, comenta el cuestionario con tu compañero. Luego, piensa qué prenda de vestir le regalarías para su cumpleaños y descríbela con detalle.

- A Boris le regalaría...

dibujos registrados / registered pattern: Miriam Ocariz

7. ¿PUEDES USARLO EN LA COCINA?

A. Piensa en un objeto que tenga especial importancia en tu vida cotidiana. Luego, intenta responder mentalmente a las preguntas que aparecen en la hoja.

B. Ahora, tu compañero te va a hacer preguntas para adivinar en qué objeto has pensado. Tú solo puedes responder sí o no.

- ¿Lo puedes usar en la cocina?
○ No.
- ¿Sirve para...?

- ¿Es útil?
- ¿Es caro?
- ¿Para qué sirve?
- ¿Se arruga?
- ¿Se estropea?
- ¿Se rompe?
- ¿Funciona con pilas/electricidad...?
- ¿Pasa de moda?
- ¿Es fácil de usar?
- ¿Dura mucho tiempo?
- ¿Ocupa mucho espacio?
- ¿Puedes usarlo en la cocina/el salón...?
- ¿Lo puedes llevar encima?
- ¿Consume mucho?

8. ¿TIENES...?

A. En parejas, buscad a un compañero que tenga alguna de estas cosas. Gana la pareja que consiga más.

Alumno A

- ALGO QUE SIRVA PARA PROTEGERSE DE LA LLUVIA
- UNA COSA QUE SE ROMPA FÁCILMENTE
- UN OBJETO QUE SIRVA PARA MIRARSE
- UNA PRENDA DE VESTIR QUE SEA DE LANA
- ALGO QUE ESTÉ DE MODA

Alumno B

- UN OBJETO QUE SIRVA PARA APAGAR UN FUEGO
- UNA PRENDA DE VESTIR QUE SE PONGA EN LA CABEZA
- UN APARATO QUE FUNCIONE CON PILAS
- UN COSA QUE SE ARRUGUE MUCHO
- ALGO QUE QUEPA EN UN BOLSILLO Y QUE SEA DE MADERA

- ¿Tienes algo que sirva para protegerse de la lluvia?
- No, lo siento.

B. Ahora, presentad al resto de la clase los objetos que habéis obtenido y convencedlos de que realmente tienen esa utilidad o esas características.

9. DISEÑO DE ENCARGO

A. En parejas, imaginad que el Departamento de Investigación y Desarrollo de una empresa os ofrece la posibilidad de crear el producto que queráis, sin límites de ningún tipo. Puede ser un objeto, una prenda de vestir, un local comercial, etc. Decidid entre los dos qué vais a crear, para qué sirve y cómo es.

B. Ahora, explicad el proyecto a vuestros compañeros. ¿Cuál es la idea más original?

- Nosotros vamos a crear una pastilla que sirva para tener más memoria y con la que podamos aprender español en una semana.

10. SOLUCIONES PARA TODOS

A. Estas tres personas tienen algunos problemas prácticos en su vida cotidiana. Lee sus testimonios. ¿Te pasa a ti algo parecido? ¿Tienes otros problemas? Coméntalo con tus compañeros.

El mes que viene voy a abrir una tienda de aparatos electrónicos en el centro. El diseño del interior de la tienda es muy moderno, como de ciencia ficción. Lo que no tengo claro es cómo va a ser el uniforme de los vendedores y de los técnicos. Solo sé que quiero que sea muy moderno también, especial, sorprendente...

Yo tengo muy poca memoria y siempre pierdo cosas. Las llaves de mi casa, por ejemplo, las pierdo cada dos por tres. Hasta ahora no era un gran problema porque mis vecinos y mis amigos tenían un copia y siempre estaban cerca para echarme una mano. Pero acabo de trasladarme a un pueblo donde no conozco a nadie y no sé qué hacer.

Yo, cuando estoy durmiendo, no soporto escuchar ningún tipo de ruido, ni el más mínimo, así que siempre me pongo tapones. El problema es que, por la mañana, nunca oigo el despertador y siempre llego muy tarde al trabajo. Mi jefe ya empieza a estar harto.

- Pues yo tengo problemas para encontrar los CD. Tengo un montón y nunca encuentro el que quiero.
- Pues a mí me pasa lo mismo, pero con los libros. Tengo la casa llena de estanterías con libros y...

B. En parejas, decidid qué problema queréis resolver (uno de los tres anteriores o uno de los planteados por los compañeros de clase) y diseñad un objeto o un aparato que lo solucione. ¿Cómo se llama? ¿Cómo es? ¿Para qué sirve? ¿A quién va dirigido? ¿Podéis dibujarlo?

C. Ahora, presentad vuestro proyecto a la clase. ¿Cuál es el diseño más útil?

- Nuestra propuesta se llama... Es un aparato con el que se puede...

11. DE BALENCIAGA A CUSTO

A. Lee el siguiente texto sobre la historia de la moda en España. Luego, observa las imágenes y decide de quién es cada diseño: ¿de Balenciaga, de Adolfo Domínguez o de Custo Barcelona?

MODA ESPAÑOLA

El reconocimiento internacional de la moda española tiene como punto de partida la obra del modisto guipuzcoano Cristóbal Balenciaga. Nacido en la pequeña localidad de Guetaria en 1895, comenzó su carrera profesional en San Sebastián, pero pronto se trasladó a París. En la capital gala, Balenciaga triunfó por todo lo alto. Entre sus clientes se encontraban Grace Kelly, Elizabeth Taylor o Marlene Dietrich. Balenciaga fue fiel a su inspiración española y reflejó en sus creaciones el dramatismo, la religión y la estética de su país; una lealtad que supo combinar perfectamente con la influencia parisina.

Mientras Balenciaga capitaneaba la moda internacional desde París, en Madrid y en Barcelona se fue creando poco a poco una alta costura de gran calidad. Uno de los diseñadores más destacados de esta época es Manuel Pertegaz, que abrió su primera tienda en 1948 en Madrid para, a continuación, iniciar un periodo de expansión en el extranjero. En los años sesenta, Pertegaz fue el rey indiscutible de la moda española. Sus vestidos se exportaron a todo el mundo y a sus desfiles en España asistían las damas más distinguidas de la época.

A finales de la década de los setenta se produjo una gran revolución en la moda. La alta costura fue poco a poco desplazada por el prêt-à-porter, y el fenómeno de la marca, seña de identidad de los jóvenes diseñadores de la época, se expandió como la pólvora. En España, Jesús del Pozo, Adolfo Domínguez, Purificación García, Sybila, Antonio Miró, Francis Montesinos, Roberto Verino, Pedro del Hierro y un largo etcétera abrieron el camino para las nuevas promesas que empezaron a adquirir fama a partir de los años ochenta. La forma de presentar las colecciones también sufrió una profunda transformación. De los íntimos salones se pasó a convocatorias multitudinarias como la Pasarela Cibeles de Madrid.

En la actualidad, la moda española es una industria potente que da empleo a más de 500 000 personas. Los excelentes resultados de algunas marcas españolas, como Mango, Camper o Adolfo Domínguez (con una propuesta sobria, elegante y moderna a la vez), ha situado a España en los primeros puestos del *ranking* internacional de la moda. Pero la auténtica revolución en el panorama español de la moda la puso en marcha el gallego Amancio Ortega al crear Inditex, grupo que engloba, entre otras, las marcas Zara, Massimo Dutti, Pull and Bear, Bershka y Stradivarius. La característica más innovadora del grupo es haber creado un sistema de producción y distribución que permite una respuesta inmediata a los gustos y necesidades del consumidor. Otra referencia indiscutible es Custo Barcelona, que se ha convertido en una marca de referencia en todo el mundo gracias a su estilo original, innovador y colorista, dirigido a un público joven y urbano. Curiosamente, esta firma consigue el 85% de su facturación en mercados internacionales.

B. ¿Tienes alguna prenda de vestir de alguna marca española?

9

MISTERIOS Y ENIGMAS

En esta unidad vamos a
organizar un debate entre esotéricos y científicos

Para ello vamos a aprender:
> *a hacer hipótesis y conjeturas* > *a relatar sucesos misteriosos*
> *algunos usos del Futuro Simple y del Futuro Compuesto*
> *construcciones en Indicativo y en Subjuntivo para expresar diferentes grados de seguridad*
> *creer/creerse*

1. LAS LÍNEAS DE NAZCA

A. ¿Sabes qué son las "líneas de Nazca"? Lee este pequeño texto y, luego, comenta con tus compañeros quiénes crees que las hicieron y para qué.

En la región de Nazca, al sureste del Perú, existen, desde hace más de 1500 años, unas espectaculares y misteriosas líneas trazadas en el suelo. Declaradas en 1994 Patrimonio Cultural de la Humanidad por la Unesco, representan uno de los más importantes legados de las culturas preincaicas. Las más espectaculares son las que reproducen animales marinos y terrestres.

- Yo he leído que era un sistema de escritura antigua.
- ¿Ah, sí? Pues yo no sabía que existían.

B. Ahora, lee este texto. ¿Con cuál de las hipótesis estás más de acuerdo? Coméntalo con tus compañeros.

LAS LÍNEAS DE NAZCA

Desde que fueron redescubiertas en 1939 (los conquistadores españoles ya las describen en sus crónicas), el enigma de las líneas de Nazca no ha dejado de intrigar a arqueólogos, matemáticos y amantes de lo oculto. Pero, ¿qué son en realidad?

Las líneas de Nazca son rayas y figuras, trazadas sobre una llanura, que han permanecido intactas durante los años gracias a las particulares condiciones metereológicas y geológicas del lugar. Las más impresionantes son, sin duda, las que representan animales. Hay un pájaro de 300 metros de largo, un lagarto de 180, un pelícano, un cóndor y un mono de más de 100 metros, y una araña de 42 metros. También hay figuras geométricas y algunas figuras humanas.

Teniendo en cuenta que los "dibujantes" probablemente nunca pudieron observar sus obras, ya que se aprecian solo desde el aire o parcialmente desde algunas colinas, la perfección del resultado es asombrosa.

Algunas hipótesis

- La primera teoría sobre el significado de estas figuras se remonta al siglo XVI. Los conquistadores españoles pensaron que las líneas eran antiguas carreteras o caminos.

- Paul Kosok, el primero en realizar una observación aérea, dijo que se trataba de rutas o caminos para procesiones rituales.

- La matemática alemana Maria Reiche pensaba que las líneas representaban un gigantesco calendario astronómico.

- El suizo Erich von Däniken afirmó que las líneas de Nazca fueron trazadas por extraterrestres para utilizarlas como pistas de aterrizaje para sus platillos volantes.

- Para los arqueólogos, el significado de estas figuras está relacionado con la importancia del agua en la cultura nazca. Según ellos, las líneas servían para canalizar el agua o para marcar corrientes de agua subterránea.

- Algunos historiadores mantienen que las líneas de Nazca representan un antiguo sistema de escritura.

- Otros estudiosos sostienen que son dibujos realizados en honor al dios de la lluvia.

> **Para mí la explicación más/menos lógica/convincente es la de...**
> **Yo (no) estoy de acuerdo con la teoría de...**
> **A mí (no) me convence la teoría de que es/son...**

C. ¿Conoces o has oído hablar de otros misterios o enigmas? Coméntalo con tus compañeros.

- En Inglaterra hay unas ruinas, en Stonehenge, muy curiosas. Dicen que servían como calendario solar.
- Pues cerca de donde viven mis padres hay una cueva en la que dicen que...

2. EXPERIENCIAS PARANORMALES

A. A veces pasan cosas que no tienen una explicación lógica. Aquí tienes algunas. ¿Puedes pensar en otras? Habla con tu compañero y completa la lista.

- ¿Sabes cuando vas a un lugar por primera vez y tienes la sensación de haber estado antes?
- Sí, me ha pasado alguna vez...

- Tener una premonición
- Tener sueños que se cumplen
- Tener telepatía
- Tener la impresión de que ya hemos vivido algo
- Oír voces extrañas
- Entender una lengua que nunca hemos oído antes
- Notar una presencia
- Pensar en alguien y encontrárselo poco después

....
....
....
....
....

B. Lee estos tres testimonios y relaciónalos con uno de los fenómenos de la lista anterior.

1

Recuerdo una vez que estaba sola en casa y no me encontraba bien. Estaba muy inquieta. Recuerdo que pensé: "¿Será el calor o me estaré volviendo loca?". Tenía el presentimiento de que algo no iba bien. Es difícil de explicar, pero era un malestar raro, como de estar en peligro. Sentí la necesidad de salir de casa y así lo hice. En la calle, empecé a sentirme mejor. Me fui a dar un paseo y, cuando regresé, vi que un árbol había caído sobre el techo de mi casa y la había destrozado por completo.

2

Yo hago yoga. Un día, todos los compañeros del centro en el que hago yoga fuimos a una reunión que hacía una líder espiritual india. La mujer no hablaba español; te tenías que acercar y ella te abrazaba y te decía unas cosas al oído, en sánscrito, creo... Cuando me tocó el turno, me acerqué, ella me abrazó y me dijo unas palabras. Recuerdo que sentí mucha tranquilidad y mucha paz y que entendí perfectamente lo que me decía: "No tengas miedo, no tengas miedo". Quizá porque era eso lo que quería entender.

3

A mí me ha pasado varias veces eso de que un día, de repente, empiezas a pensar en alguien que hace tiempo que no ves, un amigo o una amiga de la infancia, por ejemplo, y a lo largo del día hay pequeños detalles o cosas que te recuerdan a esa persona y te preguntas qué habrá sido de su vida, dónde estará, qué hará... Y al final, resulta que coincides con ella en algún lugar. Quizá sea solo pura casualidad, pero nunca deja de sorprenderme.

CD 35 **C.** Ahora, vas a escuchar a una persona relatando una historia. Toma notas. ¿Con cuál de los fenómenos de la lista lo relacionas?

D. Aquí tienes algunas opiniones sobre este tipo de experiencias. ¿Con cuáles estás más de acuerdo? Coméntalo con tus compañeros.

- "Yo creo que, cuando pasan estas cosas, se trata simplemente de una casualidad."
- "Puede que exista una forma de comunicación extrasensorial."
- "Para mí, la casualidad no existe."
- "Los animales y los hombres tenemos un sexto sentido que apenas hemos desarrollado."
- "Lo que pasa es que quizá vemos lo que queremos ver..."
- "Seguramente, dentro de unos años entenderemos cosas que ahora nos parecen inexplicables..."

- Yo también creo que, en el futuro, entenderemos...

3. NO ME LO CREO

A. Fíjate en estos dibujos. ¿Qué dos misterios ilustran? Escríbelo. ¿Qué sabes de ellos? Coméntalo con tus compañeros.

1.

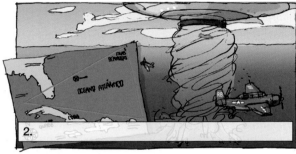

2.

B. Aquí tienes una serie de opiniones e hipótesis sobre el misterio del lago Ness (1) y sobre el Triángulo de las Bermudas (2). Marca a cuál se refieren en cada caso.

	1	2
1. Puede que sea un monstruo prehistórico.		
2. Igual es un fraude para atraer al turismo.		
3. A lo mejor son algas que flotan en el agua.		
4. Quizá sea una base extraterrestre.		
5. Seguramente es un campo electromagnético que afecta a los barcos y aviones que pasan por allí.		
6. Quizá es un "agujero espaciotemporal".		
7. Seguro que son animales marinos que entran por canales subterráneos y luego vuelven a salir al mar.		
8. Tal vez los barcos y los aviones simplemente se hundieron en el mar.		
9. Tal vez sea una entrada a la Atlántida, el continente desaparecido.		

C. Las expresiones que están en negrita sirven para expresar hipótesis. Agrúpalas según si van acompañadas de un verbo en Indicativo, en Subjuntivo o si pueden ir con ambos.

D. ¿Con cuál de las anteriores partículas expresamos más seguridad? Coméntalo con tus compañeros.

4. ¿QUÉ HABRÁ PASADO?

A. Lee las conversaciones y marca en el cuadro quién es el más optimista y quién el más pesimista en cada caso.

ANA: Huele a quemado, ¿no?
ANTÓN: ¡Uy! ¿**Se estará** quemando la casa?
ANA: ¡No, hombre, no! Seguramente es el vecino que está cocinando.

EDU: Hace tiempo que no veo a Lupe. ¿Tú sabes algo de ella?
BEA: Pues la verdad es que no.
EDU: No sé... ¿Tú crees que **habrá conseguido** trabajo? Seguro que todavía no.
BEA: Sí, hombre, seguro que sí.

PEPA: Estoy preocupada por Mario. Ya debería estar aquí. ¿**Habrá tenido** un accidente?
NURIA: ¡No, mujer, no! **Estará** por ahí con sus amigos.

LUZ: Paco, el jefe quiere hablar con nosotros.
PACO: ¡Ostras! ¿**Habremos hecho** algo mal? ¿**Querrá** despedirnos?
LUZ: ¡No, hombre, no! **Tendrá** un trabajo para nosotros o **querrá** pedirnos nuestra opinión sobre algo.

	Ana	Antón	Edu	Bea	Pepa	Nuria	Luz	Paco
optimista								
pesimista								

B. Fíjate en las formas verbales que están marcadas. Unas están en Futuro Simple y otras, en Futuro Compuesto; pero todas sirven para expresar hipótesis. Marca en el cuadro para qué sirve cada tiempo.

	Futuro Simple (**estará**)	Futuro Compuesto (**habrá estado**)
Para plantear hipótesis sobre el presente		
Para plantear hipótesis sobre el pasado		

C. Aquí tienes la forma del Futuro Compuesto. Intenta conjugar las personas que faltan.

	Futuro Simple de **haber**	+	Participio
(yo)	habré		
(tú)	....		
(él/ella/usted)	....		llegado
(nosotros/nosotras)	habremos	+	tenido
(vosotros/vosotras)	....		venido
(ellos/ellas/ustedes)	habrán		

RECURSOS PARA FORMULAR HIPÓTESIS

CON INDICATIVO

Estoy seguro/a de que	
Seguro que	
Seguramente	está bien.
Probablemente	se han casado.
Posiblemente	fueron de vacaciones a París.
Supongo que	estaban muy cansados.
A lo mejor	
Igual*	

* **Igual** se usa solo en la lengua coloquial.

CON SUBJUNTIVO

Lo más seguro es que	
Es probable que	esté enfermo.
Es posible que	tenga problemas.
Puede que	venga pronto.

CON INDICATIVO Y SUBJUNTIVO

Tal vez	está/esté enfermo.
Quizá(s)	viene/venga más tarde.

EL FUTURO SIMPLE
Para formular hipótesis sobre el presente, podemos utilizar el Futuro Simple.

Afirmamos algo	● Pepe está trabajando.
Planteamos una hipótesis	● **Estará** trabajando.
Invitamos al interlocutor a especular	● ¿Dónde **estará** Pepe?

- ● *¿Dónde **estará** tu hermano? Estoy preocupada.*
- ○ *Tranquila, **estará** en la biblioteca, como siempre.*

- ● *Se ha pasado el día en la cama. Yo creo que le pasa algo.*
- ○ *No... **Estará** cansado o **tendrá** sueño atrasado.*

EL FUTURO COMPUESTO
Para formular hipótesis sobre el pasado vinculado al presente, podemos utilizar el Futuro Compuesto.

	Futuro Simple de **haber**	+ Participio
(yo)	**habré**	
(tú)	**habrás**	hablado
(él/ella/usted)	**habrá**	comido
(nosotros/as)	**habremos**	vivido
(vosotros/as)	**habréis**	
(ellos/ellas/ustedes)	**habrán**	

Afirmamos algo	● María ha ido al cine.
Planteamos una hipótesis	● **Habrá ido** al cine.
Invitamos al interlocutor a especular	● ¿Adónde **habrá ido**?

- ● *¿Dónde **habré guardado** los calcetines?*
- ○ ***Estarán** en el armario. ¿Has mirado?*

OTROS RECURSOS PARA EXPRESAR GRADOS DE SEGURIDAD

Estoy convencido/a de + sustantivo
+ **que** + Indicativo
Es muy probable/posible + sustantivo
+ **que** + Subjuntivo
No estoy muy seguro/a, pero creo (que) + Indicativo
He leído/visto/oído (no sé dónde) que + Indicativo
Dicen que + Indicativo

- ● *Estoy absolutamente convencida de...*
  - *... la existencia de los extraterrestres.*
  - *... que existen los extraterrestres.*

CREER/CREERSE

Para expresar una opinión, podemos usar la construcción **creer que** + Indicativo.

- ● Yo **creo que** las predicciones del horóscopo no se cumplen nunca.

Para rechazar una hipótesis o una afirmación previa, usamos **no creer que** + Subjuntivo.

- ● Yo **no creo que** existan los extraterrestres.

Para expresar una creencia, usamos **creer en** + sustantivo.

- ● Los budistas **creen en** la reencarnación, ¿no?
- ○ Sí, me parece que sí.

Para expresar si una afirmación o una opinión nos parece verdad o mentira, usamos **(no) creerse (algo)**.

- ● Te prometo que mañana acabo el trabajo.
- ○ Lo siento, pero **no me lo creo**.

5. ¿QUÉ ESTARÁ HACIENDO?

Imagina que una persona de la clase ha ganado un concurso. El premio es un viaje al lugar del mundo que él o ella elija. Hace dos días que se fue. Escribe algunas frases sobre dónde crees que habrá ido, qué crees que estará haciendo, qué habrá hecho, etc. Tus compañeros tendrán que adivinar de quién se trata.

- Habrá ido al Caribe. Seguro que está en la playa tomando el sol.
- Es Lucía, seguro.
- ¡Muy bien!

6. ¿EXISTEN LOS OVNIS?

A. ¿Crees que hay una explicación científica para los fenónemos paranormales o piensas que hay enigmas que la ciencia no puede explicar? Marca si estas afirmaciones te parecen verdaderas o falsas.

		V	F
1	El movimiento y la situación de los planetas (especialmente el Sol, Marte y la Luna) influyen en nuestro comportamiento.		
2	La astrología no tiene poder de predicción.		
3	Los únicos horóscopos fiables son los que publican las revistas especializadas.		
4	Mucha gente ve cosas en el cielo que no puede explicar.		
5	Seguramente no estamos solos en el universo.		
6	Los extraterrestres nos han visitado, nos visitan y nos visitarán siempre.		
7	La NASA y la CIA tienen pruebas de que existen los ovnis, pero no las revelan.		
8	Los mentalistas pueden doblar objetos metálicos con el poder de la mente.		
9	Está comprobado que fenómenos como la telepatía pueden explicarse desde la física electromagnética.		
10	La mente y el espíritu pueden existir independientemente del cuerpo.		
11	La muerte es irreversible y no hay nada después de ella.		
12	Las personas que dicen que pueden adivinar el futuro o hablar con los muertos son desequilibrados o farsantes.		

B. Ahora, comenta las respuestas con tu compañero.

- Yo sí creo que los planetas influyen en nuestro comportamiento.
- No sé, puede que nos afecten de alguna manera, pero no creo que influyan en nuestro comportamiento.

C. ¿Alguien de la clase ha tenido alguna experiencia paranormal? ¿Se atreve a contarla?

7. EL ESPÍRITU DE LA CASA

A. Lee este cuento de suspense. ¿Cómo crees que acaba? Comentadlo en parejas y, luego, escribid el final de la historia.

La mujer de la limpieza había encontrado el cadáver del señor Velázquez un lunes. Había pasado el fin de semana con unas tijeras clavadas en la espalda y ni él ni la casa tenían muy buen aspecto. La policía llegó de inmediato y, unos días después, se inició la investigación para buscar al culpable. Sin embargo, tras más de seis meses de infructuosa búsqueda, el caso fue archivado.

Desde que me enteré de que, muchos años atrás, se había cometido en mi casa aquel crimen aún no resuelto, me obsesionó la idea de resolver yo misma el misterio. Revolvía cajones de muebles que llevaban mucho tiempo allí, daba golpes en las paredes para encontrar puertas falsas y pasadizos secretos, invocaba al espíritu del muerto… hasta que, un día, el espíritu respondió.

Una noche, me desperté de madrugada con la irrefrenable necesidad de escribir. De repente, mi brazo era totalmente autónomo y garabateaba mensajes extraños, casi ininteligibles. Uno de ellos decía "muero por error" o "por amor". También escribí una palabra muy extraña, "terivantex", y dibujé a un hombre calvo y con gafas. Yo nunca he sabido dibujar, pero el retrato era de una gran perfección. Decidí conservar aquella hoja y todas las que vinieron después, en posteriores "ataques de psicografía". "Busca en la cocina" y "busca en los laboratorios" escribí en los días siguientes. Tenía nuevas pistas y sabía que acabaría descubriendo el misterio.

Días después, fui a una hemeroteca y descubrí, en un periódico del año 1924, que el tal Velázquez era un conocido psiquiatra. El artículo decía también que había descubierto un medicamento para la ansiedad, ahora en desuso, llamado "terivantex". Emocionada, seguí leyendo. "¿No habrá una foto de Velázquez?", pensé. Al final del artículo la encontré. Era una foto antigua y no se veía muy bien, pero allí estaba él: el hombre calvo que yo había dibujado.

B. Ahora cada pareja va a contar su final a la clase. ¿Cuál os gusta más?

8. ESOTÉRICOS VS. CIENTÍFICOS

A. Aquí tienes una serie de noticias sobre fenómenos paranormales. ¿Qué te parecen? ¿Puedes dar una explicación a alguna de las noticias? Coméntalo con tus compañeros.

B. Ahora, el profesor dividirá la clase en dos grupos: los esotéricos y los escépticos. Cada grupo va a preparar argumentos para defender su postura. Aquí tenéis algunos, pero podéis inventar otros. Luego, podéis empezar el debate. ¿Por qué no lo grabáis?

Acampan en un bosque y amanecen en un lago

Un grupo de excursionistas de entre 17 y 20 años supuestamente acamparon la noche del pasado jueves en un bosque. A la mañana siguiente, despertaron en una isla en el centro de un lago.

Demonio o esquizofrenia

Fuentes del Vaticano han manifestado hoy que, según sus especialistas, más de la mitad de los 30 000 casos de exorcismos tratados en el año 2005 se deben a trastornos de la personalidad y no a posesión demoníaca.

Poderosos ojos

En Cuzmel (México) una niña de 13 años sorprende a todos sus vecinos por su capacidad para mover objetos (algunos de hasta 50 kilos) con el poder de su mirada. *"Solo tengo que abrir los ojos y concentrarme mucho"*, dijo.

Los extraterrestres son buena gente

Cientos de españoles han confesado en los últimos años haber sido abducidos por extraterrestres. La mayoría solo recuerda qué pasó después de someterse a hipnosis. *"Nos llevaron a la nave, nos examinaron y nos sacaron muestras de sangre"*, manifestó uno de los abducidos.

Avistamiento de ovnis en Málaga

Varias personas afirman haber visto ovnis durante la noche del pasado 23 de junio. La descripción de lo sucedido realizada por uno de los testigos resulta escalofriante: *"Cuatro puntos de luz muy intensos que avanzaban muy lentamente"*.

Los círculos vuelven a Aragón

En un campo de cebada, muy cerca de la localidad de Pedrola, ha aparecido una espectacular figura compuesta de 19 círculos, de entre cuatro y quince metros de diámetro, muy similar a los *crop circles* detectados en el sur de Inglaterra.

- Yo lo de los ovnis no me lo creo. Seguramente lo que vieron eran estrellas o aviones.
- Pues yo sí creo en los extraterrestres.
- Y yo. El universo es muy grande y seguro que hay vida en otros planetas. No sé, tal vez los extraterrestres no sean verdes y con antenas, pero...

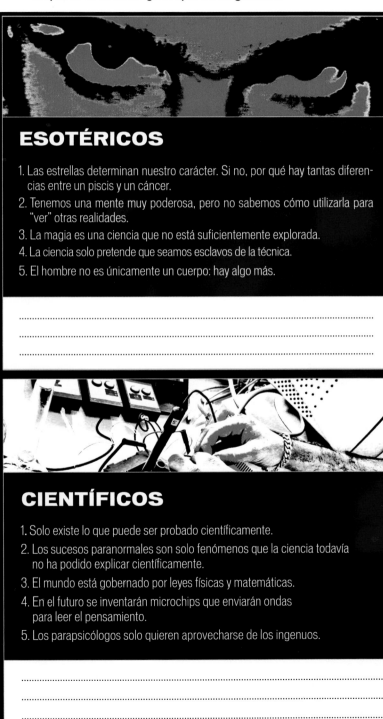

ESOTÉRICOS

1. Las estrellas determinan nuestro carácter. Si no, por qué hay tantas diferencias entre un piscis y un cáncer.
2. Tenemos una mente muy poderosa, pero no sabemos cómo utilizarla para "ver" otras realidades.
3. La magia es una ciencia que no está suficientemente explorada.
4. La ciencia solo pretende que seamos esclavos de la técnica.
5. El hombre no es únicamente un cuerpo: hay algo más.

CIENTÍFICOS

1. Solo existe lo que puede ser probado científicamente.
2. Los sucesos paranormales son solo fenómenos que la ciencia todavía no ha podido explicar científicamente.
3. El mundo está gobernado por leyes físicas y matemáticas.
4. En el futuro se inventarán microchips que enviarán ondas para leer el pensamiento.
5. Los parapsicólogos solo quieren aprovecharse de los ingenuos.

9. MAGIA O RELIGIÓN

A. La santería es una religión muy presente en Cuba. ¿Qué sabes de esta religión? Coméntalo con tus compañeros.

B. Ahora, lee el texto para saber más cosas sobre la santería.

Santería
la cara oculta de Cuba

Todo el mundo sabe cosas de Cuba: el país del baile y del son, de los mejores puros del mundo y del famoso ron, sin olvidar sus playas paradisíacas. Pero probablemente poca gente conoce la santería, la religión de los afrocubanos, una especie de versión cubana del vudú haitiano o del candomblé brasileño.

La santería tiene sus orígenes en el oeste de África, en la región que actualmente ocupan Nigeria y Benín. En esta zona vivían los yorubas, cuya religión tradicional es la base de lo que hoy conocemos como santería. Durante la época de la esclavitud, muchos sacerdotes y miembros de esta tribu fueron enviados a América, principalmente a Cuba y a otras zonas del Caribe. En el Nuevo Mundo, en un intento de esconder su religión y sus prácticas mágicas, los yorubas identificaron sus dioses africanos con los santos del catolicismo, lo que dio como resultado un sincretismo religioso llamado santería.

Los devotos de la santería creen en una fuerza central llamada Oloddumare, que interactúa con el mundo a través de sus emisarios, los orishas. Estos gobiernan cada una de las fuerzas de la naturaleza y cada aspecto de la vida humana. Según la santería, la vida de cada persona está supervisada por un orisha y la comunicación entre estos y los humanos debe realizarse a través de ritos, rezos, adivinaciones, sacrificios (los ebbó) y ofrendas.

A diferencia de otras religiones, la santería carece de templos. Sus prácticas religiosas se realizan en pequeños locales que se encuentran normalmente en las mismas viviendas de los sacerdotes del culto (los santeros), en los que se conservan los objetos del ritual y las imágenes religiosas. Por encima de los santeros están los babalaos, los sacerdotes de mayor jerarquía.

La gran trascendencia de la santería en la sociedad cubana no radica solo en el gran número de adeptos que tiene esta religión sino en el hecho de que aporta numerosos símbolos, ideas, mitos, leyendas y maneras de actuar a la idiosincrasia y a la cultura del país.

C. ¿Conoces alguna religión o alguna secta similar?

10

BUENAS NOTICIAS

En esta unidad vamos a
**convertirnos en la redacción
de un medio de comunicación**

Para ello vamos a aprender:

> a redactar una noticia
> a referirnos a una noticia y a comentarla
> el uso de la voz pasiva > verbos de transmisión
de la información: **manifestar, declarar...**
> vocabulario relacionado con los medios de comunicación

EL PAÍS

El tesoro perdido de los Beatles
Un turista dice haber encontrado cuatro horas de música inédita del grupo

1. NOTICIAS DE AYER

A. Un periódico español ha publicado una cronología de noticias aparecidas en su portada desde su fundación. Léelas y decide con qué sección del periódico las relacionas. Luego, coméntalo con tus compañeros.

Cronología de noticias

Secciones:	» Internacional	» España	» Tecnología
	» Economía	» Deportes	» Cultura » Salud

1977	Primeras elecciones democráticas en España en 41 años
1981	IBM crea el primer ordenador personal (PC)
1982	Gabriel García Márquez gana el premio Nobel de Literatura
1983	Un grupo de científicos logra identificar el VIH, el virus del SIDA
1988	El gobierno español compra a la familia Thyssen-Bornemisza la colección privada de arte más importante del mundo
1989	Cae el muro de Berlín
1991	Se declara la Guerra del Golfo
1996	Grave crisis en el sector alimentario por el síndrome de las "vacas locas"
1997	Científicos del Instituto Roslin de Escocia anuncian que han logrado la clonación de una oveja
1998	Francia se proclama campeona del mundo de fútbol
1999	Nace el euro: la moneda única europea
2004	Atentados terroristas en varias estaciones de tren madrileñas
2005	El huracán Katrina arrasa Nueva Orleans
2006	Bolivia nacionaliza sus recursos naturales

B. Piensa ahora en otras noticias que tú recuerdes. ¿Cuál ha sido la noticia más importante para tu país en los últimos años? Coméntalo con tus compañeros con la ayuda de la lista de vocabulario.

EL NACIMIENTO DE...

LA DECLARACIÓN DE INDEPENDENCIA DE...

LA MUERTE DE...

EL ASESINATO DE...

EL ATENTADO DE/EN...

LA UNIFICACIÓN DE...

LA INVASIÓN DE...

LA RETIRADA DE...

LA CREACIÓN DE...

LA GUERRA DE...

EL GOLPE DE ESTADO DE/EN...

LA CRISIS DE...

LA CAÍDA DE...

EL TRIUNFO DE...

LA DERROTA DE...

EL AUMENTO DE...

LA DISMINUCIÓN DE...

EL RESULTADO DE...

• Yo creo que aquí la noticia más importante fue el resultado de las últimas elecciones.

C. ¿Y en el ámbito internacional?

• Yo recuerdo especialmente el 11 de septiembre.
○ Pues a mí me impresionó mucho lo que pasó en Nueva Orleans.

2. UN PERIÓDICO

A. Esta es la portada de un periódico digital imaginario. Lee las noticias y relaciónalas con las frases del cuadro.

El Mundo Imaginario | edición digital

Internacional
España
Opinión
Sociedad
Tecnología
Economía
Deportes
Cultura
Salud
Titulares del día
Versión texto

Publicidad

A fondo
Multimedia
Participación
Chat
Encuestas
Foros
Entrevistas
Servicios
Cartelera
Horóscopo
Parrilla TV
Tiempo

Fin de la era nuclear **1**

La ONU aprobó ayer por unanimidad el cierre y el desmantelamiento de todas las instalaciones dedicadas a la fabricación de armamento nuclear.

El tiempo **2**

Sol y calor para el fin de semana en casi toda la península. Nubes en el litoral cantábrico, en zonas de Castilla y León, Aragón, Andalucía y Cataluña, y en Melilla.

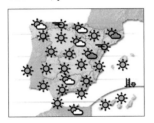

El ministro de Economía anuncia una rebaja en los impuestos **3**

Bajan los impuestos aplicados a los artículos de primera necesidad, como la alimentación y la gasolina.

Aparece en el patio de una escuela el tigre que se había escapado del zoo de Madrid **4**

Unos niños lo tenían escondido en el gimnasio del colegio.

La baronesa Von Tripp cede su excepcional colección de arte **5**

La baronesa: "Mis 78 cuadros serán instalados en una sede provisional hasta poder encontrar el lugar definitivo."

La enseñanza obligatoria se extiende hasta los 18 años **6**

Aprobada la nueva reforma educativa.

El bebé que llegó del frío **7**

Nace un niño a partir de esperma congelado hace 21 años.

Accidente en el aeropuerto de Trimina **8**

No hubo víctimas.

Boda real **9**

Ayer se celebró la boda de los príncipes de Rainistán. Cada ciudadano del país recibió 1000 €.

Frases	Noticia
Fuentes del aeropuerto aseguraron que no hubo desgracias personales.	
Los vecinos alertaron a la policía después de ver a unos niños con bolsas llenas de carne.	
El ministro anunció también un aumento de las ayudas a los parados.	
La nueva pinacoteca ofrecerá una impresionante muestra de diferentes épocas y estilos.	
El pacto fue firmado por la totalidad de los países representados en la Asamblea.	
La nueva ley retrasa el acceso al mundo del trabajo hasta la mayoría de edad.	
El niño nació en 2004, pero el caso no ha salido a la luz pública hasta ahora.	
Los novios fueron aclamados por el numeroso público que llenaba las calles.	
Ligero descenso de las temperaturas a partir del lunes.	

CD 36-39 **B.** Ahora, vas a escuchar en versión televisiva más información sobre algunas de las noticias anteriores. ¿De qué noticia hablan en cada caso? ¿Qué nueva información dan? Completa el cuadro.

	Noticia	Nueva información
1		
2		
3		
4		

3. PASATIEMPOS

A. Lee este cuestionario. ¿Sabes las respuestas?

1. El tratado del MERCOSUR **fue firmado** por Brasil, Argentina, Uruguay y .... en 1991.

Paraguay / Chile / México

2. La Revolución cubana **fue liderada** por Fidel Castro, Camilo Cienfuegos y ....

Emiliano Zapata / el Che Guevara / el Subcomandante Marcos

3. *Cien años de soledad* de Gabriel García Márquez **fue publicada** en ....

1947 / 1967 / 2000

4. Las pirámides de Chichén Itzá **fueron construidas** por ....

los incas / los mayas / los sioux

5. El Museo del Prado **fue inaugurado** en ....

1650 / 1819 / 1994

6. Los restos arqueológicos de Machu Picchu **fueron descubiertos** en ....

1850 / 1911 / 1999

7. Las Islas Galápagos **fueron declaradas** por la ONU ....

reserva de la biosfera / patrimonio histórico / parque natural

B. Fíjate en la estructura que está marcada en negrita. ¿Puedes deducir para qué sirve y cómo se forma?

C. ¿En qué contextos crees que podrían aparecer todas estas frases?

☐ En una enciclopedia.

☐ En una conversación entre dos amigos.

☐ En una noticia de un periódico.

☐ En un libro de historia.

D. Estas frases dan informaciones sobre las visitas que ha tenido un periódico digital. Complétalas.

es visitada	serán visitadas
fue visitada	ha sido visitado

1. El mes pasado nuestra web .... por más de 300 000 personas.
2. Calculamos que el próximo mes nuestras páginas digitales .... por más de 400 000 internautas.
3. Habitualmente la sección de deportes .... por una media de 1003 personas por minuto.
4. Esta semana el suplemento de salud .... por más de 75 000 personas.

4. ¿TE HAS ENTERADO?

CD 40-43 **A.** Vas a escuchar a unos amigos comentando unas noticias aparecidas en diferentes medios de comunicación. Completa el cuadro.

¿Qué ha pasado?
1.
2.
3.
4.

CD 40-43 **B.** Vuelve a escuchar las conversaciones. Fíjate en qué recursos usan para referirse a una noticia y completa los espacios.

1. ● Oye, ¿te has enterado de .... Renato, el futbolista?
   ○ Sí, lo he leído hoy en el periódico. Parece que se retira, ¿no?

2. ● Oye, Pedro, ¿qué sabes de .... García?
   ○ Dicen que ha dimitido por cobrar comisiones ilegales, ¿no?

3. ● ¿Has visto .... han inventado en Japón?
   ○ No, ¿qué?
   ● Una tela nueva increíble que protege del frío y del calor.

4. ● Oye, ¿al final qué ha pasado con .... barco ese?
   ○ Pues que se ha hundido cerca de la costa de Génova.

C. ¿Has leído hoy el periódico? ¿Y ayer? ¿Te has enterado de alguna noticia? Averigua si tus compañeros también la conocen. El profesor recogerá la información en la pizarra.

● *¿Os habéis enterado de lo del accidente en...?*

CONSTRUCCIONES PASIVAS E IMPERSONALES

A veces nos interesa resaltar el objeto de la frase (la persona o cosa que "sufre" la acción) o resaltar esa acción. Para ello, en español existen diferentes recursos.

LA VOZ PASIVA: SER + PARTICIPIO (+ POR + COMPLEMENTO AGENTE)

En la voz pasiva, el verbo **ser** se conjuga en todos los tiempos. El Participio concuerda en género y en número con el Sujeto Paciente.

El presidente	aceptó	las condiciones
Sujeto	verbo	Objeto Directo

Las condiciones	fueron aceptadas	por el presidente
Sujeto Paciente	ser + Participio	C. Agente

- *La actriz **fue entrevistada** por nuestro enviado especial.*
- *Los ladrones **fueron descubiertos** por unos niños.*
- *Hoy **han sido puestos** en libertad los rehenes.*
- *Mañana **será clausurado** el festival de cine de Málaga.*

En las construcciones pasivas, no siempre aparece explícito el Complemento Agente, bien porque no es importante, bien porque se sobreentiende.

- Los atracadores **fueron detenidos** ayer por la tarde cuando intentaban salir del país.

SE + VERBO CONJUGADO EN 3ª PERSONA

Con esta construcción, no se menciona quién es el "actor" de la acción.

- En esa época **se cometieron** varios atentados.
- **Se rebajará** el precio de la gasolina.

3ª PERSONA DEL PLURAL

Otro recurso es utilizar la tercera persona del plural para evitar mencionar un sujeto que no es relevante (o que es desconocido) y destacar la acción.

ANTICIPACIÓN DEL COMPLEMENTO

Una manera de resaltar el Objeto Directo de la frase es anticiparlo. En estos casos, hay que reduplicar el objeto con el pronombre correspondiente.

- La boda **la** vieron más de cien millones de espectadores.
- Los Juegos Olímpicos **los** vimos por la tele.
- Las imágenes de la manifestación **las** han censurado.
- Al ladrón **lo** han detenido esta mañana en Florida.

REFERIRSE A UN TEMA YA CONOCIDO

- Oye, ¿te has enterado de **lo de** Paca?
- ¿Viste ayer **lo del** submarino ese que se ha hundido?
- ¿Habéis visto **lo que** ha pasado en Armenia?

VERBOS DE TRANSMISIÓN

En los medios de comunicación se suelen utilizar determinados verbos para citar las palabras de otros. Ese discurso puede aparecer de forma directa o indirecta.

"No dejaremos que cierren la empresa",	**manifestaron afirmaron dijeron**	los trabajadores.

El presidente	**comentó explicó reconoció recordó admitió**	las causas de la crisis. que la crisis es/era muy grave.
El ministro	**declaró añadió dijo confesó**	que no piensa/pensaba dimitir.
El secretario general de la ONU	**prometió insistió en anunció**	la retirada de las tropas. que las tropas se iban a retirar.

5. MEDIOS DE COMUNICACIÓN

A. Contesta a las siguientes preguntas sobre tus hábitos en relación con los medios de comunicación.

televisión

1. ¿Ves mucho la tele? ¿Cuándo?

2. ¿Cuál es tu canal favorito?

3. ¿Qué tipo de programas te gusta más?

4. ¿Ves canales de otros países?

radio

1. ¿Cuáles son las emisoras que más escuchas?

2. ¿Cuándo escuchas normalmente la radio?

3. ¿Qué tipo de programas te gustan más: los humorísticos, los deportivos, los musicales, los consultorios sentimentales...?

4. ¿Tienes algún locutor preferido?

5. ¿Quién crees que escucha más la radio: gente que trabaja en casa, taxistas...?

prensa

1. ¿Sueles comprar algún periódico? ¿Alguna revista? ¿Cuál?

2. ¿Lo compras todos los días?

3. ¿Compras siempre el mismo?

4. ¿Qué tipo de lector compra esa publicación?

5. ¿Qué secciones del periódico te interesan más?

6. ¿Lees habitualmente algún periódico en español?

B. Comenta tus respuestas con un compañero. ¿Qué temas le interesan más? Luego, cuéntaselo al resto de tus compañeros.

> • Barbara suele comprar revistas de cine porque le interesa mucho el cine. También ve un canal de cine clásico. Y de vez en cuando compra el periódico para...

C. Aquí tienes una serie de afirmaciones. Marca aquellas con las que estés más de acuerdo. Luego, coméntalo con tus compañeros. Intenta aportar ejemplos concretos.

☐ Solo nos preocupamos de las cosas cuando son noticia.

☐ Los medios de comunicación solo buscan vender.

☐ Los periodistas tienen más poder que los políticos.

☐ Un buen periódico ayuda a garantizar la democracia.

☐ Existen medios de comunicación objetivos.

☐ Los periódicos ayudan a la gente a formarse una opinión sobre la realidad.

> • Para mí, es evidente que nos preocupamos de ciertas cosas solo cuando son noticia.
> ○ Sí, por ejemplo, en África ha habido guerras horribles y nadie ha dicho nada, simplemente porque no salían en los medios de comunicación.

6. NOTICIAS

A. Las noticias suelen dar respuesta a las siguientes preguntas (aunque no siempre en este orden): quién, qué, cuándo, dónde, por qué, para qué y cómo. Lee esta noticia e intenta responder a todas ellas.

UNA FINAL DESIGUAL

| MANUEL GARCÍA. MADRID |

A las 9 menos cuarto de esta noche se celebra en Madrid la final de la Liga de Campeones que enfrentará al Real Club Dridma y al Atlético Brasas. El equipo rojo se perfila como claro favorito, ya que todavía no conoce la derrota en esta competición y recupera a su estrella, el checo Doborski. Por su parte, el Dridma deberá jugar sin su máximo goleador, el brasileño Da Silva, lesionado desde hace una semana. El encuentro será retransmitido en directo por Tele7.

B. Aquí tienes tres fotos que podrían ser portada de un periódico. En parejas, elegid una e inventad un posible titular.

 C. Ahora, desarrollad la noticia en forma de artículo de prensa o de fragmento de televisión o de radio.

7. ¿QUÉ ME DICES?

 A. Vamos a dividir la clase en dos grupos. Un grupo (A) espera fuera de clase y el otro (B) va a escuchar una noticia. Los miembros del grupo B deberán tomar notas para poder contársela luego al otro grupo.

B. Ahora, vamos a trabajar en parejas. Un miembro del grupo B le cuenta la noticia a uno del grupo A. Juntos debéis intentar escribirla.

C. Vamos a escuchar otra noticia. Esta vez los miembros del grupo B salen fuera.

8. EL NOTICIARIO DE LA CLASE

A. En parejas, tenéis que inventar una noticia para "El noticiario de la clase". Puede ser una noticia de prensa, de radio o de televisión. Puede ser real, inventada o algo que ha sucedido en la clase durante el curso. Primero tenéis que decidir los siguientes puntos.

① **Sección:** deportes, cultura, economía, etc.

....

....

② **Formato:** prensa, radio, televisión

....

....

③ **Noticia:** quién, qué, cuándo, dónde, por qué, para qué, cómo...

....

....

B. Ahora, vais a redactar la noticia. Luego, las noticias de prensa escrita las colgaréis en la pared, y las de radio o televisión las retransmitiréis delante de la clase. También las podéis grabar. ¿Cuál es la más original? ¿Y la más divertida? ¿Y la más surrealista?

9. DÍAS DE RADIO

A. Lee este texto sobre la radio en España. ¿Es igual en tu país? ¿Existen equivalentes a Luis del Olmo, a la Cadena Ser...? Coméntalo con tus compañeros.

MÁS DE 80 AÑOS DE RADIO EN ESPAÑA

La radio es el "ruido de fondo" en muchas casas españolas por la mañana, antes de ir al trabajo. Muchos españoles vuelven a conectarse de camino al centro laboral, en el coche o en el autobús. Tampoco es extraño desayunar o almorzar en un bar que tenga puesta la emisora favorita del propietario. En las plazas de muchas ciudades y pueblos, muchos jubilados llevan un pequeño aparato de radio desde el que siguen, al mismo tiempo que hablan o juegan al dominó con sus amigos, su programa favorito o la retransmisión de algún partido de fútbol. Y es que se trata de una generación que ha crecido con la radio. Por los micrófonos de las grandes emisoras se ha retransmitido la historia reciente de España: desde el estallido de la Guerra Civil hasta la muerte de Franco, pasando por los grandes acontecimientos deportivos, el golpe de estado del 23 de febrero o los atentados de Atocha. En la actualidad, la guerra por la audiencia, los enfrentamientos entre las "estrellas" de las distintas cadenas y la politización de estas marcan muchas veces el pulso radiofónico.

AUDIENCIAS Y TENDENCIAS. Según los diferentes estudios que miden las audiencias en España, las dos cadenas de carácter generalista que tienen un seguimiento mayoritario son la Cadena Ser, con más de cinco millones de oyentes, seguida por la Cadena Cope. La primera pertenece al grupo Prisa, propietaria también del periódico *El País*, y tiene un claro carácter progresista; la segunda está vinculada a la Iglesia y muestra una ideología conservadora. En cuanto a las cadenas temáticas, Los 40 principales son los líderes, con casi tres millones de oyentes; Cadena Dial, que solo emite música en español, ocupa el segundo puesto con más de un millón y medio.

LUIS DEL OLMO. Desde que en 1973 comenzó a dirigir y a presentar el magacín informativo matinal Protagonistas, del Olmo ha pasado de una cadena a otra (Radio Nacional, la COPE, Onda Cero y Punto Radio) manteniendo siempre su estilo. Es de las pocas figuras de la radio española que puede decir que son las cadenas las que se adaptan a él y a su manera de hacer las cosas, y no al contrario.

GEMMA NIERGA. Se hizo famosa con el programa nocturno "Hablar por hablar", en el que los oyentes revelaban sus preocupaciones más íntimas. Posteriormente, pasó a las tardes de la Cadena Ser para dirigir y presentar La ventana, un magacín con secciones y colaboradores muy variados, líder de audiencia en su franja horaria.

GOMAESPUMA. Juan Luis Cano y Guillermo Fesser forman un dúo radiofónico que ha sabido dar a la radio española un particular sentido del humor. Primero como programa matinal y después integrado en la franja de la tarde de Onda Cero, Gomaespuma es por méritos propios uno de los clásicos de las ondas.

IÑAKI GABILONDO. Aparte de sus aventuras televisivas, Gabilondo es un gigante de la radio en España. Con su magacín matinal Hoy por hoy (Cadena ser) batió records de audiencia (más de tres millones de oyentes) y se convirtió en el líder indiscutible de su franja. Domina la técnica de la entrevista como pocos.

JOSÉ RAMÓN DE LA MORENA. Con su programa El larguero (Cadena Ser), ha conseguido que más de un millón y medio de españoles se acuesten cada día escuchando las noticias más destacadas del mundo deportivo. Su éxito ha provocado, además, la publicación de tres libros sobre el programa.

B. ¿Por qué no intentas escuchar una radio española a través de Internet?

11

YO NUNCA LO HARÍA

En esta unidad vamos a
**decidir qué compañeros
pueden participar en un reality-show**

Para ello vamos a aprender:

> a dar consejos > a evocar situaciones imaginarias: **si fuera/
estuviera... + Condicional** > a opinar sobre acciones y conductas
> a expresar desconocimiento: **no sabía que...**
> a expresar deseos > la forma y algunos usos del Condicional
> el Pretérito Imperfecto de Subjuntivo de **ser**, **estar** y **poder**

1. ¿UNA MODA DE AHORA?

A. ¿Te gustan los tatuajes? ¿Y los *piercings*? ¿En qué partes del cuerpo te parecen más bonitos?

- A mí me gustan los *piercings* en la lengua.
- Pues a mí me parecen horribles.

LA CEJA

LA ESPALDA

EL LABIO

EL OMBLIGO

LA OREJA

LA LENGUA

EL BRAZO

EL CUELLO

EL HOMBRO

LA NARIZ

LA PIERNA

B. ¿Qué sabes sobre el origen de los *piercings* y de los tatuajes? ¿En qué culturas se hacen o se han hecho estas prácticas?

- Los piratas llevaban pendientes, ¿no?
- Sí, y creo que las mujeres magrebíes se pintan las manos con henna.

C. Ahora, lee este artículo sobre la historia de los tatuajes y de los *piercings*. Luego, comenta con tus compañeros qué cosas te han sorprendido más.

PIERCINGS Y TATUAJES

Durante miles de años, diferentes culturas de todo el mundo han adornado sus cuerpos por muchos y variados motivos. Los soldados romanos, por ejemplo, se hacían *piercings* en el pecho como muestra de virilidad y de lealtad al emperador. Los antiguos mayas se perforaban la lengua con propósitos espirituales; los cazadores de algunas tribus del Amazonas se atravesaban la nariz con huesos de animales y las tribus de la Polinesia adornaban a sus jefes con tatuajes que simbolizaban su estatus en la comunidad.

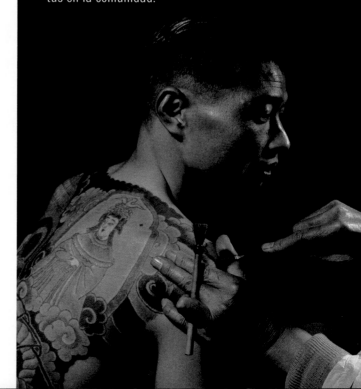

RECUERDA

Si quieres seguir esta moda y hacerte un *piercing* o un tatuaje, te recomendamos que acudas a un profesional. No te pongas en manos de gente inexperta porque no suelen usar métodos de esterilización adecuados ni materiales homologados por las autoridades sanitarias. En este tipo de prácticas existe el riesgo de reacciones alérgicas y de contraer enfermedades graves, por lo que toda precaución es poca.

A partir del siglo XV esta práctica se popularizó entre marineros, aventureros y miembros de grupos sociales marginados, lo que provocó una actitud de rechazo en diversas culturas, como la occidental. El capitán Cook, en su primer viaje a la Polinesia en 1796, observó que los indígenas pintaban sus cuerpos, introduciendo tinta de color negro bajo la piel. Los marineros de Cook quedaron fascinados por el *tatau* polinesio y, de esta forma, empezó la tradición universal del tatuaje marinero y militar. También en Japón, en el siglo XVIII, hubo un florecimiento del tatuaje decorativo tras haber estado prohibido durante más de dos siglos.

El tatuaje moderno data de 1880, cuando el tatuador neoyorquino Samuel O'Reilly diseñó la primera máquina eléctrica para practicarlo. Este aparato se ha seguido utilizando hasta la actualidad, aunque ha sufrido varias modificaciones para facilitar y mejorar los resultados.

La palabra *piercing* viene del inglés *pierce*, que significa "agujerear". Se trata, como hemos visto, de una práctica milenaria que se realiza en todas las partes del cuerpo: cejas, lengua, labios, nariz, orejas, pezones, ombligo, pene, clítoris, etc. Tanto el *piercing* como el tatuaje han sido en los últimos años un símbolo de rebeldía social. Sin embargo, el hecho de que cada vez haya más gente que los lleva hace que se estén convirtiendo en simplemente una moda.

- Yo no sabía que los romanos se hacían piercings.
○ Pues yo pensaba que...

2. Y TÚ, ¿TE LO HARÍAS?

🔊 CD 46-49 **A.** Vas a escuchar a estas cuatro personas hablar sobre los *piercings* y sobre los tatuajes. ¿A quién corresponde cada una de las opiniones?

○ Yo nunca me haría uno.

○ Si fuera más joven, me haría uno.

○ Yo solo me lo haría en una parte muy discreta del cuerpo.

○ Me encantan. Tengo uno.

1. LOURDES

2. REME

3. FERMÍN

4. SONIA

B. ¿Con quién estás más de acuerdo?

- Yo pienso como Lourdes...

3. EL CONDICIONAL

A. ¿Recuerdas cómo se forma el Futuro? El Condicional es muy parecido. Completa las formas que faltan.

	FUTURO	CONDICIONAL
(yo)	hablar**é**	hablar**ía**
(tú)	hablar**ás**	....
(él/ella/usted)	hablar**á**	hablar**ía**
(nosotros/nosotras)	hablar**emos**	....
(vosotros/vosotras)	hablar**éis**	hablar**íais**
(ellos/ellas/ustedes)	hablar**án**	....

B. La raíz de los verbos irregulares en Condicional es la misma que la del Futuro. Intenta conjugar la primera persona de estos verbos.

tener	salir	decir	hacer
tendría	....	....	....
poder	**saber**	**querer**	**poner**
....	....	....	....

C. Fíjate en estos pares de frases y discute con un compañero las diferencias o matices de significado entre ellas. ¿Podéis imaginar situaciones en la que se podrían decir?

1. a. ¡Qué hambre tengo! Me voy a comer un bocadillo.
   b. ¡Qué hambre tengo! Me comería un bocadillo.

2. a. Yo no vivo en una ciudad porque no soporto el ruido.
   b. Yo no viviría en una ciudad porque no soporto el ruido.

3. a. No me parece un buen trabajo. Yo no lo aceptaré.
   b. No me parece un buen trabajo. Yo no lo aceptaría.

4. a. ¿Te gusta ir de excursión a la montaña?
   b. ¿Te gustaría ir de excursión a la montaña?

5. a. Los médicos deben dedicar tiempo a sus pacientes.
   b. Los médicos deberían dedicar tiempo a sus pacientes.

6. a. ¿Podrías pasar a recogerme en coche el sábado?
   b. ¿Me pasas a recoger en coche el sábado?

7. a. No deberías salir a la calle.
   b. No debes salir a la calle.

D. ¿Cuál de las frases anteriores con Condicional corresponde a cada uno de los siguientes usos?

Sugerir	☐
Proponer	☐
Evocar situaciones imaginarias	☐
Aconsejar	☐
Expresar deseos difíciles	☐
Opinar sobre acciones y conductas	☐
Pedir de manera cortés	☐

4. CONSEJOS

A. Relaciona cada uno de estos problemas con una de las soluciones y descubrirás diferentes estructuras para dar consejos y recomendaciones.

Problemas

1. Bueno, pues me voy. He quedado con Luisa en la otra punta de la ciudad. ¡Y ya llego tarde!
2. Voy a estar en Sevilla este fin de semana y no sé adónde ir. Tú has vivido allí, ¿no? ¿Qué me recomiendas?
3. Últimamente no puedo dormir por la noche. Vivo en una calle que parece una autopista. ¡Hay tanto ruido!
4. Hace más de una semana que tengo un dolor de cabeza horrible... Esta mañana quería ir al médico, pero al final me ha dado pereza…
5. Mañana tengo invitados a comer y no sé qué preparar.
6. Tengo que comprarme un coche porque, si no, no puedo trabajar. Pero es que no tengo dinero. He pensado en pedir un crédito al banco, pero no sé…
7. Este mes tengo dos exámenes. Si los suspendo, voy a tener que repetir el curso.
8. Voy a estar en México solo una semana y hay tantos lugares que quiero ver…

Soluciones

a) ¿**Por qué no** pones ventanas de doble cristal?
b) **Yo que tú,** no le daría más vueltas. Total, lo vas pagando poco a poco y ya está.
c) **Yo, en tu lugar,** iría a la península de Yucatán. Yo estuve el año pasado y me encantó.
d) Sobre todo **te recomiendo que** vayas a pasear por Triana y que cenes en Casa Cuesta.
e) Pues **deberías** quedarte en casa y estudiar un poco más en vez de salir tanto.
f) Uy… pues, **yo** cogería un taxi. ¡Hay huelga de metro!
g) Pues yo, **si estuviera en tu lugar,** iría al médico ahora mismo. ¡Con la salud no se juega!
h) **Podrías** hacer una paella. Siempre te sale muy buena.

B. ¿Qué tiempos verbales acompañan a estas estructuras?

1. **Yo, en tu lugar,** + *Condicional*
2. **Si estuviera en tu lugar,** ....
3. **Yo que tú,** ....
4. **Yo** ....
5. **Deberías** ....
6. **Podrías** ....
7. **Te recomiendo que** ....
8. **¿Por qué no** ....

EL CONDICIONAL

	estudiar	entender	vivir
(yo)	estudiaría	entendería	viviría
(tú)	estudiarías	entenderías	vivirías
(él/ella/usted)	estudiaría	entendería	viviría
(nosotros/as)	estudiaríamos	entenderíamos	viviríamos
(vosotros/as)	estudiaríais	entenderíais	viviríais
(ellos/as/ustedes)	estudiarían	entenderían	vivirían

En español usamos el Condicional para varias cosas: expresar deseos difíciles de realizar, aconsejar, pedir de manera cortés que alguien haga algo, evocar situaciones imaginarias, opinar sobre acciones y conductas…

- ¡Qué sed! *Me bebería* un litro de agua.
- *Deberías* ir al médico. Tienes mala cara.
- *¿Podrías* llevarme a casa?
- Si fuera millonario, *me compraría* un yate.
- Yo no *me haría* nunca un tatuaje.

ACONSEJAR/SUGERIR

DEBERÍAS/PODRÍAS + INFINITIVO

- Hoy es vuestro aniversario de boda, ¿no? Pues **deberías** comprarle un regalo a tu mujer. **Podrías** regalarle un viaje, por ejemplo.

¿POR QUÉ NO + PRESENTE DE INDICATIVO?

- **¿Por qué no** ahorras un poco y te compras un coche?

YO EN TU LUGAR / SI ESTUVIERA EN TU LUGAR / YO QUE TÚ / YO + CONDICIONAL

- **Yo, en tu lugar,** me casaría con ella sin pensármelo.
- Yo, **si estuviera en tu lugar,** le pediría perdón.
- **Yo que tú,** hablaría con ella. Se lo debes.
- **Yo** no le diría nada. Se puede enfadar…

TE/LE/OS/LES RECOMIENDO/SUGIERO/ACONSEJO QUE + PRESENTE DE SUBJUNTIVO

- **Te recomiendo que** pruebes el cordero asado. ¡Está riquísimo!
- **Le sugiero que** tome unas cuantas clases de conducción antes del examen.
- **Os aconsejo que** no le molestéis mucho hoy. Está muy agobiado.

OPINAR SOBRE ACCIONES Y CONDUCTAS

- ¡Mira la falda de esa mujer! Yo nunca **me pondría** algo así.

- Los bares de mi calle cierran a las cuatro de la madrugada.
- ○ ¡Qué barbaridad! El Ayuntamiento **debería** hacer algo.

EVOCAR SITUACIONES IMAGINARIAS

CONDICIONAL

- ¿En que lugar del mundo **vivirías**?
- ○ Yo, en Sudáfrica.

SI + PRETÉRITO IMPERFECTO DE SUBJUNTIVO, CONDICIONAL

- **Si tuviera** mucho dinero, **estaría** siempre de viaje.

EXPRESAR DESCONOCIMIENTO

Ante informaciones que desconocíamos, usamos las expresiones **no sabía que** / **creía que** / **pensaba que** + Pretérito Imperfecto (para hechos presentes) / Pluscuamperfecto (para hechos pasados).

- ¡Alberto! ¡Qué sorpresa! **No sabía que estabas** aquí. (= **está** aquí)

- Hoy he comido con Lucía.
- ○ ¿Con Lucía? **Pensaba que se había ido** de vacaciones. (= no **se ha ido**)

PRETÉRITO IMPERFECTO DE SUBJUNTIVO

	ser/ir	estar	poder
(yo)	fuera	estuviera	pudiera
(tú)	fueras	estuvieras	pudiera
(él/ella/usted)	fuera	estuviera	pudiera
(nosotros/as)	fuéramos	estuviéramos	pudiéramos
(vosotros/as)	fuerais	estuvierais	pudierais
(ellos/as/ustedes)	fueran	estuvieran	pudieran

5. SI FUERA...

A. Piensa en un personaje famoso e imagina un final para estas frases. ¿Se te ocurren otras?

Si fuera un animal, sería...
Si fuera una flor, sería...
Si fuera un país, sería...
Si fuera un objeto, sería...
Si fuera una música, sería...
Si fuera un libro, sería...
Si fuera una película, sería...

B. Ahora, tus compañeros te van a hacer preguntas para descubrir de quién se trata.

● Si fuera un animal,
  ¿qué animal sería?
○ Un tigre.

6. EL HOMBRE INVISIBLE

A. Imagina que puedes ser invisible durante un día. ¿Qué cosas harías? Escríbelo

Primero, iría a un banco y... Luego...

B. Ahora, cuéntaselo a tus compañeros. ¿Quién de vosotros aprovecharía mejor el día? Decididlo entre todos.

7. POBRE MANUEL

A. Manuel está preocupado porque últimamente su hija Laura, de 15 años, ha cambiado bastante. Lee lo que le comenta a un amigo suyo.

"Ya no quiere hablar con nosotros. Siempre está de mal humor y, además, ha perdido el interés por los estudios. ¡Estamos desesperados!"

"Llega muy tarde todos los días. Los fines de semana los pasa en casa de una amiga que no conocemos. Y encima, sale con un grupo de amigos que no nos gustan nada."

"Antes teníamos muy buena relación y hacíamos muchas cosas juntos. Venía de vacaciones con su madre y conmigo, íbamos al cine... Pero este último año ha cambiado mucho."

CD 50-53 **B.** Escucha los consejos que le dan a Manuel 4 personas y toma notas de lo que le dicen.

1. Una amiga

2. Un amigo

3. Su psicóloga

4. Su hermano

C. ¿Con quién estás más de acuerdo? ¿Qué crees que debe hacer Manuel? Coméntalo con tus compañeros.

● Yo creo que la psicóloga tiene razón. Debería...

8. ¿PARTICIPARÍAS EN UN REALITY-SHOW?

A. ¿En las cadenas de TV de tu país hay concursos? ¿Cuáles son los más populares? ¿Alguna vez has pensado en participar? Coméntalo con tus compañeros.

B. En algunos programas-concurso, un grupo de personas debe convivir ganándose la simpatía de los telespectadores. Uno de ellos es Una casa para ti. Hazle el cuestionario a un compañero para averiguar si tiene el perfil adecuado para participar en el concurso.

Una casa para ti

www.tele7.com/unacasaparati

Seis parejas se encierran en una casa que está en construcción durante tres meses. Los concursantes tienen que acabar de construir la casa: pintar las paredes, hacer el jardín, colocar las ventanas, etc. Tele 7 retransmite el programa las 24 horas del día. Cada dos semanas, por votación popular, una pareja abandona la casa. La última pareja gana la casa.

Cuestionario:

- ¿Le darías un beso a tu pareja delante de una cámara?
- ¿Podrías pasar tres meses sin ver a tu familia y a tus amigos?
- ¿Serías capaz de desnudarte delante de las cámaras?
- ¿Te atreverías a subir a un tejado para arreglar una antena?
- ¿Sabrías preparar comida para doce personas?
- ¿Estarías dispuesto/a a hablar de tus intimidades delante de todo el país?
- ¿Dormirías en la misma habitación con tu pareja y con cinco parejas más?
- ¿Serías capaz de convivir durante tres meses con alguien que no te cae bien?

¡A partir del 22 de mayo...

...en tele 7!

C. Cuenta a la clase si crees que tu compañero podría participar en Una casa para ti. Justifica tu respuesta.

D. Ahora, en parejas, imaginad cómo podría ser uno de los siguientes programas (u otro). Tenéis que decidir cómo funciona el concurso, dónde se desarrolla, cuál es el premio, etc. También debéis elaborar un cuestionario para la selección de concursantes.

E. Ahora, buscad a otra pareja y entrevistadla para saber si pueden participar o no en vuestro concurso. Al final, cada grupo informa a la clase de sus resultados.

9. TRADICIONES SINGULARES

A. En el mundo existen numerosas tradiciones que implican cierto riesgo. ¿Conoces estas dos? ¿Te atreverías a participar en ellas?

LOS VOLADORES DE PAPANTLA

La famosa danza de los Voladores de Papantla es una tradición mexicana de origen prehispánico practicada antiguamente por varios grupos indígenas: los huastecos, los toltecas, los nahoas y los totonacas. Se trata esencialmente de una ceremonia religiosa que simboliza el respeto de los hombres por la naturaleza.

La danza es ejecutada por cinco hombres que representan las cinco direcciones del mundo indígena: los cuatro puntos cardinales y la línea que va de la Tierra al cielo. Los voladores se suben a lo alto de un poste y, mientras el volador principal permanece de pie en la cúspide bailando y tocando la flauta y el tambor, los otros cuatro, atados de un pie, van descendiendo boca abajo al ritmo de la música. Los voladores completan trece vueltas cada uno, número que, multiplicado por cuatro, da 52, los años que tenía un siglo en esas culturas.

En Cataluña existe una espectacular tradición popular que consiste en la construcción de torres humanas: los "castells". El origen de estas construcciones se encuentra en una antigua danza llamada "baile de valencianos", que acababa con la llamada "torreta": una construcción humana formada por una persona en la base (pilar) y dos encima (torre).

Con el tiempo, las construcciones humanas se han convertido en una de las expresiones más características del pueblo catalán. En ellas participan desde los más jóvenes (5 ó 6 años) hasta los más ancianos. Para lograr el éxito se necesita la colaboración de todos: de los "castellers" y del público, que normalmente ayuda a compactar la "piña", es decir, la base que mantiene firme la estructura y que, al mismo tiempo, reduce el riesgo en caso de caída.

Los grupos que realizan estas construcciones adoptan el nombre de la ciudad de la que proceden y se identifican por el color de sus camisas y de sus fajas. Cada construcción se define en función de la cantidad de personas situadas en cada nivel y de la altura. El punto culminante se produce cuando el "anxaneta" (que puede ser niño o niña) saluda al público desde lo más alto del "castell".

LOS "CASTELLS"

B. ¿Conoces otras tradiciones o actividades de ocio que impliquen un cierto riesgo? Coméntalo con tus compañeros.

12

AMÉRICA

En esta unidad vamos a
**hacer un concurso para comprobar
nuestros conocimientos sobre Latinoamérica**

Para ello vamos a repasar:
> recursos para narrar acontecimientos del pasado
> los tiempos del pasado > los usos del Presente de Subjuntivo
> cómo expresar conocimiento y desconocimiento sobre un tema

NO A LA GUERRA

EL PAIS

El tesoro perdido de los Beatles

UNIDAD
DE REPASO

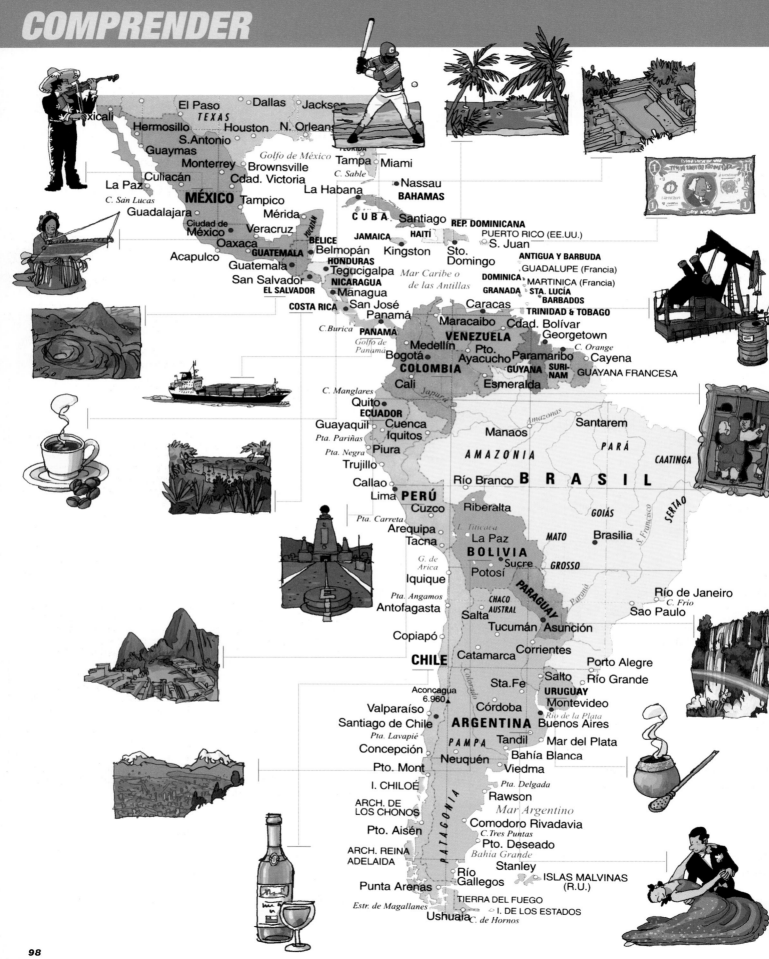

El Paso
Dallas
Jackson
TEXAS
xicali
Hermosillo
Houston
N. Orleans
S. Antonio
Guaymas
Monterrey
Brownsville
Culiacán
Cdad. Victoria
La Paz
C. San Lucas
Tampico
MÉXICO
Tampa
Miami
C. Sable
Guadalajara
Mérida
Nassau
Ciudad de
México
Veracruz
BAHAMAS
Oaxaca
YUCATÁN
Acapulco
BELICE
CUBA
Santiago
GUATEMALA
Belmopán
REP. DOMINICANA
Guatemala
JAMAICA
HAITÍ
PUERTO RICO (EE.UU.)
HONDURAS
S. Juan
San Salvador
Tegucigalpa
Kingston
Sto.
Domingo
ANTIGUA Y BARBUDA
EL SALVADOR
NICARAGUA
GUADALUPE (Francia)
Managua
DOMINICA
MARTINICA (Francia)
Mar Caribe o
de las Antillas
GRANADA
STA. LUCÍA
COSTA RICA
San José
BARBADOS
Panamá
Caracas
TRINIDAD & TOBAGO
C. Burica
PANAMA
Maracaibo
Cdad. Bolívar
Golfo de
Panamá
Medellín
Pto.
VENEZUELA
Georgetown
Bogotá
Ayacucho
Paramaribo
C. Orange
COLOMBIA
GUYANA
Cayena
Cali
Esmeralda
SURI-
NAM
GUAYANA FRANCESA
C. Manglares
Japurá
Quito
Amazonas
Santarem
ECUADOR
Cuenca
Manaos
PARÁ
Guayaquil
Iquitos
AMAZONIA
CAATINGA
Pta. Pariñas
Piura
BRASIL
Pta. Negra
S. Francisco
Trujillo
Río Branco
Callao
PERÚ
Lima
Cuzco
Riberalta
GOIÁS
SERTÃO
Pta. Carreta
Arequipa
L. Titicaca
MATO
Brasilia
Tacna
La Paz
BOLIVIA
GROSSO
G. de
Arica
Sucre
Potosí
Iquique
PARAGUAY
Paraná
Río de Janeiro
Pta. Angamos
CHACO
C. Frío
Antofagasta
AUSTRAL
Sao Paulo
Salta
Asunción
Copiapó
Tucumán
Corrientes
Catamarca
Porto Alegre
CHILE
Sta. Fe
Salto
Río Grande
Colorado
URUGUAY
Aconcagua
6.960 ▲
Córdoba
Montevideo
Valparaíso
Río de la Plata
Santiago de Chile
ARGENTINA
Buenos Aires
Pta. Lavapié
PAMPA
Tandil
Mar del Plata
Concepción
Neuquén
Bahía Blanca
Pto. Mont
Viedma
I. CHILOÉ
Pta. Delgada
ARCH. DE
LOS CHONOS
Rawson
Mar Argentino
Pto. Aisén
Comodoro Rivadavia
C. Tres Puntas
ARCH. REINA
ADELAIDA
Pto. Deseado
PATAGONIA
Bahía Grande
Stanley
Río
ISLAS MALVINAS
Gallegos
(R.U.)
Punta Arenas
Estr. de Magallanes
TIERRA DEL FUEGO
Ushuaia
I. DE LOS ESTADOS
C. de Hornos

Golfo de México

FLORIDA

La Habana

1. LATINOAMÉRICA

A. Observa el mapa y las ilustraciones de la izquierda. ¿A qué país se refiere cada una de estas informaciones?

1. La música de mariachi es la música popular de ....

2. En .... se encuentran las ruinas mayas de Copán.

3. El pintor y escultor Fernando Botero es probablemente el artista plástico más conocido de ....

4. El café es uno de los principales productos de ....

5. .... es uno de los principales productores de vino de Latinoamérica.

6. .... es un país perfecto para practicar el ecoturismo, ya que cuenta con más de 20 parques naturales y 8 reservas biológicas.

7. El tango es la música más característica de Uruguay y de ....

8. Los tejidos mayas, que destacan por su gran colorido, son uno de los productos típicos de ....

9. El béisbol es el deporte más popular de ....

10. Para visitar el Machu Picchu, el famoso conjunto arqueológico inca, tienes que ir a ....

11. La principal atracción de Punta Cana, una conocida zona turística de ...., son sus 40 kilómetros de playas de aguas transparentes y arenas blancas.

12. En 1952 .... se convirtió en un estado independiente asociado a Estados Unidos.

13. Un canal de 80 kilómetros de largo, que va desde el Atlántico hasta el Pacífico, cruza ....

14. El volcán de Santa Ana es el más alto de ....

15. Las Cataratas de Iguazú se encuentran entre ...., Argentina y Brasil.

16. El monumento de la Mitad del Mundo se encuentra muy cerca de Quito, la capital de ...., y marca la latitud 0°.

17. La ciudad de La Paz, en ...., está rodeada por la cadena montañosa de los Andes y es la sede de gobierno más alta del mundo.

18. El petróleo es una de las riquezas naturales de ....

19. El mate es la bebida más característica de Argentina y de ....

B. ¿Te ha sorprendido alguna de estas informaciones? Coméntalo con tus compañeros.

• Yo no sabía que el béisbol era el deporte más popular de...

C. ¿Qué países latinoamericanos conoces mejor? ¿Qué sabes sobre ellos? Cuéntaselo a tus compañeros.

• Yo tengo un amigo que es peruano, de Lima, y me ha contado que...

2. ¿QUÉ HACE QUE MI PAÍS SEA TAN ESPECIAL?

A. Lee lo que han escrito algunos estudiantes latinoamericanos sobre sus respectivos países en un foro de Internet. Luego, intenta escribir un eslogan publicitario para cada país.

Foro Latino

➡ **Bolivia:** Mi país es especial por su situación geográfica; lo llaman "el corazón de Sudamérica". También es especial porque posee abundantes riquezas naturales y porque tiene todos los climas del mundo. Bolivia es un país multiétnico y pluricultural lleno de contrastes y de leyendas. *Carlos Mario, 16 años*

➡ **Chile:** Como mi país, no hay ninguno. Chile tiene climas para todos los gustos; por el norte, cálido-seco; por el sur, húmedo-frío; al oeste, las costas, con sus hermosas playas; y al este, la cordillera de los Andes. Es realmente hermoso ver, en pleno invierno, a un lado, el mar, y, al otro, la cordillera nevada. *Rosaura, 21 años*

➡ **Ecuador:** Ecuador huele a caña dulce, a naranja y a manzana, y sabe a piel morena, a piel negra y a piel blanca. En mi país se escucha la risa del mar, la furia de los volcanes y el correr del agua. Tiene playas, selvas, bosques y montañas. Viven aves, viven flores, viven peces y vive su gente, tan diversa, tan alegre, tan amable y tan cálida. Por ser Ecuador la mitad del mundo, del mundo tiene lo mejor. *Ana Cristina, 18 años*

➡ **El Salvador:** El Salvador es la nación más pequeña de Centroamérica pero la más grande en el corazón de los salvadoreños, un pueblo alegre y muy hospitalario con los visitantes. Mi país tiene historia, bellas playas y muchas especies de aves, mariposas, etc. El Salvador, mi tierra, tan pequeña pero tan grande en mi corazón. *Luis Alfonso, 15 años*

➡ **México:** El valor de mi país radica en su gente, que es mezcla de indio, europeo y negro. Los mexicanos saben valorar las cosas buenas de la vida, saben reír y, en los malos momentos, saben ser solidarios. Como México no hay dos: México es un arco iris de climas, regiones, fauna, flora y recursos minerales. *Efrén, 21 años*

➡ **Nicaragua:** Nicaragua es una tierra de lagos y de volcanes. Mi gente es alegre, luchadora y vive con la esperanza de un mañana mejor. Nuestra belleza natural no tiene igual. *Estela, 18 años*

➡ **Perú:** En un rincón de América hay un país donde se oyen, en las mañanas, las canciones del pasado entonadas en una caracola; en las tardes, se ve al cóndor planear, y las noches se iluminan con todas las estrellas que Dios le regaló a su cielo. Perú es un mágico lugar donde se mezcla la brisa del mar, la nieve de los Andes y el calor tropical. *Nati Velit, 16 años*

CD 54-56 **B.** Ahora, vas a escuchar a un argentino, a una colombiana y a una cubana hablar de su país. ¿Qué tiene de especial su país para ellos? Anótalo y, luego, coméntalo con tus compañeros.

C. ¿Qué hace que tu país sea especial para ti? Escríbelo.

3. QUETZALCÓATL

A. ¿Quieres saber quién era Quetzalcóatl? Lee el siguiente texto. ¿Qué título le pondrías a la leyenda? Escríbelo en el recuadro blanco y justifícalo.

En las leyendas de las culturas mesoamericanas, Quetzalcóatl (serpiente emplumada), es el protagonista de fantásticas historias. Aunque algunos de estos mágicos relatos aparecen en las crónicas españolas, en muchos casos **se han conservado** gracias a la transmisión oral. Las leyendas de Quetzalcóatl **han servido** para dar una explicación mítica a muchas cosas, como la creación del hombre, por ejemplo, o el origen de sus costumbres, sus ritos o sus conocimientos.

La creación **había terminado** y los dioses y los humanos **vivían** en paz. Todos **parecían** satisfechos, menos el dios Quetzalcóatl, que **pensaba** que los humanos no **eran** tratados dignamente por los dioses.
—¿Qué te pasa, hermano? —le **preguntó** Huitzilopochtli.
—Miro a los humanos y veo que están contentos, pero viven en la ignorancia, sin conocimientos... —**respondió** Quetzalcóatl.
—¿Y qué harás? ¿Piensas darles el conocimiento, que es algo propio de los dioses? Ya sabes que mis otros dos hermanos no te permitirán hacer eso —**dijo** refiréndose a Tezcatlipoca y a Xipe Topec.
—Eso mismo es lo que haré —**replicó** Quetzalcóatl—. Bajaré a la Tierra y enseñaré a los hombres una vida diferente y, si para eso tengo que renunciar a ser dios, lo haré.

Y así **hizo**. **Bajó** a la tierra y, convertido en hombre, Quetzalcóatl **sintió** por primera vez el hambre, el frío y el cansancio. Como **estaba** agotado, **se sentó** a la sombra de un árbol y **se durmió**. Quetzalcóatl **soñó** entonces con una fila de hormigas en la que cada una **llevaba** un grano de maíz, así que **decidió** hacerse del tamaño de ellas y seguirlas para saber de dónde **habían sacado** aquellos granos maravillosos. En sueños, **trabajó** con las hormigas y, cuando **despertó**, a su lado **había** un montón de maíz. Lo **metió** en un saco y **se encaminó** hacia la ciudad más importante de aquel tiempo: Tollán. Cuando Quetzalcóatl **llegó** a la ciudad, se **estaba** celebrando un sacrificio humano en honor a Tezcatlipoca. Quetzalcóatl **paró** el sacrificio y **ordenó**:
—Nunca más se realizarán sacrificios humanos.
—¿Cómo te atreves a desafiar a los dioses? —**preguntó** el sacerdote—. Vas a traernos la ira de Tezcatlipoca.
—No tengáis miedo. Confiad en mí —**respondió** Quetzalcóatl.

Desde ese día, Tollán **prosperó** enormemente. Quetzalcóatl **enseñó** a los toltecas a cultivar el maíz, a trabajar el oro y mil cosas más. **Prohibió** los sacrificios humanos, **impulsó** el culto al sol y **creó** una orden de sacerdotisas que **mantenían** los templos. Al principio, los hombres lo **querían** adorar, pero Quetzalcóatl no **aceptó** y **rechazó** todos los lujos y privilegios.

B. Fíjate en los verbos que están marcados en negrita. ¿Para qué los usamos en el relato? Colócalos en el lugar del cuadro correspondiente.

Usamos el Pretérito Perfecto para hablar de hechos ocurridos en un momento del pasado no definido o con relación directa con el presente	Usamos el Pretérito Indefinido para contar los hechos que hacen avanzar el relato	Usamos el Pretérito Imperfecto para describir las circunstancias, lo que rodea la acción, presentándolas como hechos no terminados	Usamos el Pretérito Pluscuamperfecto para marcar que una acción es anterior a otro hecho pasado

4. UN LUGAR PARA…

A. Estas tres personas tienen la posibilidad de vivir, durante una temporada, en un país de América Latina. Cada uno tiene gustos y necesidades diferentes. Lee lo que dicen y decide qué país le puedes recomendar a cada uno.

1. Marcos, 38 años, ingeniero químico
"Mi empresa me ha ofrecido pasar un año en un país de América Latina. Lo bueno es que me dejan elegir el país. En principio, vamos a ir toda la familia: mi mujer, mis dos hijas y yo. Nos gustaría ir a un país que tenga montañas altas y, a poder ser, buenas pistas de esquí porque nos encanta la montaña, ir a esquiar y todo eso. Es básico que haya colegios internacionales porque queremos que nuestras hijas sigan estudiando en inglés y en alemán. Mi mujer y yo también somos bastante "urbanitas", o sea que nos gustaría vivir en una ciudad grande, con buenos cines, teatros, museos, etc. Y si tiene mar, mejor."

2. Alejandro, 32 años, arquitecto
"Hace cinco años que trabajo en una constructora que tiene oficinas en toda América. Le he pedido a mi jefe que me envíen a alguna de nuestras filiales para adquirir experiencia internacional y es muy probable que me digan que sí. Lo que pasa es que aún no he decidido adónde ir. Voy a ir con mi novia; a ella le apetece que vayamos al Caribe, pero yo no estoy muy convencido. Para mí, es esencial que la ciudad sea interesante desde el punto de vista urbanístico y que tenga mucha vida cultural. Mi otra pasión es la arqueología y, por eso, mi gran ilusión es vivir en un país que tenga restos arqueológicos importantes y buenos museos."

3. Laura, 33 años, bióloga
"Yo soy bióloga especializada en flora tropical. Estoy trabajando en la universidad y mi jefe de departamento quiere que pase un año haciendo investigación de campo en alguna selva de América. La verdad es que estoy encantada de que me envíen un año fuera, porque necesito desconectar. El problema es que aún no sé adónde ir. Lógicamente, tiene que ser un país que tenga selva tropical y, si es en Centroamérica, mejor. Creo que sería interesante poder hacer la investigación en algún parque natural, porque en los parques es más fácil que la gente entienda tu trabajo e incluso que te ayuden, ya que están muy acostumbrados a ver investigadores. ¡A ver si hay suerte!"

B. En grupos de tres, comparad vuestras conclusiones. ¿Estáis de acuerdo?

C. Ahora, busca en los tres textos las estructuras que tienen Presente de Subjuntivo y subráyalas. De esta forma, podrás revisar los usos de este tiempo que hemos visto a lo largo del curso.

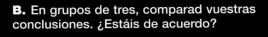

5. ¿QUÉ SABES DE...?

Vamos a dividir la clase en dos grupos: A y B. Cada grupo se prepara por separado: tiene que encontrar las respuestas a las trece preguntas de su cuestionario (en caso de duda, el profesor tiene la solución) y, luego, tiene que escribir cinco preguntas más. Finalmente, por turnos, cada grupo hace sus dieciocho preguntas al otro.

Grupo A

1. Uno de estos productos no es originario de América. ¿Cuál?

☐ el tomate
☐ la patata
☐ el trigo

2. ¿Cuál es la moneda del Perú?

☐ el nuevo sol
☐ el peso
☐ el bolívar

3. ¿Qué famoso escritor pasó largas temporadas en La Habana?

☐ Ernest Hemingway
☐ Edgar Allan Poe
☐ Jorge Luis Borges

4. El lago Maracaibo, el más grande de Sudamérica, está en...

☐ Perú
☐ Venezuela
☐ Colombia

5. ¿En qué país nació el Che Guevara?

☐ En Cuba
☐ En Argentina
☐ En Chile

6. Paraná, Paraguay, Arauca y Orinoco son...

☐ lagos
☐ volcanes
☐ ríos

7. ¿Quién dijo "No llores por mí Argentina"?

☐ Eva Perón
☐ Maria Félix
☐ Lola Flores

8. La ciudad de La Paz es la sede del gobierno de Bolivia; pero la capital del país es...

☐ Trinidad
☐ Potosí
☐ Sucre

9. La ciudad imaginaria de las novelas de Gabriel García Márquez se llama...

☐ Cochabamba
☐ Chachapoyas
☐ Macondo

10. Las coordenadas 0° 0´ 0´´ corresponden al volcán Cayambe, que está en...

☐ Bolivia
☐ Perú
☐ Ecuador

11. *La casa de los espíritus* es una novela de...

☐ Julio Cortázar
☐ Isabel Allende
☐ Mario Vargas Llosa

12. Las ruinas de Tenochtitlan están en...

☐ Colombia
☐ Chile
☐ México

13. ¿Cuál es la capital de Paraguay?

☐ Asunción
☐ Bogotá
☐ San José

Grupo B

1. Si fueras de vacaciones a las islas Galápagos, deberías sacar un visado para...

☐ Chile
☐ Argentina
☐ Ecuador

2. ¿Qué ciudad fue fundada sobre el lago Texcoco por los aztecas?

☐ México DF
☐ Lima
☐ Managua

3. ¿Cuál de estos productos no exporta Cuba?

☐ tabaco
☐ fresas
☐ ron

4. ¿En cuál de estos países no se habla el español?

☐ Puerto Rico
☐ Haití
☐ Panamá

5. ¿Qué país latinoamericano es conocido como "la república de las bananas" porque el 65% de la población trabaja en el cultivo de ese fruto?

☐ El Salvador
☐ México
☐ Honduras

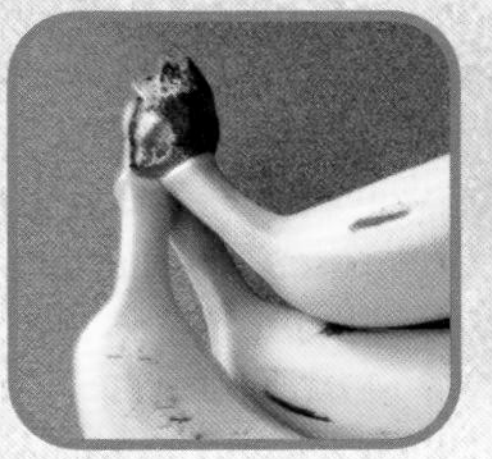

6. El merengue es el baile nacional de...

☐ Costa Rica
☐ la República Dominicana
☐ Cuba

7. Si alguien te pregunta "¿Qué querés tomar?", ¿de cuál de los siguientes países es?

☐ De México
☐ De Argentina
☐ De Cuba

8. La isla de Pascua pertenece a Chile y también se la conoce con el nombre de...

☐ Isla Margarita
☐ Rapa-Nui
☐ Cozumel

9. En algunos países americanos, como por ejemplo en Perú, se come pescado crudo marinado en limón. Este plato se llama...

☐ tamal
☐ ceviche
☐ guacamole

10. ¿Qué país de habla hispana es uno de los grandes productores de café del mundo?

☐ Paraguay
☐ Colombia
☐ Uruguay

11. Unos amigos tuyos han vuelto de viaje y te han traído chocolate de Oaxaca. ¿Dónde han estado?

☐ En México
☐ En El Salvador
☐ En Perú

12. El Canal de Panamá fue inaugurado en...

☐ 1851
☐ 1914
☐ 1975

13. Las Cataratas de Iguazú están situadas entre...

☐ Argentina, Bolivia y Uruguay
☐ Argentina, Brasil y Paraguay
☐ Argentina, Bolivia y Chile

6. EL "SPANGLISH"

A. Lee el siguiente texto y, luego, comenta con tus compañeros qué es el "spanglish". ¿Consideráis que es una lengua?

EL "SPANGLISH": ¿UN NUEVO IDIOMA?

Si vas a California, es posible que alguien te diga *guachau* para prevenirte de un peligro. En Nueva York, muchos *vacunean la carpeta* cuando quieren pasar la aspiradora, y en Miami, no es raro oír a alguien decir *I don't care a whistle* cuando algo le importa "un pito". Los cerca de 40 millones de personas de origen hispano que residen en Estados Unidos utilizan, en mayor o menor medida, el "spanglish", un fenómeno lingüístico que enfrenta a los académicos y espanta a los puristas, y que aparece definido en el *Diccionario de la Lengua Española* de Manuel Seco como "idioma español hablado con abundancia de anglicismos". Sin embargo, no se puede afirmar que el "spanglish" sea un fenómeno lingüístico uniforme, ya que poco se parece el "cubonics" de los cubanos de Florida al "nuyorrican" de los puertorriqueños de Nueva York o al "chicano" de Texas y California.

Los medios de comunicación han tenido y tienen un papel primordial en el uso y sobre todo en la difusión del "spanglish". Revistas dirigidas a un público latinoamericano como *Latina* o *Generation Ñ* promueven esa "lengua híbrida" a través de artículos y de eventos. Hace poco, la marca de pasta dentífrica Colgate lanzó una campaña de anuncios televisivos en "spanglish" y escritoras como las puertorriqueñas Giannina Braschi y Ana Lydia Vega solo escriben en puro "spanglish". Pero, sin duda, uno de los principales artífices del boom de este fenómeno en Estados Unidos es el polémico escritor mexicano Ilán Stavans, titular de la primera cátedra de "spanglish", en el Amherst College de Massachussets, y autor de la primera versión de *El Quijote* en "spanglish". Stavans define esta lengua híbrida como "un mestizaje verbal donde Shakespeare y Cervantes, en una maniobra digna de los directores de la película *The Matrix*, sincronizan sus identidades". Stavans incluso va más allá con su predicción de que "en 200 ó 300 años la gente probablemente se comunicará en un idioma que no será ni el español ni el inglés de la actualidad, sino una mezcla de los dos".

BREVE DICCIONARIO

bildin: edificio (building)
buche: arbusto (bush)
carpeta: alfombra (carpet)
chores: pantalones cortos (shorts)
imeiliar: enviar un correo electrónico
marqueta: mercado (market)
parquear: aparcar (to park the car)
rentar: alquilar (to rent)
rufo: tejado (roof)
taipear: escribir a máquina (to type)
yarda: jardín (yard)

B. ¿Cómo crees que va a evolucionar el "spanglish"? ¿Crees que puede hacer desaparecer la lengua española? Coméntalo con tus compañeros.

MÁS EJERCICIOS

• Este es tu "cuaderno de ejercicios". En él encontrarás actividades diseñadas para fijar y entender mejor cuestiones gramaticales y léxicas. Estos ejercicios se pueden realizar individualmente, pero también los puede usar el profesor en clase cuando considere oportuno reforzar un determinado aspecto.

• También puede resultar interesante hacer estas actividades con un compañero de clase. Piensa que no solo aprendemos cosas con el profesor; en muchas ocasiones, reflexionar con un compañero sobre cuestiones gramaticales te puede ayudar mucho.

1. VOLVER A EMPEZAR

1. a. Separa las siguientes expresiones en dos columnas: las que indican cantidad de tiempo y las que indican un punto en el tiempo.

1998   el 1 de marzo de 2000   mucho tiempo

el inicio del curso   el lunes   la boda de mi prima

llegué a España   bastante tiempo   no hago deporte

más de dos años   me casé   unos años

empecé a estudiar español   un par de semanas

CANTIDAD DE TIEMPO	PUNTO EN EL TIEMPO	
Hace / Desde hace	**Desde**	**Desde que**
un par de semanas		

b. Escoge tres expresiones de las anteriores y escribe frases sobre ti.

....
....
....
....
....
....

2. Escribe las siguientes informaciones sobre ti.

1. Algo que haces desde hace tiempo.
   Hago yoga desde hace seis años.
2. La última vez que cambiaste de casa. ....
....
3. Una cosa que acabas de hacer. ....
....
4. Algo que quieres dejar de hacer. ....
....
5. Una cosa que has empezado a hacer hace poco. ....
....

3. Completa las frases con estas expresiones.

desde hace   desde   hace   desde que

1. Trabaja en nuestra empresa .... 7 años.
2. Acabó la carrera de Económicas .... 9 años.
3. .... poco ha acabado el doctorado.
4. .... está al mando de su departamento, ha conseguido duplicar los beneficios.
5. Está poco dispuesto a viajar .... se casó.
6. .... dos años que estudia alemán.
7. Vive en Valencia .... 2001.
8. .... ha hecho el máster, ha ganado seguridad.

4. Mira este anuncio de trabajo y escribe cinco frases describiendo al candidato ideal (cosas que ha hecho, durante cuánto tiempo, etc.).

IMPORTANTE ESCUELA DE IDIOMAS NECESITA CONTRATAR PROFESOR DE ESPAÑOL

SE REQUIERE:

- **Experiencia**
- **Formación (licenciado en Filología Española)**
- **Idiomas: inglés y alemán**
- **Edad: de 25 a 35 años**
- **Conocimientos de Internet**

---

1. *Hace cinco años que trabaja en una escuela de español.*
2. ....
....
3. ....
....
4. ....
....
5. ....
....

5. a. Mira este anuncio de trabajo y la carta que ha enviado Lucía Jiménez. Luego, escribe sus puntos fuertes y sus puntos débiles como candidata al puesto.

OFERTA DE EMPLEO

SE NECESITA
SECRETARIA DE DIRECCIÓN
(para empresa en Tenerife)

Requisitos:

* Titulado/a universitario/a.
* Excelente nivel oral y escrito de inglés y de francés
* Experiencia mínima de 2 años en un cargo similar
* Incorporación inmediata
* Se valorarán conocimientos de otros idiomas

Apreciados señores/as:

Les escribo con relación al anuncio publicado por ustedes en *El País* con fecha de domingo 21 de septiembre para solicitar el puesto de secretaria de dirección en su empresa.

En 1999 me licencié en Filología Francesa. Inmediatamente después hice unas prácticas en París en una empresa de importación de café. Al acabar las prácticas, conseguí un puesto como secretaria en las oficinas de la Unión Europea en Estrasburgo. Trabajé en el Departamento de Traducción Español-Francés de dicha institución durante dos años. Hace unos meses, debido al traslado de mi marido a la filial española de la empresa en la que trabaja, volví a Málaga, donde resido actualmente.

Creo que mi formación y mi experiencia hacen de mí una posible candidata al puesto de secretaria de dirección que ustedes ofrecen. Tengo, además, nociones de inglés y de alemán y soy una persona responsable, trabajadora y con voluntad de progresar.

Quedo a la espera de sus noticias.

Atentamente,

Lucía Jiménez

PUNTOS FUERTES	PUNTOS DÉBILES

b. Imagina que han seleccionado a Lucía para el puesto y que tiene que acudir a una entrevista en la empresa. Si tú fueras la persona encargada de entrevistarla, ¿qué preguntas le harías? Escríbelas.

6. Marca la opción más adecuada en cada caso.

1. ● Ayer **estaba cenando/estuve cenando** en casa de unos amigos.

2. ● Hoy **he estado viendo/estaba viendo** la tele un buen rato.

3. ● Durante todo este año mi hermano **ha estado haciendo/estaba haciendo** prácticas en una empresa.

4. ● Estos últimos meses **hemos estado trabajando/ estábamos trabajando** aquí.

5. ● Cuando nos conocimos yo **estaba trabajando/ estuve trabajando** en Iberia.

6. ● Juan Carlos **estaba viviendo/estuvo viviendo** en Japón cuando nació mi hija.

7. ● Toda la mañana **he estado contestando/estaba contestando** correos electrónicos.

8. ● Este verano **he estado trabajando/estaba trabajando** en un restaurante.

7. a. ¿Conoces a estas personas? Relaciona las informaciones de abajo con cada una de ellas.

1. **GABRIEL GARCÍA MÁRQUEZ**
2. **PENÉLOPE CRUZ**
3. **ANTONIO BANDERAS**
4. **DIEGO ARMANDO MARADONA**
5. **JUAN CARLOS I**

A. Es Rey de España desde 1975.
B. Hace años ganó el premio Nobel.
C. Dejó de jugar al fútbol profesionalmente hace más de diez años.
D. Desde que se casó con Melanie Griffith, vive en Hollywood.
E. Trabaja en el mundo del cine desde 1989.

1 ....   2 ....   3 ....   4 ....   5 ....

b. Piensa en otros cinco personajes famosos y escribe frases sobre ellos como las del ejercicio anterior. Si quieres, puedes llevarlas a clase y jugar con tus compañeros a adivinar de quién se trata.

1. ....
2. ....
3. ....
4. ....
5. ....

8. a. Completa con las perífrasis adecuadas: **acabar de/empezar a** + Infinitivo, **llevar/seguir** + Gerundio

Paolo Albertini:
el turista accidental

"Llegué a España en el 86. Vine solo a pasar unas vacaciones y …..................… ya casi 20 años **viviendo** aquí." En España Paolo ha trabajado de camarero, de profesor de italiano, de editor... Su español es bastante bueno aunque afirma que "no voy a clases de español porque me aburro. Eso sí, …..................… **estudiando** por mi cuenta y leo mucho". Tiene muchos amigos españoles y una vida montada aquí. "En octubre …..................… **trabajar** en un nuevo proyecto editorial y de momento no pienso volver a Italia. Además, …..................… **conocer** a una chica de aquí y...".

b. Escribe un texto similar al anterior con información sobre ti.

9. Imagina que estamos en el año 2050. Escribe qué cosas ya han pasado y qué cosas todavía no han ocurrido.

ya

Ya se ha descubierto una cura para el cáncer.

todavía no

Todavía no se ha resuelto el problema del hambre.

10. ¿Con cuáles de estos verbos puedes asociar los sustantivos de la derecha? En algunos casos deberás poner una preposición.

casarse		el carné de conducir
acabar		alguien
mudarse	con	los estudios
competir	n	la carrera
cambiar	de	casa
divorciarse	ø	piso
conseguir	por	trabajo
terminar	en	un trabajo
llamar		teléfono
sacarse		

11. a. Esta es la biografía de un famoso pintor mallorquín. Completa con las palabras adecuadas para darle sentido.

Miquel Barceló
Pintor de raza

Miquel Barceló es uno de los .... más prestigiosos del panorama internacional. Su aportación a la pintura universal del último tercio del siglo XX es ....

Miquel Barceló nació en Felanitx (Mallorca) en 1957. Desde .... se sintió inclinado hacia la pintura. .... a estudiar pintura en Palma y, a los 16 años, ... en Barcelona, donde sobrevivió vendiendo camisetas serigrafiadas. Empezó estudios de Bellas Artes, pero los .... antes de acabar.

El reconocimiento internacional le llegó tras su .... en la Bienal de São Paulo (Brasil) de 1981 y en la Documenta de Kassel (Alemania) de 1982.

En 1983 .... a París para preparar una exposición individual en la galería Lambert. Tras .... varios años en la capital francesa, en 1986 se trasladó a Nueva York, donde .... por primera vez en la prestigiosa galería Leo Castelli. Viajero incansable, en 1988 se fue a Mali y allí abrió uno de sus talleres. Desde entonces, Barceló ha realizado numerosas .... en los museos más importantes del mundo.

b. Ahora, escribe la biografía de un personaje que, en tu opinión, haya tenido una vida muy especial.

2. PROHIBIDO PROHIBIR

1. ¿En qué lugares se hacen estas cosas? Relaciona las dos columnas.

Se aparcan los coches	en un banco.
Se alquilan películas	en una discoteca.
Se cambia dinero	en una escuela de idiomas.
Se compra pan	en un restaurante.
Se toma el sol	en un videoclub.
Se baila	en un parking.
Se sirven comidas	en una playa.
Se estudia español	en una panadería.

2. Completa las frases con la forma singular o plural de estos verbos.

produce/n   deja/n   estudia/n   usa/n

paga/n   toma/n   habla/n   escribe/n

1. En España se .... cuatro idiomas.
2. En algunas culturas orientales se ....
   de derecha a izquierda.
3. El jerez y el fino son unos vinos que se ....
   en el sur de España.
4. En España, en Nochevieja se .... doce uvas.
5. En los restaurantes normalmente se .... propina.
6. En Argentina no se .... la forma "vosotros".
7. En Estados Unidos se .... español en la escuelas.
8. En la mayoría de los países europeos se ....
   con euros.

3. ¿Qué cosas se pueden hacer en tu clase de español? Responde a estas preguntas.

■■■

	Sí	No
1. ¿Está prohibido usar el móvil?		
2. ¿Se puede comer?		
3. ¿Es obligatorio llevar uniforme?		
4. ¿Está permitido quitarse los zapatos?		
5. ¿Es obligatorio hacer los deberes?		
6. ¿Se puede llegar tarde?		
7. ¿Es obligatorio estar siempre sentado?		
8. ¿Se puede hablar en otro idioma además del español?		
9. ¿Está permitido el uso del diccionario?		

4. Escribe una posible norma para cada uno de estos lugares.

1. Un museo: Está prohibido tocar las obras de arte.
2. Un gimnasio: ....
3. Un supermercado: ....
4. Una escuela: ....
5. Un hospital: ....
6. Un teatro: ....
7. Una piscina: ....
8. Una oficina: ....
9. Una fábrica: ....
10. Un hotel: ....

5. Escribe diez normas que tú crees que son importantes para construir un mundo mejor.

1.
2.
3.
4.
5.
6.
7.
8.
9.
10.

6. Piensa en qué cosas hace la gente en tu país y escribe un pequeño párrafo sobre cada uno de los ámbitos que aparecen más abajo. Intenta utilizar los siguientes cuantificadores.

(casi) todo el mundo

mucha gente

no mucha gente

la mayoría (de...)

(casi) nadie

1. MATRIMONIO
....
....
....
....

2. RELIGIÓN
....
....
....
....

3. VACACIONES
....
....
....
....

4. TRABAJO
....
....
....
....

5. COMIDA
....
....
....
....

6. OCIO
....
....
....
....

7. Completa las siguientes frases con información sobre tu país. Puedes utilizar las expresiones **es normal**, **es (poco) habitual**, etc.

1. Cuando es el cumpleaños de un amigo, ...
....

2. Si te invitan a una fiesta, ...
....

3. Si se casa un familiar, ...
....

4. Si visitas a alguien que está en un hospital, ...
....

5. Si te instalas en una casa nueva, ...
....

6. Si apruebas un examen, ...
....

7. Si se muere un familiar de un amigo, ...
....

8. Si un amigo tiene un hijo, ...
....

9. Si un compañero de trabajo deja la empresa, ...
....

8. Escribe un texto sobre qué es lo que te gusta más y lo que te gusta menos de uno de los siguientes temas.

tu ciudad	tu trabajo
tu país	tu clase de español

9. a. Lee los comentarios de varias personas sobre su infancia y su adolescencia. Reacciona según tu propia experiencia.

1. Cuando tenía 15 años, mis padres no me permitían llegar a casa después de las nueve de la noche.
....
....

2. Mis padres me dejaron ir de vacaciones solo al extranjero por primera vez a los 16 años.
....
....

3. Hasta los 15 años, mis padres no me dejaron dormir en casa de mis amigos.
....
....

4. Hasta que cumplí 12 años, más o menos, no pude escoger qué ropa me ponía.
....
....

5. Cuando iba a la escuela (hasta los 14 años), no podía llevar vaqueros a clase.
....
....

b. ¿Qué otras cosas no te permitían hacer cuando eras niño/a o adolescente?

....
....
....
....
....

10. Armando Bulla y Bonifacio Bueno son dos estudiantes muy diferentes. ¿Cuáles de las siguientes cosas crees que hace cada uno? Escríbelas debajo de la imagen correspondiente conjugando los verbos en Presente.

masticar chicle en clase

ser puntual

faltar a clase

quitarse los zapatos en clase

suspender los exámenes

usar el móvil en clase

tomar apuntes en clase

aprobar todas las asignaturas

copiar en los exámenes

consultar el diccionario

bostezar en clase

participar en clase

llegar tarde a clase

prestar atención en clase

distraerse cuando el profesor está explicando alguna cosa

ARMANDO BULLA

BONIFACIO BUENO

3. MENSAJES

1. Completa estas conversaciones telefónicas con los siguientes elementos.

disculpe	puede dejar un mensaje
¿de parte de quién?	está
¿diga?	está reunida
soy yo	podría ponerme con

1. ● Hola, buenos días. ¿... el señor Gómez, por favor?

   ○ ....

   ● Del señor Castillo, de Farmax.

2. ● ....

   ○ Hola, buenas tardes. ¿Con la señorita García, por favor?

   ● Un momentito.

   (…)

   ○ Lo siento, en este momento ....
   pero si quiere, ...

3. ● Hola, ¿..
   Jaime?

   ○ Sí, ...

   ● Hola, soy Luis, ¿qué tal?

4. ● Hola. Quería hablar con el señor Jiménez, por favor.

   ○ Lo siento pero se equivoca. Aquí no vive ningún señor Jiménez.

   ● ....

2. ¿Qué verbo resume el contenido de cada frase?

recomendar   despedirse   dar las gracias

felicitar   proponer   pedir   protestar

invitar   saludar   recordar

1. Me han dicho que has tenido un hijo. ¡Enhorabuena!

   ....

2. ¿Quieres venir al cine mañana? ....

3. Hola, ¿cómo estás? ....

4. Adiós. ¡Hasta mañana! ....

5. Tenéis que ir a ver esta película ....

6. Disculpe, pero es que tiene la música muy alta. ....

7. ¿Vamos a Córdoba en lugar de ir a Sevilla?...................

8. Muchas gracias por el regalo. ....

9. ¿Me das una hoja de papel? ....

10. Y ya sabéis: mañana tenemos examen. ....

3. Completa con preposiciones, si son necesarias.

1. ● Te marchas esta tarde, ¿no? ¿Ya te has despedido .... los abuelos?
   ○ Sí. Los he llamado hace un rato.

2. Esta mañana el profesor ha felicitado .... Jutta .... sus notas.

3. Luis siempre les pide .... dinero .... sus amigos.

4. Mucha gente salió a la calle .... protestar .... la guerra.

5. Esta mañana me he encontrado a Carlos y me ha preguntado .... ti.

6. ¿Ya le has dado las gracias .... tu hermano .... el regalo?

7. ● ¿Sabes que Luis y Cruz no han invitado .... Julián .... su boda?
   ○ ¿En serio? ¡Pero si son superamigos!

8. ● Le recomendé *El código Da Vinci* .... mi novio, pero no le gustó nada.
   ○ Ah, pues a mí me gustó mucho.

9. Ayer comenté .... un amigo los resultados de los análisis.

10. ● ¿Qué me recomienda?
    ○ Le sugiero .... nuestra especialidad: pescado al horno.

4. ¿Qué han dicho? Escríbelo. Hay varias opciones.

1. Un policía me ha pedido el pasaporte.
   El policía:..

2. Antonio me ha invitado a ir con él de vacaciones a Murcia.
   Antonio:...

3. Miguel me ha llamado para felicitarme por mi cumpleaños.
   Miguel:..

4. Juan me ha dicho que esta vez quiere aprobar el examen, que va a estudiar mucho.
   Juan:...

5. Mis padres me han preguntado si voy a ir a verlos en Navidad.
   Mis padres: ....

6. Otto ha pasado por casa para despedirse. Se va mañana.
   Otto:..

7. Alicia me ha contado que de pequeña vivió unos años en la India.
   Alicia:..

8. Mi cuñado me ha llamado para preguntarme cuándo me caso.
   Mi cuñado: ....

5. Laura ha recibido un correo electrónico de Alberto y se lo cuenta a Beatriz, su compañera de trabajo. Lee la conversación e intenta escribir el correo electrónico de Alberto.

● Hoy he recibido un e-mail de Alberto.
○ ¿Ah sí? ¿Y qué dice?
● Que está muy contento con su nuevo trabajo. Ah, y que le gusta mucho Londres. Me ha propuesto ir a pasar este fin de semana con él.
○ ¡Qué bien!, ¿no? ¿Y qué más te cuenta?
● Bueno, pues nada, cosas personales…
○ ¿Cómo qué?
● Pues me pregunta si le quiero, si pienso mucho en él…
○ ¿Y qué más?
● Pues que está muy enamorado de mí y que me quiere mucho.

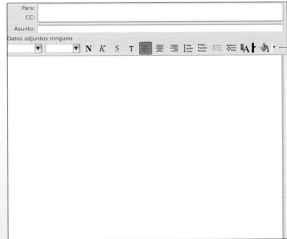

6. Imagina que te han dicho estas cosas hace pocas horas y que ahora se las cuentas a otra persona. ¿Cómo lo dices? Escríbelo.

1. Carlos: "Tienes que visitar el Museo de Arqueología, es muy interesante."

....

....

2. Juan: "¿Me dejas el coche para el fin de semana?"

....

....

3. Elisa: "¿Quieres venir a cenar con Andy y conmigo mañana por la noche?"

....

....

4. Un vecino: "¿Por qué no hacemos una fiesta algún día?"

....

....

5. El kioskero de la esquina: "¿Eres de aquí?"

....

....

6. Lucía: "He conocido a un chico simpatiquísimo."

....

....

7. Graciela: "Gracias por acompañarme hasta el hotel."

....

....

8. La recepcionista de la escuela: "¿Has visto a Christian?

....

....

9. Tu profesor de español: "Enhorabuena. Tu redacción está muy bien escrita."

....

....

10. Carmen: " Es muy fácil: vas en metro hasta la Gran Vía, sales y te metes por la primera calle a la derecha. Caminas unos cien metros y te encuentras el museo."

....

....

7. a. ¿Sabes a qué palabras corresponden las siguientes definiciones del diccionario de la Real Academia de la Lengua Española? Escríbelas. Puedes utilizar tu diccionario.

.... : Prenda de punto, seda, nailon, etc., que cubre el pie y la pierna hasta la rodilla o más arriba.

.... : Utensilio de hierro en forma de rejilla para poner al fuego lo que se ha de asar o tostar.

.... : Asiento sin brazos ni respaldo, para una persona.

.... : Cubierta, por lo común de papel, en que se incluye la carta, comunicación, tarjeta, etc.

.... : Instrumento de mesa en forma de horca, con dos o más púas y que sirve para comer alimentos sólidos.

.... : Onda de gran amplitud que se forma en la superficie de las aguas.

.... : Agua convertida en cuerpo sólido y cristalino por un descenso suficiente de temperatura.

b. Ahora, escribe tú una definición para las siguientes palabras.

| Teléfono | Cuchara | Lápiz |
| Sofá | Vaso |

8. Imagina que estás estudiando español en una escuela en España. Esta mañana has hablado con diferentes personas de la escuela y te han dicho estas cosas. Escribe lo que te han dicho como si se lo contaras a otra persona.

1. El señor Andrada (el director de la escuela)

"HOLA. BUENOS DÍAS. ¿QUÉ TAL?"

2. Julie (una compañera de clase)

"YA SABES QUE MAÑANA TENEMOS EXAMEN, ¿NO?"

3. Manuela (la responsable de las actividades culturales)

"EL VIERNES VAMOS A VISITAR UN PUEBLECITO MUY BONITO Y LUEGO NOS QUEDAMOS A COMER EN UN RESTAURANTE MUY BUENO. ¿QUIERES VENIR? SOLO CUESTA 30 EUROS, CON LA COMIDA INCLUIDA."

5. Manfred (un compañero de clase)

"TIENES QUE COMPRARTE EL ÚLTIMO DISCO DE ALEJANDRO SANZ. ES MUY BUENO."

4. Rosa (la recepcionista)

"NECESITO TU NÚMERO DE PASAPORTE."

9. Describe las siguientes cosas sin mencionar su nombre. Puedes hablar de su color, forma, decir para qué sirven, traducirlas, poner un ejemplo, etc.

carta:

armario:

nadar:

ordenador:

alto:

10. Completa la información que se pide para cada una de las siguientes palabras.

■■■	¿Con qué lugar la asocias?	¿De qué material está hecho/a?	¿Para qué sirve?
Calcetín	Con el armario de mi cuarto	De algodón, de lana...	Para calentar los pies
Tijeras			
Destornillador			
Manguera			
Espejo			
Termómetro			
Semáforo			

4. VA Y LE DICE...

1. ¿Con qué palabras asocias estos tipos de películas?

De ciencia ficción: *naves espaciales, futuro...*

De amor: ....
....

De misterio: ....
....

De aventuras: ....
....

De guerra: ....
....

De terror: ....
....

Del oeste: ....
....

Histórica: ....
....

2. ¿Cuál es tu programa de televisión favorito? ¿Cómo se llama? ¿De qué va? ¿Por qué te gusta? Escríbelo.

3. Relaciona las preguntas con las respuestas.

1. ¿Has visto la última película de Garci?
2. ¿Has visto el nuevo hotel de la calle Trafalgar?
3. ¿Has visto los pantalones que lleva Katia?
4. ¿Le has dicho a Pedro que no vas a ir a la fiesta?
5. ¿Les has dicho a tus padres que has suspendido?
6. ¿Le has contado a Julia todos nuestros secretos?

a. No, todavía no se lo he comentado.
b. No, no les he dicho nada.
c. No, no se los he contado a nadie.
d. Sí, la vi la semana pasada.
e. No, no los he visto. ¿Cómo son?
f. No, no lo he visto. ¿Es bonito?

1 ..... 2 ..... 3 ..... 4 ..... 5 ..... 6 .....

4. En tu vida diaria, ¿qué sueles...

1. recomendar? ....
....

2. devolver? ....
....

3. contar? ....
....

4. dejar? ....
....

5. pedir prestado? ....
....

6. enviar? ....
....

5. Escribe cuáles de las cosas del ejercicio anterior has hecho últimamente.

La semana pasada le recomendé "Taxi driver" a un compañero de clase. Es mi película favorita.

....
....
....
....
....
....
....
....

6. Imagina que una tía lejana te ha dejado como herencia todas estas cosas. ¿Qué vas a hacer con ellas? ¿Qué cosas te vas a quedar? ¿Qué cosas vas a vender o regalar? ¿A quién? ¿Por qué? Escríbelo.

un televisor panorámico

una casa en la playa

un cuadro de Picasso

una cama con dosel

un reloj de oro

un loro

una máquina de escribir

un Mercedes

un vestido de novia

una guitarra española

una colección de discos de jazz

una peluca

un gato

El loro *me lo voy a quedar. Me encantan los animales.*

El gato ....

La televisión ....

El vestido de novia ....

La cama ....

El cuadro ....

El coche ....

Los discos ....

El reloj de oro ....

La peluca ....

La guitarra ....

La máquina de escribir ....

La casa ....

7. Completa los siguientes diálogos con los pronombres necesarios.

1. ● ¿Al final ayer fuiste a comprar....... el regalo a Marta?
   ○ No, al final no tuve tiempo. .... he comprado esta mañana antes de ir al trabajo.

2. ● Es increíble. A Miguel .... van a ascender.
   ○ ¿En serio? ¡Pero si solo lleva dos meses trabajando aquí!

3. ● Me acabo de enterar de que este año hay elecciones.
   ○ ¿Ah, sí? Pues me parece que eras el único que no .... sabía. .... dicen cada día en las noticias.

4. ● ¿Sabes qué .... pasa a Juan Carlos? Está un poco raro hoy, ¿no?
   ○ Es que a su mujer .... tienen que operar. .... dijeron ayer por la tarde y, claro, está un poco preocupado.

5. ● ¿Hay algún videoclub por aquí cerca?
   ○ Sí, hay uno muy cerca y está muy bien. Las películas de estreno .... tienes que devolver al día siguiente, pero las demás .... puedes tener hasta tres días.

6. ● No he pegado ojo en toda la noche. Estoy hecho polvo.
   ○ Pues no .... parece. Tienes muy buena cara.

7. ● ¿Tú sabes por qué han discutido Sara y Eva esta mañana?
   ○ Es que por lo visto Sara .... prestó unas películas hace tiempo y Eva todavía no .... ha devuelto. Y ya es la tercera vez que .... pide.

8. ● No recuerdo exactamente cómo tengo que ordenar estos libros.
   ○ Tranquilo, es muy fácil. Los de poesía .... pones en el estante de la izquierda, las novelas .... dejas aquí mismo y los de teatro .... subes al piso de arriba.

9. ● Estoy pensando en empezar a hacer algo por las tardes. No sé, yoga, taichi...
   ○ Hombre, qué casualidad. Un amigo mío empezó a hacer taichi hace un par de semanas. Está muy contento y .... recomienda a todo el mundo.

8. a. Aquí tienes las sinopsis de cuatro películas. Relaciona cada una de ellas con el título correspondiente.

El padrino   Titanic   Terminator

Shrek   Los otros

A comienzos del siglo XX, las vidas de Jack y Rose se cruzan a bordo del mayor trasatlántico construido hasta el momento, que realiza su viaje inaugural. Su amor prohibido crece durante la travesía, que se ve interrumpida cuando la nave choca contra un iceberg.

Grace vive con sus dos hijos enfermos en una isla solitaria esperando el regreso de su marido, que se marchó a luchar en la II Guerra Mundial. Los niños están obligados a vivir en la oscuridad ya que, debido a su extraña enfermedad, la luz del sol podría resultarles mortal. Acompañados únicamente por tres sirvientes, se darán cuenta de que hay una presencia sobrenatural en la casa.

En los años 40, Vito Corleone es el jefe de una de las familias que ejercen el mando en la Cosa Nostra en Nueva York. Cuando otro capo intenta asesinarlo, da comienzo una sangrienta lucha entre los distintos grupos mafiosos..

En un futuro no muy lejano, los humanos luchan contra las máquinas por el control del planeta. Las máquinas han creado un cyborg con apariencia humana y logran enviarlo al pasado para matar a la madre del líder de la resistencia y así impedir que nazca. Pero los humanos también consiguen enviar a uno de sus soldados a través del tiempo con la misión de proteger a la madre de su líder.

La tranquila vida de un ogro en su pantano se ve interrumpida cuando un noble decide desterrar de sus tierras a todos los personajes de cuento. Con el fin de recuperar su vida, el ogro sale al encuentro de lord Farquuad, que promete devolverle su tierra si este rescata a una princesa con la que el noble pretende contraer matrimonio. Las aventuras del ogro, del burro que lo acompaña y de la princesa los llevarán hacia el descubrimiento del amor verdadero.

b. Ahora, escribe el título y la sinopsis de dos películas que te hayan gustado mucho.

Título _____

Sinopsis _____

_____

_____

_____

_____

Título _____

Sinopsis _____

_____

_____

_____

_____

9. a. Seguro que has oído hablar de la risoterapia. Lee las siguientes afirmaciones y marca en el cuadro de abajo las que te parecen verdaderas.

a. Hace miles de años, en China y en la India existían templos donde se practicaba la risoterapia.

b. Se puede vencer cualquier enfermedad con la risa.

c. La risoterapia es recomendable para curar la depresión.

d. La risa reduce el estrés.

e. Actualmente, la risoterapia es aplicada en muchos centros médicos con enfermos terminales.

A. ☐ B. ☐ C. ☐ D. ☐ E. ☐

b. Ahora, lee el siguiente texto y comprueba tus respuestas.

COSA DE RISA

La risoterapia es, como su nombre indica, una terapia que emplea la risa para producir efectos beneficiosos en las personas. A través de diferentes técnicas, se intenta hacer reír de una manera natural y sincera, tal como lo haría un niño.

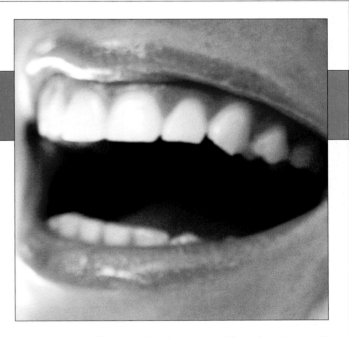

La risa como fuente de bienestar no es algo nuevo. De hecho, la existencia de antiguos templos en China y en la India a los que las personas acudían a practicar la risa revela su importancia desde hace miles de años. Sigmund Freud habló de cómo la risa podía liberar la energía negativa de nuestro organismo (hecho que con el tiempo se ha podido demostrar científicamente). Sin embargo, fue en el último cuarto del siglo XX cuando se despertó un gran interés por los efectos terapéuticos de la risa gracias al caso de Norman Cousins, un conocido crítico de una publicación norteamericana.

Cousins padecía un tipo de artritis muy dolorosa para el que no existía cura y que además le provocó una profunda depresión. Ante una situación tan dramática, los médicos le aconsejaron reírse un poco. Cousins siguió el consejo y descubrió que si se "partía" de risa durante diez minutos, conseguía aliviar el dolor durante dos horas. El final de esta historia es que, tras combinar las terapias de risa con las indicaciones de sus médicos, Cousins venció la enfermedad.

Además de este efecto analgésico, la risa posee otros muchos beneficios: ayuda a eliminar el estrés y los estados depresivos o de ansiedad, a reducir el colesterol, a combatir el insomnio y a mejorar problemas cardiovasculares, respiratorios o de cualquier tipo. ¿Por qué es tan saludable reírse? Estudios sobre este tema demuestran que la risa estimula el sistema inmunitario, reduce los niveles de una hormona relacionada con el estrés, pone en funcionamiento casi 400 músculos, estira zonas de la columna y de las cervicales, aumenta la frecuencia cardíaca, mejora la respiración y la oxigenación, provoca vibraciones que relajan el organismo y favorece la producción de sustancias que disminuyen la sensación de dolor.

Son muchos ya los centros y organizaciones médicas que, de una manera u otra, han incorporado la risa a su sistema de trabajo. Quizás el ejemplo más conocido es el de los payasos de hospital o "doctores sonrisa", que intentan provocar la risa de niños que, en muchas ocasiones, se enfrentan a enfermedades terminales.

Aunque se conocen cada vez mejor los beneficios de la risa, su origen continúa siendo un misterio para los investigadores. Uno de los pocos datos que se tienen es que posee un espacio propio en el cerebro, en la zona donde también residen la creatividad, la capacidad para pensar en el futuro y la moral.

5. ¡BASTA YA!

1. Clasifica en regulares e irregulares estas formas verbales conjugadas en Presente de Subjuntivo. Piensa primero en su Infinitivo correspondiente.

viva	salgamos	habléis	empiecen
digan	sepan	oigas	bebáis	vayan
veamos	traduzcas	escriban	duermas

regulares	**irregulares**

2. Completa estas frases con una reivindicación. Recuerda que puedes usar un sustantivo, un Infinitivo o una frase con **que** + Presente de Subjuntivo.

1. Los ecologistas quieren (que) ....
....

2. Las feministas exigen (que) ....
....

3. Los estudiantes reclaman (que) ....
....

4. Los jubilados necesitan (que) ....
....

5. Los pacificistas piden (que) ....
....

6. Los parados quieren (que) ....
....

3. Piensa en tu ciudad o en tu país y completa estas frases.

1. Me parece horrible que ....

2. Es injusto que ....

3. No es lógico que ....

4. Es fantástico que ....

5. Me parece bien que ....

6. Me parece injusto que ....

4. Conjuga los siguientes verbos en Presente de Subjuntivo.

	(yo)	(tú)	(él/ella/usted)	(nosotros/as)	(vosotros/as)	(ellos/as, ustedes)
hacer	haga	....	haga	....	hagáis	....
ser	sea	seas	....	seamos	....	sean
querer	quiera	....	....	....	queráis	....
jugar	juegue	juegues	....	juguemos	....	....
poder	pueda	....	....	....	....	....
estar	esté	....	....	....	estéis	....
pedir	pida	....	pida	....	....	....
saber	sepa	....	....	....	....	sepan
ir	vaya	vayas	....	....	....	....
conocer	conozca	....	....	conozcamos	....	....
tener	tenga	....	....	....	....	tengan
poner	ponga	....	....	....	....	....

5. ¿Cómo crees que se podrían solucionar los siguientes problemas? Escribe tus propuestas. Puedes usar las estructuras: **debería/n**, **se debería/n**, **deberíamos**, **habría que** u otras.

1 El desempleo

2 La contaminación

3 Las guerras

4 El hambre

5 El terrorismo

6 La inseguridad ciudadana

7 Las drogas

6. Escribe los sustantivos correspondientes a cada uno de estos adjetivos.

adjetivo: **injusto/a**
sustantivo: ➡ la injusticia

adjetivo: **sorprendente**
sustantivo: ➡ ....

adjetivo: **normal**
sustantivo: ➡ ....

adjetivo: **importante**
sustantivo: ➡ ....

adjetivo: **vergonzoso/a**
sustantivo: ➡ ....

adjetivo: **peligroso/a**
sustantivo: ➡ ....

adjetivo: **exigente**
sustantivo: ➡ ....

adjetivo: **inseguro/a**
sustantivo: ➡ ....

adjetivo: **difícil**
sustantivo: ➡ ....

adjetivo: **corrupto/a**
sustantivo: ➡ ....

adjetivo: **lógico/a**
sustantivo: ➡ ....

adjetivo: **tonto/a**
sustantivo: ➡ ....

adjetivo: **fácil**
sustantivo: ➡ ....

7. a. Lee el siguiente texto y di cuáles son los temas que mas preocupan a Raúl.

Raúl Oliva Pozo. 23 años. Estudiante de Psicología

"Yo termino la carrera este año y no sé qué voy a hacer después. Vivo con mis padres, aunque me gustaría vivir solo. Pero es que encontrar trabajo es cada vez más difícil, especialmente si no tienes experiencia. Comprar un piso es imposible y los pocos pisos de alquiler que hay son carísimos. El gobierno debería construir más viviendas para jóvenes."

b. ¿Y a ti? Escribe un texto similar sobre un tema que te preocupe. También puedes tomar como modelos los textos de la página 43.

8. Aquí tienes la transcripción del programa de radio de la actividad 2. Como verás, faltan algunas palabras. Complétala dándole sentido. Luego, escucha la audición para comprobar si has coincidido con el original.

1.

● Hoy ha sido un día especialmente movido en nuestra ciudad. Se han producido tres manifestaciones, convocadas por tres (1)......... .... diferentes. Nuestro reportero Víctor Santos ha ido a las tres para conocer de cerca las (2)..........................., los porqués de estas tres manifestaciones.

○ Efectivamente. La primera manifestación la (3)........................... el Colectivo de Okupas de la ciudad. Hemos preguntado a algunas personas que estaban allí cuál era el motivo de su (4)..............................

■ ¡Solo queremos tener un lugar para vivir! La ciudad esta llena de casas deshabitadas. La gente las compra para especular y (5)......................... los precios. ¿Por qué tenemos que vivir en la calle si hay casas que no usa nadie?

❑ No somos (6)...........................; no hacemos ningún daño a nadie. Además, cuando ocupamos una casa normalmente la cuidamos y muchas veces la convertimos en un centro social, cultural... ¡La gente tiene que (7)........................... eso!

2.

● La segunda manifestación que ha recorrido las calles de nuestra ciudad estaba convocada por la (1)........................... de inmigrantes Acogida. Estas son algunas de las opiniones de los manifestantes.

○ Estamos aquí para (2)........................... la legalización de los inmigrantes sin papeles. Pedimos al Gobierno que (3)........................... a todos los que tengan una oferta de trabajo. ¡Pensamos que todos tenemos derecho a una vida mejor, a un trabajo digno y a una vivienda digna!

■ En España mucha gente se ha olvidado de que, no hace mucho, los españoles también (4)........................... para buscar trabajo y tener una vida mejor. Ahora, España no puede cerrarle las puertas a toda esta gente.

3.

● El grupo ecologista Vida Verde ha convocado hoy también una (1)....................... en el centro de la ciudad. Oigamos por qué se manifestaba este grupo y cuáles eran sus reivindicaciones.

○ Lo que quiere nuestro grupo es concienciar a la (2)..................... sobre el problema de la desertización del suelo. Exigimos al Gobierno que limite las talas de árboles y que controle las malas prácticas agrícolas. ¡Entre todos tenemos que (3)..................... la desertización!

■ Es increíble que cada vez haya menos tierra fértil. La desertización amenaza a 850 millones de personas. Dentro de poco será muy difícil alimentarnos. Ahora es el momento de (4).......................

9. a. ¿Puedes responder a las siguientes preguntas? Si no sabes algunas de las respuestas, puedes buscarlas, por ejemplo, en Internet.

1. ¿Quién era Francisco Franco?

2. ¿Cómo se llama el rey de España? ¿Cuándo fueron las primeras elecciones tras la dictadura?

3. ¿Cuándo se aprobó la actual Constitución Española?

4. ¿Qué político ha ocupado durante más años la presidencia del gobierno tras la muerte de Franco?

5. ¿Qué significa PP?

6. ¿Que dos grandes acontecimientos marcaron el año 1992 en España?

7. ¿Que ocurrió el 11 de marzo de 2004?

8. ¿Cómo se llama el actual presidente del gobierno?

b. ¿Sabes cuáles son los últimos acontecimientos importantes que se han producido en España o en algún país de América Latina que te interese?

c. ¿Puedes resumir los acontecimientos políticos más importantes de tu país en los últimos años?

10. ¿Hay algo de lo que te quieras quejar o algo que quieras reivindicar? Ahora tienes la oportunidad de hacerlo. Escribe una carta al periódico con una reclamación o con una reivindicación.

11. ¿Cuándo crees que ocurrirán estas cosas? Escríbelo.

1. Habrá paz en el mundo cuando ....

....

2. Se acabará el hambre en el mundo cuando ....

....

3. Habrá más trabajo cuando ....

....

4. Las grandes ciudades serán más seguras cuando ....

....

5. Los hombres y las mujeres tendrán los mismos

derechos cuando ....

....

6. EL TURISTA ACCIDENTAL

1. Escribe qué cosas se pueden...

1. organizar	2. recorrer	3. perder	4. facturar	5. cancelar	6. alojarse en	7. reservar	8. descubrir

2. Lee estas frases y marca, en cada caso, si quien las dice está empezando a contar una anécdota (E), la está terminando (T) o está reaccionando (R).

☐ 1. A mí, una vez, me pasó una cosa muy curiosa.

☐ 2. Total, que nos llevó a un cajero, sacamos dinero y...

☐ 3. ¡No me digas!

☐ 4. Yo, una vez, estaba en Londres y...

☐ 5. Por eso, a partir de ahora, voy a viajar solo.

☐ 6. ¿Sabes qué me pasó el otro día?

☐ 7. ¡Me parece increíble!

☐ 8. No te lo vas a creer, pero... ¿sabes qué les pasó a Pedro y a María?

☐ 9. ¡Qué me dices!

☐ 10. ¿En serio?

☐ 11. ¡Qué horror!

3. Aquí tienes una anécdota desordenada. Ordénala según este esquema.

☐ Empieza a contar la anécdota.

☐ Cuenta más detalles de la anécdota.

☐ Cuenta el final.

☐ Valoran la anécdota.

1
○ ... acabaste comprándole el libro, ¿no?
● Pues sí.
○ ¿Y cuánto te costó?
● Bueno, pues, en total, me cobró doce euros del libro y cinco del taxi...

2
○ ¿Doce euros? ¡Qué caro!, ¿no?
● Sí, pero por lo menos fue una experiencia curiosa, ¿no?
○ Pues sí, bastante surrealista lo del taxista poeta...

3
● ¿Sabes lo que me pasó ayer en un taxi?
○ No. ¿Qué?
● ¡Que acabé comprando un libro de poesía!
○ ¿Al taxista? ¿Por qué?

4
● Nada, que cuando me estaba bajando del taxi, me preguntó: ¿Te gusta la poesía? Y me enseñó un libro que había escrito él, del que estaba superorgulloso.
○ ¡Ostras! ¡Un taxista poeta!
● Sí, sí. Bueno, le eché un vistazo rápido para no ofenderle y... La verdad es que eran bastante malos los poemas, pero me dio un poco de pena y...

4. a. Lee estas frases y marca si la acción expresada por los verbos que están en negrita es anterior o posterior a la acción expresada por el otro verbo.

	ANTES	DESPUÉS
1. Cuando llegamos a la estación, el tren ya **había salido**.	X	
2. Cuando llegó Pedro, **empezamos** a cenar.		
3. No los encontré en casa porque se **habían ido** de vacaciones.		
4. Estudió mucho y, por eso, **aprobó** el examen.		
5. Reclamé a la agencia, pero no **aceptaron** ninguna responsabilidad.		
6. La guía que nos acompañó no **había estado** nunca en Madrid.		
7. Nos llevaron a un hotel muy malo, pero **habíamos reservado** uno de tres estrellas.		
8. Cuando llegamos al aeropuerto, ya **habían empezado** a embarcar.		

b. Ahora, piensa en cosas que ya habías hecho en tu vida en cada uno de los siguientes momentos y continúa las frases siguientes.

1. A los 15 años ya ....

....

2. Antes de estudiar español ....

....

3. Antes de empezar este curso ....

....

4. Cuando conocí a mi mejor amigo/a ....

....

5. Completa estas breves conversaciones o frases con una de las dos formas verbales.

1. ● ¿Has visto a Carla últimamente?
   ○ Sí, la .... ayer.

   veía / vi

2. Ayer fuimos al cine; .... una peli malísima.

   vimos / veíamos

3. ● Hablas muy bien alemán.
   ○ Bueno, es que de joven .... dos años en Berlín.

   pasé / pasaba

4. ● Llegas tardísimo, Marta.
   ○ Es que .... el bus.

   he perdido / perdía

5. El jueves pasado no .... a clase. Tuve que quedarme en casa.

   iba / fui

6. Antes no .... el pescado. Ahora me encanta.

   me gustaba / me gustó

7. Leí ese libro hace tres años y ....

   me encantaba / me encantó

8. Pasé tres meses en Suecia, pero no .... casi nada de sueco.

   aprendí / aprendía

9. Mi hermano nunca .... en Italia, pero habla muy bien italiano.

   ha estado / estaba

10. Se tomó una aspirina porque .... la cabeza.

    le dolía / le dolió

11. Me encontré con Pancracio y no lo reconocí: .... muy cambiado.

    estuvo / estaba

6. Completa este texto con los verbos que faltan conjugados en Imperfecto, en Indefinido o en Pluscuamperfecto. Fíjate en que la persona que narra la anécdota utiliza la primera persona del plural (nosotros).

asumir   haber   llegar

salir   querer   perder (2)

tener   conseguir

"Hace unos meses *contratamos* unas vacaciones a Orlando con la compañía "Viajes Cuervo". Cuando llegamos a Amsterdam, nuestra primera escala, nos dijeron que .... *overbooking.* .... que esperar más de dos horas, pero, al final, ... embarcar. Cuando .... a Detroit, la segunda escala, ... nuestra conexión porque el vuelo a Orlando ya .... Por culpa de estos incidentes, ... un día de estancia en Orlando y una noche de hotel. La agencia no .... hacerse responsable de nada y la compañía aérea no .... ninguna responsabilidad. ¿Dónde están los derechos de los pasajeros?"

7. Completa esta conversación con las siguientes frases y expresiones.

> Pues sí que era fácil, sí.   ¡No, no, qué va!
>
> No, ¿qué?   ¿En serio? ¿Y cómo?
>
> ¿Sí? ¿Y qué te han preguntado?

● ¿Sabes qué me ha pasado hoy?

○ ....

● No te lo vas a creer. ¡He ganado 3000 euros!

○ ....

● Pues, resulta que iba por la calle y, de repente, me para un reportero de un programa de la tele.

○ ¿De la tele? ¿Seguro que no era una broma?

● .... Justo después, me ha llamado un compañero de trabajo que me ha visto…

○ ¿Ah, sí? ¿Y cómo has conseguido el dinero?

● ¡Superfácil! El reportero me para y me explica que es un concurso y que, si acierto la respuesta a una pregunta, me llevo 3000 euros.

○ ....

● Nada, una tontería: la capital de Perú.

○ ¿De Perú? ....

● Sí, sí, facilísimo.

○ Hay que ver la suerte que tienes...

8. Imagina que acabas de volver de vacaciones. Escribe un breve correo electrónico a uno de tus compañeros de clase contándole algún incidente o algún problema que hayas tenido durante el viaje.

Para:	
CC:	
Asunto:	

9. Completa las frases con el conector que te parezca más adecuado.

como   **porque**   **total que**   **resulta que**

1. No te llamé .... me quedé sin batería en el móvil.

2. .... no tenía dinero, no pude invitarlos a tomar nada.

3. Salimos tardísimo y nos encontramos con un atasco horroroso, y encima tuvimos un pinchazo. .... llegamos a Córdoba a las cuatro de la madrugada.

4. ● ¿Y cómo lo conociste?

   ○ ¡No te lo vas a creer! .... llevábamos trabajando en la misma empresa un montón de años, pero nadie nos había presentado. Y entonces, un día...

5. .... sabía que le gustaba García Márquez, le regalé su último libro.

6. Me dieron una indemnización de 200 € .... me habían perdido la maleta.

7. ● ¿Qué tal Carlos y Azucena?

   ○ Pues .... al final no se han casado.

8. Yo quería ir a Nueva York y ella, a Cartagena de Indias. Estuvimos discutiendo días y días, ... nos quedamos en casa y no fuimos a ningún lado.

10. Continúa estas frases de una manera lógica.

1. No aprobé el examen porque...

2. Como me quedé solo en casa aquel verano...

3. Perdimos el tren de las 23:00 h, así que...

4. No llegamos a un acuerdo sobre el precio, de modo que...

5. Al final nos cambiaron de hotel porque...

6. Como me levanté muy tarde...

7. Cancelaron la excursión al lago, así que...

8. No me encontraba muy bien, de modo que...

7. TENEMOS QUE HABLAR

1. a. Marca en cada caso si los siguientes verbos expresan un sentimiento positivo o negativo.

	+	-
1. horrorizar	☐	☐
2. fascinar	☐	☐
3. apasionar	☐	☐
4. irritar	☐	☐
5. sentar mal	☐	☐
6. molestar	☐	☐
7. dar vergüenza	☐	☐
8. poner nervioso/a	☐	☐
9. poner de mal humor	☐	☐
10. hacer ilusión	☐	☐
11. dar rabia	☐	☐
12. dar miedo	☐	☐

b. ¿Qué sentimientos te provocan las siguientes cosas o situaciones? Escríbelo en tu cuaderno.

· LOS ATASCOS · LA GENTE MENTIROSA ·
· TENER DEMASIADO TRABAJO · QUE TE REGALEN ALGO ·
· QUE TE LLAMEN POR TU CUMPLEAÑOS ·
· HABLAR EN PÚBLICO · QUE TE ENGAÑEN ·
· QUE CRITIQUEN A UN AMIGO · ENVEJECER ·

2. a. ¿A qué personas corresponden estas series de verbos? Escríbelo. En cada serie hay una forma que no pertenece al Presente de Subjuntivo. Márcala.

1.	vayamos	estemos	comamos	tenemos
2.	tenga	compre	está	vuelva
3.	lleváis	perdáis	estéis	volváis
4.	escribas	hagas	pierdes	tengas
5.	vendan	compran	sientan	estén
6.	duerma	pierde	cierre	venga

b. ¿Cuál de estas formas verbales no es de la misma persona que las demás? Márcala.

estéis　　**paséis**　　**vayáis**
escribáis　　**pongáis**　　**uséis**
lleves　　**durmáis**

3. Completa con los verbos adecuados este fragmento del diario de un joven.

Mis padres son unos pesados. Estoy harto de que siempre (ellos) me .... todo lo que tengo que hacer. ¡Nada de lo que hago les parece bien! Por ejemplo, a mi padre no le gusta que (yo) .... el pelo largo, ni que (yo)........................ gorra dentro de casa. Y a mi madre le da miedo que (yo) .... al colegio en el skate. Prefiere que (yo) .... en autobús, claro.

Esta tarde he estado estudiando en casa de Vanesa. Vanesa es genial, me encanta ir a su casa porque allí podemos pasar la tarde oyendo música tranquilamente, estudiando un poco (un poooooco) o charlando. A su padres no les molesta que (yo) .... la tarde en su casa, y creo que les gusta que Vanesa y yo .... amigos. ¡Son mucho más modernos que mis padres! Además, son muy interesantes. El padre de Vanesa trabaja en la tele; me encanta hablar con él, porque siempre me cuenta cotilleos de personas famosas que conoce. Su madre es fotógrafa y, de vez en cuando, nos hace fotos a Vanesa y a mí. A mí me da un poco de vergüenza que nos .... fotos, pero, por otro lado, está muy bien, porque las fotos que hace son superguays...

4. Relaciona cada principio de frase con su correspondiente final.

1. [ ]
2. [ ]
3. [ ]

1. A mi prima Marta
2. La gente hipócrita
3. A los padres de mi novio

A. no los soporto.
B. no me gusta.
C. no la aguanto.

1. [ ]
2. [ ]
3. [ ]

1. A las dos nos fascinan
2. A las dos nos encanta
3. Las dos estamos hartas

A. los mismos grupos de música.
B. de tener que llegar a casa a las 10.
C. comprar ropa.

1. [ ]
2. [ ]
3. [ ]

1. A Pati le da rabia que
2. A Pati le gustan
3. Pati no aguanta

A. los chicos altos y fuertes.
B. su novio sea amigo de su ex novia.
C. a la ex novia de su novio.

5. a. Samuel y Zara están casados. Estos son algunos de los problemas que tienen. Completa las frases de manera lógica.

1. Zara trabaja más de diez horas al día y llega a casa muy cansada; por eso ....

2. La madre de Samuel aparece muchas veces en su casa sin avisar aunque ....

3. Zara odia hacer la cama pero ....

4. Como a Samuel le da miedo viajar en avión, nunca hacen grandes viajes; por eso ....

5. Los padres de Zara quieren comer con ellos todos los domingos aunque ....

6. Samuel está en el paro desde hace ocho meses; por eso ....

7. Samuel no sabe cocinar y no le hace nunca la cena a Zara pero ....

8. Zara solo tiene dos semanas de vacaciones al año, así que ....

b. ¿A cuál de los siguientes ámbitos pertenece cada uno de los problemas anteriores?

a. el trabajo
b. las tareas de casa
c. la familia
d. el tiempo libre

6. Pili, Mili y Loli son trillizas pero, en lo que se refiere a las relaciones con sus novios, son muy diferentes. Completa las frases e intenta formular dos más para cada una.

Pili es tradicional y muy romántica.

Mili es muy abierta y moderna.

Loli es intolerante y egoísta.

- Le gusta que su novio ....
....
- Le encantan ....
....
- Le hace mucha ilusión ....
....
- ....
....

- No le importa que su novio ....
....
- No le gustan demasiado ....
....
- Le hace gracia ....
....
- ....
....

- No soporta que su novio ....
....
- Le horroriza ....
....
- No le hace ninguna gracia ....
....
- ....
....

7. Completa estas frases desde tu punto de vista.

1 En el trabajo o en la escuela, me pone nervioso que...

. . . .

. . . .

2 En el cine, no soporto que...

. . . .

. . . .

3 Cuando estoy durmiendo, me molesta que...

. . . .

. . . .

4 Cuando estoy viendo la tele, no me gusta que...

. . . .

. . . .

5 En el metro o en el bus, me da rabia que...

. . . .

. . . .

6 Delante de desconocidos, me da vergüenza que...

. . . .

. . . .

8. a. Las relaciones de pareja han cambiado mucho desde el tiempo de nuestros abuelos. De las cosas de esta lista, marca las que crees que se hacían en esa época. Luego, piensa en qué orden crees que se hacían.

☐ enamorarse
☐ separarse
☐ hacerse novios
☐ conocerse
☐ irse a vivir juntos
☐ casarse
☐ tener hijos
☐ divorciarse
☐ empezar a salir
☐ ser(le) infiel al otro

b. Ahora, escribe un pequeño texto que hable de las diferencias que crees que hay entre esa época y la actualidad en relación con este tema.

9. Seguro que en tu vida hay muchas cosas positivas. Escríbelas.

RELACIONADO CON LA CASA
Una cosa positiva:

- de la(s) persona(s) con la(s) que vivo

- de la casa en sí

**RELACIONADO CON MI CALLE,
CON MI BARRIO O CON MI CIUDAD**
Un aspecto positivo:

- del lugar en el que vivo

- de mis vecinos

**RELACIONADO CON EL TRABAJO
O CON LA ESCUELA**
Una cosa positiva:

- de la(s) persona(s) con la(s) que trabajo
  o estudio

- del mismo trabajo o de los estudios

**RELACIONADO CON LA POLÍTICA O
CON LA SOCIEDAD**
Una cosa positiva:

- de mi país

- OTROS

10. a. ¿Qué valoras más en un trabajo? Numera los siguientes factores del 1 al 8 (1 = más importante).

☐ Tener un contrato indefinido

☐ Ganar un buen sueldo

☐ Viajar

☐ No trabajar fines de semana ni festivos

☐ Llevarse bien con los compañeros de trabajo

☐ Trabajar menos de ocho horas al día

☐ Salir ante de las cinco de la tarde

☐ Tener más de un mes de vacaciones

b. Escribe una lista como la anterior con los factores que consideras más importantes en una relación de pareja.

1. . . . .

2. . . . .

3. . . . .

4. . . . .

5. . . . .

6. . . . .

7. . . . .

8. . . . .

11. a. De las siguientes tareas de la casa, ¿cuáles haces tú? Márcalo.

hacer la compra	☐	limpiar los cristales	☐
poner la lavadora	☐	preparar la comida	☐
barrer	☐	quitar el polvo	☐
bajar la basura	☐	limpiar el cuarto de baño	☐
regar las plantas	☐	hacer la cama	☐

b. Ahora, da más detalles sobre lo que haces y lo que no.

La compra, a veces la hago yo.

8. DE DISEÑO

1. a. ¿Cuáles de estos comentarios te parecen positivos (+)? ¿Cuáles negativos (-)? Márcalo.

☐ 1. Los encuentro un poco caros.	☐ 5. No sé si voy a comprármela.
☐ 2. Me parece horroroso.	☐ 6. La encuentro espantosa.
☐ 3. Pues a mí no me desagrada.	☐ 7. No es excesivamente barato.
☐ 4. Esas son un poco llamativas, ¿no?	☐ 8. Este me va genial.

b. Imagina que alguien ha hecho los comentarios anteriores en una tienda de objetos de regalo. ¿A qué cosas crees que se ha referido en cada caso? Escríbelo. Presta atención al género y al número.

1. ....
2. ....
3. ....
4. ....

5. ....
6. ....
7. ....
8. ....

2. Intenta describir las siguientes cosas.

1

Es ....
Sirve para...
....
Funciona con ....
Consume ....
Ocupa ....
Cabe en ....
Va muy bien para ....

2

Es ....
Es de ....
Sirve para ....
....
Es muy...
....
Dura ....

3

Es ....
Es de ....
Sirve para ....
....
Es muy...
Ocupa ....
Cabe en ....
Dura ....

4

Es ....
Sirve para ....
....
Funciona con ....
Consume ....
Ocupa ....
Cabe en ....
Va muy bien para ....

5

Es ....
Es de ....
....
Lo usas cuando ....
Se guarda en ....

3. a. Relaciona los elementos de las columnas para obtener definiciones. En algunos casos, hay diferentes posibilidades.

un abrigo	un mueble			iluminas cuando no hay luz
una linterna	una etapa			descansas o puedes echar la siesta
un sofá	un objeto			todo el mundo pasa
un sacacorchos	un documento	con		puedes cortar un cable
una tenaza	un lugar	de	el que	te proteges del frío
un pasaporte **es**	una prenda de vestir	a	la que	todo el mundo habla
una biblioteca	una tienda	por		puedes viajar por otros países
una droguería	un tema	en		vas a leer o a estudiar
el tiempo	un utensilio			puedes comprar productos de limpieza
la adolescencia	una herramienta			abres una botella

b. Completa las siguientes descripciones.

1

Una silla

Es un mueble en ....
....
....
....
....

2

Una cartera

Es una cosa en ....
....
....

normalmente el dinero y las tarjetas de crédito.

3 ## Un quiosco

Es un establecimiento donde
....
....
....
....
....
....
....

Aceite **4**

Es un líquido con ....
....
....
....
....
....
....

5

Una sartén

Es un utensilio con ....
....
....

4. Completa estas frases conjugando los verbos que están entre paréntesis en Presente de Indicativo o en Presente de Subjuntivo según corresponda.

1. He conocido a una chica que .... (llamarse) Alba.

2. Quiero un coche que no .... (costar) más de 12 000 euros.

3. Quiero llevar a María José a un restaurante que .... (tener) una terraza con vistas al mar. ¿Conoces alguno?

4. ¿Sabes dónde están los zapatos que .... (ponerse, yo) normalmente con el vestido rojo?

5. No encuentro ningún trabajo que .... (gustar, a mí) realmente.

6. ¿Sabes ese bar que .... (estar) en la esquina de tu casa? Pues allí nos encontramos ayer a Luisa.

7. ¿Conoces a algún arquitecto que .... (tener) experiencia en locales comerciales? Es que necesito encontrar uno urgentemente.

5. Fíjate en el ejemplo y transforma estas frases intensificando de otra manera el valor del adjetivo.

1. Es un vestido **muy feo**.

   Es un vestido feísimo.
   ....

2. Ayer en una tienda vi unos zapatos **supercaros**.

   ....

3. Tengo un aparato que hace unos zumos **muy buenos**.

   ....

4. El otro día me compré un sofá **muy cómodo**.

   ....

5. Me encanta. Es **muy moderno**.

   ....

6. Este horno es **muy práctico**.

   ....

6. Escribe tres nombres de...

aparatos eléctricos:

objetos de decoración:

establecimientos comerciales:

instrumentos musicales:

prendas de vestir:

muebles:

utensilios de cocina:

recipientes:

7. a. Relaciona estas cosas con su texto correspondiente.

gafas de sol   *minifalda*   *cremallera*   *corbata*

1 ....

El 10 de julio de 1964, la diseñadora inglesa Mary Quant revolucionó el mundo de la moda con su nueva colección de verano, en la que mostró por primera vez esta prenda de vestir para la mujer. Esta falda corta, que medía entre 35 y 45 centímetros y que dejaba al descubierto la mayor parte de las piernas, tuvo y continúa teniendo un éxito impresionante.

2 ....

El estadounidense Whitcomb L. Judson patentó en 1893 un sistema de cierre continuo consistente en una serie de ojales y ganchos. En 1913, el sueco Sundback perfeccionó la idea de Judson y creó un cierre sin ganchos, con dientes metálicos que se encajaban los unos con los otros. Este cierre se utilizó primero en monederos y bolsitas de tabaco y, en 1917, la Marina estadounidense lo utilizó en sus chaquetas oficiales. En España se llamó "cierre relámpago". Schiaparelli, en 1932, fue el primer diseñador que lo utilizó en sus modelos. Posteriormente, el accesorio se perfeccionó y se hicieron muchas variantes.

3 ....

En el siglo XVII, en tiempos del rey Luis XIV, llegó a Francia un regimiento de caballería proveniente de Croacia. Los croatas, llamados por los franceses "cravates", tenían por costumbre usar una larga pieza de paño que sujetaban en el cuello para protegerse del frío. A los franceses les encantó la idea. Con el tiempo, este uso pasó a Italia y, después, a otros países de Europa.

4 ....

Las primeras datan de 1885 y estaban hechas con un vidrio ligeramente coloreado. En la década de los 30 se convirtieron en un accesorio de moda cuando las popularizaron las estrellas de cine de Hollywood. En los años 50, aparecieron modelos nuevos y extravagantes, una tendencia que siguió hasta bien entrados los años 60. En los 70, triunfaron los modelos más sobrios y, en los 80, se pusieron de moda las negras. Actualmente, hay una enorme variedad de estilos.

b. Ahora, en tu cuaderno, escribe un texto similar sobre otro objeto o prenda de vestir.

8. Elige una opción y justifica tu preferencia.

¿DUCHA O BAÑERA?

¿LENTILLAS O GAFAS?

¿BUS O TREN?

PARA DORMIR CON TU PAREJA, ¿CAMAS SEPARADAS O CAMA DE MATRIMONIO?

9. MISTERIOS Y ENIGMAS

1. Lee este texto sobre los *moais* de la Isla de Pascua y, luego, marca si las afirmaciones son verdaderas o falsas.

La Isla de Pascua encierra uno de los grandes misterios de la humanidad: los *moais*. Se trata de gigantescas esculturas de piedra de origen volcánico con forma de cabeza y torso humanos, que pesan entre 8 y 20 toneladas. Hay unas mil en toda la isla, todas diferentes, y se cree que representaban a dioses o a miembros destacados de la comunidad.

Aunque las estatuas están ubicadas cerca del mar, todas ellas miran hacia tierra. Las más impresionantes son probablemente las que están situadas en las laderas del volcán Rano Raraku. Estos *moais* tienen unas características especiales. La nariz se vuelve hacia arriba y los labios, muy delgados, se proyectan hacia adelante en un gesto de burla. No tienen ojos y, en los lados de la cabeza, parecen tener unas orejas alargadas o algún tipo de prenda para la cabeza. La estatua más grande mide veintidós metros y la más pequeña, tres.

Los *moais* constituyen uno de los principales legados de la cultura Rapa Nui. Sin embargo, los pascuenses, a diferencia de otras culturas antiguas, conservan pocas leyendas sobre sus orígenes, por lo que los investigadores no cuentan con la ayuda de la tradición oral para intentar resolver el misterio.

Por el momento, son muchas las preguntas que siguen sin respuesta. ¿Qué representan exactamente los *moais*? ¿Cómo consiguió la civilización Rapa Nui llevar a cabo una obra semejante? ¿Qué técnicas utilizaron? ¿Cómo transportaban los inmensos bloques de piedra?

V	F	
☐	☐	1. Parece probable que estas figuras representen a dioses o a miembros de la comunidad.
☐	☐	2. Todas las estatuas están orientadas hacia tierra.
☐	☐	3. Los *moais* son anteriores a la cultura Rapa Nui.
☐	☐	4. Todavía quedan muchas cuestiones por aclarar acerca del misterio de los *moais*.

2. a. Relaciona cada elemento de la columna de la izquierda con otro de la derecha para formar una expresión relacionada con los fenómenos paranormales.

b. Ahora, escoge uno de los fenómenos anteriores y escribe lo que piensas sobre él: si crees que es real, si tiene una explicación racional, etc.

1. leer
2. adivinar
3. recordar
4. ser
5. tener sueños
6. estar en dos
7. viajar en
8. ser abducido/a por
9. hacer

a. el tiempo
b. inmortal
c. el futuro
d. las manos
e. magia
f. extraterrestres
g. que se cumplen
h. sitios a la vez
i. vidas anteriores

....
....
....
....
....
....
....

3. María está preocupada porque su novio no ha llegado a casa. ¿Qué ideas le pasan por la cabeza? Escribe las diferentes hipótesis que baraja María usando el Futuro Simple o el Futuro Compuesto.

1. ....
....

2. ....
....

3. ....
....

4. ....
....

5. ....
....

6. ....
....

7. ....
....

8. ....
....

4. En esta casa están pasando cosas raras. Intenta responder a estas tres preguntas formulando hipótesis.

¿Qué está pasando?

En el piso de arriba hay un hombre haciendo la maleta; tal vez...

. . . .

. . . .

. . . .

. . . .

¿Qué ha pasado?

. . . .

. . . .

. . . .

. . . .

. . . .

¿Qué crees que va a pasar?

. . . .

. . . .

. . . .

. . . .

. . . .

. . . .

5. Lee esta lista de fenómenos paranormales y de sucesos que no tienen una explicación racional. Luego, completa las frases con los elementos de la lista y justifícalo.

leer el pensamiento	viajar en el tiempo	Me gustaría...
adivinar el futuro	hacer magia	
recordar vidas anteriores	ver un ovni	Me daría mucho miedo...
ver un fantasma	leer las manos	
ser inmortal	ser invisible	Sería interesante...
tener sueños que se cumplen	ser abducido/a por un extraterrestre	

6. Completa estos diálogos conjugando en el tiempo verbal adecuado los verbos que están entre paréntesis.

1. ● ¿Dónde está Pedro?
○ No sé. .... (**estar estudiando**) en la biblioteca... Es que tiene los exámenes finales dentro de una semana.

2. ● ¿Has oído eso? ¿No será una explosión?
○ No, mujer, ... (**chocar**) dos coches. Ese cruce es muy peligroso. ¿Vamos a ver qué ha pasado?

3. ● ¿Y tu hermano? Hace rato que ha salido de casa y todavía no ha vuelto.
○ No sé, ... (**ir**) al supermercado.

4. ● María lleva todo el mes insistiendo en invitarme a cenar. No sé qué quiere. Estoy un poco preocupada.
○ No .... (**ser**) nada, mujer .... (**querer**) hablar contigo y ya está.

5. ● ¿Has visto mis llaves? Llevo media hora buscándolas.
○ Las .... (**tener**) en algún bolsillo, como siempre.

7. ¿Eres una persona desconfiada? Responde a este test y lee los resultados. ¿Te sientes identificado? Escribe tu reacción.

1	Un/a compañero/a de trabajo te hace un regalo cuando no es tu cumpleaños. ☐ A. ¡Qué raro! ¿Qué querrá? Seguro que quiere algo a cambio. ☐ B. Le habrán regalado eso a él/ella y no le gusta. ☐ C. ¡Qué majo/a! Claro, como soy tan simpático/a.	**Resultados**
2	La persona con la que vives no llega a casa. ☐ A. Habrá tenido un accidente. ☐ B. Seguro que se ha ido a tomar algo con los del trabajo. ☐ C. Estará trabajando. Ya llegará.	**Mayoría de A:** Eres muy desconfiado/a y un poco mal pensado/a. Ante el abanico de posibilidades que se te ofrecen, siempre escoges la más negativa. Si sigues así, puedes acabar sin amigos.
3	Recibes una llamada de tu jefa para que te presentes inmediatamente en su despacho. ☐ A. Seguramente me van a despedir. ☐ B. ¿Habré hecho algo mal? ☐ C. Bueno, ya que voy a hablar con ella, le pediré un aumento de sueldo.	**Mayoría de B:** Intentas ser sociable, pero no te fías totalmente de la gente. No ves el lado perverso de las cosas, pero tampoco te dejas llevar siempre por el optimismo y la buena fe.
4	El profesor entra en clase con un ojo morado. ☐ A. Le habrá pegado un alumno. ☐ B. Se habrá caído por las escaleras. ☐ C. ¿Ojo morado? No sé... ¿No son ojeras?	
5	Ves a un compañero de trabajo comiendo con la jefa. ☐ A. Seguro que están saliendo juntos. ☐ B. Le estará haciendo la pelota para obtener un ascenso. ☐ C. Estarán hablando de trabajo.	**Mayoría C:** Estás tan seguro/a de ti mismo/a que nada de lo que ves te parece sospechoso. Eres una persona excesivamente confiada.
6	Un hombre o una mujer se dirige a ti cuando vas por la calle. ☐ A. Querrá atracarme. ☐ B. Lo más probable es que quiera venderme algo. ☐ C. Se habrá perdido y querrá preguntarme una dirección.	

10. BUENAS NOTICIAS

1. Aquí tienes una serie de verbos. Escribe el sustantivo correspondiente, como en el ejemplo. ¡Ojo! Algunos son masculinos y otros femeninos. Si no sabes algunos de los sustantivos, intenta hacer hipótesis; luego, comprueba con la ayuda del diccionario.

aprobar	la aprobación	unificar	....
invadir	....	declarar	....
destruir	....	cerrar	....
aumentar	....	abrir	....
disminuir	....	inaugurar	....
descubrir	....	rechazar	....
proponer	....	participar	....
reprimir	....	estallar	....
morir	....	nacer	....
asesinar	....	atentar	....
retirar	....	caer	....
triunfar	....	derrotar	....

2. Completa estos titulares con los verbos del recuadro.

acusa	cargan
gana	consigue
se manifiestan	dimite
fallece	estalla

1. .... por "presiones políticas" el presidente de la Confederación de Empresas

2. Los obispos .... contra la clonación y los matrimonios entre personas del mismo sexo

3. Centenares de personas .... en Zaragoza para pedir una sanidad mejor

4. .... un conflicto político en Fastundia por el control del dinero público

5. .... a los 91 años el escritor Álvaro Roma

6. El gobierno .... a los sindicatos de hacer el "trabajo sucio" de la oposición

7. El candidato demócrata .... las elecciones por mayoría absoluta

8. Un equipo de la Universidad de Barcelona .... aislar un virus que afecta a los cultivos de naranjas

3. a. Decide si estas frases son verdaderas o falsas.

	V	F
1. América fue descubierta por un francés.	☐	☐
2. La penicilina se empezó a utilizar después de la II Guerra Mundial.	☐	☐
3. *El Quijote* nunca ha sido adaptado al cine.	☐	☐
4. "Yesterday" fue compuesta por John Lennon.	☐	☐
5. *Kika* fue dirigida por Almodóvar.	☐	☐
6. El estado de Louisiana fue comprado por los americanos a los franceses en 1803.	☐	☐
7. El Che Guevara fue asesinado en Chile.	☐	☐
8. *Los girasoles* fue pintado por Rubens.	☐	☐

b. Ahora, transforma las frases falsas en verdaderas.

4. Aquí tienes los titulares de la página 82. Fíjate en que todos están en Presente o no tienen verbo. Intenta transformarlos como en el ejemplo.

➡ **1977** Primeras elecciones democráticas en España en 41 años

> En 1977 se celebraron las primeras elecciones democráticas en España después de 41 años

➡ **1981** IBM crea el primer ordenador personal (PC)

➡ **1982** Gabriel García Márquez gana el premio Nobel de Literatura

➡ **1983** Un grupo de científicos logra identificar el VIH, el virus del SIDA

➡ **1988** El gobierno español compra a la familia Thyssen-Bornemisza la colección privada de arte más importante del mundo

➡ **1989** Cae el muro de Berlín

➡ **1991** Se declara la Guerra del Golfo

➡ **1996** Grave crisis en el sector alimentario por el síndrome de las "vacas locas"

➡ **1997** Científicos del Instituto Roslin de Escocia anuncian que han logrado la clonación de una oveja

➡ **1998** Francia se proclama campeona del mundo de fútbol

➡ **1999** Nace el euro: la moneda única europea

➡ **2004** Atentados terroristas en varias estaciones de tren madrileñas

➡ **2005** El huracán Katrina arrasa Nueva Orleans

➡ **2006** Bolivia nacionaliza sus recursos naturales

5. Aquí tienes una noticia desordenada. ¿Puedes reconstruirla?

BARZZI SUFRE HERIDAS LEVES AL CAER DE UNA BICICLETA

"Ha estado lloviendo mucho y los caminos del rancho estaban muy resbaladizos", explicó Puffy.	**3** El presidente sufrió magulladuras y heridas en la barbilla, en la nariz, en la mano derecha y en ambas rodillas, según comentó Puffy, quien
El nuevo presidente de la República de Hatapatata, Arnaldo Barzzi, resultó ayer herido leve al caerse de su bicicleta de montaña	A última hora de la tarde, el presidente agradeció en rueda de prensa las innumerables muestras de interés que la ciudadanía mostró por su estado tras conocerse la noticia.
la propuesta de sus guardaespaldas de continuar los dos kilómetros que quedaban hasta el rancho en coche y continuó pedaleando.	**6** El presidente, que llevaba casco y un protector para la boca en el momento del accidente, rechazó
Barzzi aprovechó la comparecencia para anunciar que aumentará el número de efectivos de su cuerpo de seguridad personal.	añadió que el presidente fue atendido inmediatamente por su médico personal. El portavoz aseguró que la causa de la caída fue la fuerte humedad del terreno debido a las recientes lluvias:
cuando paseaba por las inmediaciones de su rancho, según informó el portavoz de la Casa Dorada Kenter Puffy.	

6. Aquí tienes una serie de informaciones que resumen la historia del periódico español *El País*. Transforma las frases para que empiecen con las palabras que están en negrita.

1. Un grupo de periodistas dirigidos por Juan Luis Cebrián fundaron **El País** el 4 de mayo de 1976, en plena transición democrática.

2. Crearon **El País** con el objetivo de llegar a un público diverso: estudiantes, trabajadores, intelectuales, etc.

3. Hasta el momento han publicado **más de 15 000 números**.

4. Sus páginas han tratado **los acontecimientos más importantes de España y del mundo**.

5. Autores de gran prestigio nacional e internacional firman **muchos de los artículos aparecidos en las páginas de El País**.

1. *El País* ....

2. ....

3. ....

4. ....

5. ....

11. YO NUNCA LO HARÍA

1. Completa estos cuadros con las formas adecuadas del Condicional.

preparar	saber	recibir	decir	tener	hacer
prepararía	....	recibiría	....	tendría	....
....	sabrías	....	dirías	....	harías
prepararía	....	recibiría	....	tendría	....
....	sabríamos	....	diríamos	....	haríamos
prepararíais	....	recibiríais	....	tendríais	....
....	sabrían	....	dirían	....	harían

2. Relaciona estos principios de frase con su final correspondiente.

1. Tienes muy mala cara. ¿Por qué no

2. No me gustan nada los tatuajes.

3. Deberías

4. ¡Qué sueño tengo! No he dormido nada esta noche,

5. Le recomiendo que

6. No sabía que

7. ¿Podría

8. Si fuera millonario,

a. Nunca me haría uno.

b. decirme dónde está la estación?

c. haga una dieta.

d. vas al médico?

e. ahorrar un poco si quieres irte de vacaciones.

f. estabas aquí. ¿Cuándo has llegado?

g. me iría a la cama ahora mismo.

h. me compraría una casa en una isla del Caribe y me pasaría el día tomando el sol.

1		3		5		7	
2		**4**		**6**		**8**	

3. Completa estas frases con nombres de famosos (o de compañeros tuyos de clase) y razona tus elecciones.

1. Me iría de vacaciones con . . . .

. . . .

2. Me casaría con . . . .

. . . .

3. Le prestaría dinero a . . . .

. . . .

4. Le pediría consejos a . . . .

. . . .

5. Invitaría a cenar a mi casa a . . . .

. . . .

6. Le daría un premio a . . . .

. . . .

7. Le contaría un secreto a . . . .

. . . .

4. Estos estudiantes de español tienen algunos problemas. ¿Puedes darles un consejo a cada uno?

CHERYL: "Quiero adelgazar un poco, pero no me gusta nada hacer deporte."

. . . .
. . . .
. . . .
. . . .

DIANE: "A mí me gusta mucho salir y bailar, pero mi novio siempre quiere quedarse en casa."

. . . .
. . . .
. . . .
. . . .

LUDOVIC: "Últimamente duermo fatal y durante el día estoy siempre cansado."

. . . .
. . . .
. . . .
. . . .
. . . .

OLA: "Mis padres me han invitado a ir de vacaciones con ellos, pero yo quiero ir a esquiar con unos amigos."

. . . .
. . . .
. . . .
. . . .

LUCINDA: "Hoy es el cumpleaños de mi novio y todavía no le he comprado nada. No sé qué regalarle."

. . . .
. . . .
. . . .
. . . .

MARTINA: "Mi jefe me ha invitado a una barbacoa, pero yo no como carne. Además, no le quiero decir que soy vegetariana."

. . . .
. . . .
. . . .
. . . .

5. Escribe frases sobre estas cuestiones.

1. Una cosa que no harías nunca.

. . . .
. . . .
. . . .

2. Algún aspecto gramatical que no conocías antes de esta unidad.

. . . .
. . . .
. . . .

3. Algo que harías si fueras muy rico/a.

. . . .
. . . .
. . . .

4. Una cosa que harías si estuvieras de vacaciones.

. . . .
. . . .
. . . .

5. Algo que te gustaría hacer ahora mismo.

. . . .
. . . .
. . . .

6. Relaciona los elementos de estas dos columnas.

hacerse	la nariz
dar	sobre un tema
opinar	una moda
perforarse	una enfermedad
seguir	un tatuaje
contraer	un examen
casarse	un consejo
suspender	por la iglesia

7. ¿Eres una persona tímida? Completa el test para averiguarlo.

¿Eres una persona tímida?

1. Imagina que tienes que dar un discurso delante de 200 personas. ¿Te pondrías nervioso/a?

a) ☐ Sí, mucho.
b) ☐ No, para nada.

2. Acabas de llegar a una ciudad donde no conoces a nadie. ¿Te costaría hacer amigos?

a) ☐ Sí. Me cuesta mucho hacer nuevas amistades.
b) ☐ No. Tengo mucha facilidad para conocer gente.

3. Te invitan a una cena con antiguos compañeros de la escuela. ¿Irías?

a) ☐ No, no me gustan ese tipo de celebraciones.
b) ☐ Claro que sí.

4. Si estuvieras al lado de una persona muy famosa a la que admiras, ¿le hablarías?

a) ☐ No, creo que no me atrevería.
b) ☐ Sí, claro.

5. En una cena en casa de unos amigos te piden que cantes una canción.

a) ☐ Diría que no. ¡Qué vergüenza!
b) ☐ Cantaría más de una. Me encanta cantar.

6. En un nuevo trabajo te ofrecen la posibilidad de trabajar solo o en equipo. ¿Qué elegirías?

a) ☐ Preferiría trabajar solo.
b) ☐ Trabajar en equipo. No me gusta trabajar solo/a.

7. Imagina que te llaman para hacerte una entrevista en un programa de televisión.

a) ☐ No iría.
b) ☐ Me encantaría salir por la televisión.

8. Tú y tus compañeros de clase decidís iros a la playa y no llevas bañador. ¿Te quedarías en ropa interior?

a) ☐ No, me daría vergüenza.
b) ☐ Sí, no tendría ningún problema. No hay mucha diferencia entre la ropa interior y un bañador.

Puntuación

Las respuestas A valen 2 puntos
Las respuestas B valen 1 punto

10 o menos de 10
¿Timidez? Tú no sabes lo que es.
¡No cambies!

Entre 11 y 15
Eres un poco tímido, pero intentas
no dejarte dominar por tus miedos.

Más de 15
Eres una persona tímida.
Deberías abrirte un poco más al mundo
y superar tus complejos. Seguro que
vales mucho más de lo que tú crees.

12. AMÉRICA

1. En este curso has hecho muchas cosas. ¿Qué tipo de actividades te ha gustado más? Puntúalas del 1 al 5.

- ○ **LAS ACTIVIDADES SOBRE CULTURA**
- ○ **LOS DEBERES**
- ○ **LAS AUDICIONES**
- ○ **LOS EJERCICIOS EN PAREJAS**
- ○ **LOS EJERCICIOS EN GRUPO**
- ○ **LAS EXPLICACIONES GRAMATICALES**
- ○ **LA LECTURA DE TEXTOS**

2. Responde a las siguientes preguntas. Puedes comentarlas en clase con tus compañeros.

1. ¿HAS DESCUBIERTO MUCHAS COSAS NUEVAS SOBRE ESPAÑA Y LATINOAMÉRICA? ¿CUÁLES?

2. ¿HAS APRENDIDO MUCHA GRAMÁTICA? ¿QUÉ?

3. ¿HAS MEJORADO TU ESPAÑOL? ¿CÓMO?

4. ¿LO HAS PASADO BIEN? ¿CUÁNDO?

3. El curso que acabas de terminar corresponde al nivel B1 del Marco común europeo de referencia. Aquí tienes la descripción de lo que eres capaz de hacer. Lee los textos, reflexiona sobre todas las cosas que puedes hacer en español.

Cuando escucho...

➡ Comprendo las ideas principales si se tratan, de una manera clara, temas cotidianos que tienen lugar en el trabajo, en la escuela, durante el tiempo de ocio, etc.

➡ Comprendo la idea principal de muchos programas de radio o televisión que tratan temas actuales o asuntos de interés personal o profesional, cuando la manera de hablar es relativamente lenta y clara.

Cuando leo...

➡ Comprendo textos redactados en una lengua normal y cotidiana o relacionada con el trabajo.

➡ Comprendo la descripción de acontecimientos, sentimientos y deseos en cartas o en correos electrónicos personales.

Cuando escribo...

➡ Soy capaz de escribir textos sencillos y bien construidos sobre temas que conozco o me interesan.

➡ Puedo escribir cartas o correos electrónicos personales que describen experiencias e impresiones.

Cuando converso...

➡ Sé desenvolverme en casi todas las situaciones que se me presentan cuando viajo a lugares donde se habla español.

➡ Puedo participar espontáneamente en una conversación que trata temas cotidianos de interés personal o relacionados con la vida diaria (por ejemplo, familia, aficiones, trabajo, viajes y acontecimientos actuales).

Cuando hablo en público...

➡ Sé enlazar frases de forma sencilla para describir experiencias y hechos, mis esperanzas y mis ambiciones.

➡ Soy capaz de explicar y justificar brevemente mis opiniones y proyectos.

➡ Sé narrar una historia, la trama de un libro o una película y puedo describir mis reacciones.

MÁS CULTURA

• En esta sección encontrarás una pequeña antología de textos muy variados: artículos, reportajes, anuncios, correos electrónicos, fragmentos literarios (poesía y novela), biografías, etc. Con ellos podrás acercarte a la cultura hispana y, al mismo tiempo, aprender español.

• Si te apetece, puedes leerlos por tu cuenta. A veces, sin embargo, el profesor los utilizará en las clases como material complementario de una unidad.

• Como verás, estos textos abordan elementos culturales como los valores, las costumbres y las convenciones sociales de los hispanohablantes, sin olvidar manifestaciones culturales como la literatura, la música, el cine, etc., y sus protagonistas.

• Ten en cuenta estas recomendaciones:

- Hemos querido incluir temas interesantes y textos auténticos. Es normal, pues, que te resulten un poco más difíciles que los textos de la unidad.

- Antes de leer un texto, observa los aspectos gráficos y las imágenes: trata de prever de qué trata y qué tipo de texto es.

- No te preocupes si encuentras palabras que no conoces. Trata de deducir su significado por el contexto. ¡Haz hipótesis antes de decidirte a consultar el diccionario!

- No intentes entenderlo absolutamente todo. Busca las ideas principales o aquella información que necesitas para resolver la actividad que te proponemos.

LES LUTHIERS

A. ¿Quieres conocer a los humoristas más originales del mundo latino? Lee el siguiente reportaje.

EL FANTÁSTICO MUNDO DE LES LUTHIERS

El grupo argentino Les Luthiers lleva casi 40 años revolucionando el humor musical, con una propuesta que —en sus propias palabras— consiste en reírse "*con* la música, no *de* la música". Tanto su puesta en escena como su vestuario recuerdan a los de una orquesta de cámara; sin embargo, estos humoristas emplean insólitos instrumentos construidos por ellos mismos para crear sus particulares espectáculos.

Todo Ser cree ser todo; pero nada es todo: todo es apenas nada. El ave es nada, porque vuela. El pez es todo, porque nada.

Así hablaba Salí Baba. **LES LUTHIERS**

Su comicidad está plagada de juegos de palabras, referencias culturales e históricas y guiños musicales, y se ve reforzada por el movimiento y la gestualidad de los músicos en escena.

FRAGMENTO DE UNA ENTREVISTA DE LA REVISTA *SIETE DÍAS* TRAS LA PRESENTACIÓN DEL GRUPO EN NUEVA YORK (1980)

—¿Tuvieron miedo?

MUNDSTOCK: Sí, a mí el tránsito de Nueva York me da mucho miedo.
RABINOVICH: A mí me dan mucho miedo los subtes.
NÚÑEZ: Escuché que la vez pasada atacaron a una anciana que estaba embarazada.
MARONNA: Si era anciana no podía estar embarazada.

—¿Qué hicieron en este espectáculo?

RABINOVICH: Hicimos un show que es una combinación de nuestros espectáculos anteriores, con los textos en inglés.
LÓPEZ PUCCIO: Lo de la combinación es por seguridad, como en las cajas fuertes.
NÚÑEZ: Además toda la música la tocamos en inglés.
RABINOVICH: Es como si hiciéramos un show que es en inglés.
MUNDSTOCK: Por ejemplo, si hay una frase que es «Sol-La-Si-Do», nosotros la hacemos «Soul-La-Si-Doul».

QUIÉNES SON

Desde su creación en la década de 1960, la formación de Les Luthiers apenas ha sufrido cambios. Tan solo el paso de Ernesto Acher (desde 1971 hasta 1986) y la muerte de Gerardo Masana, fundador del grupo, en 1973, han alterado la estabilidad del conjunto. La desaparición de Masana fue un duro golpe para Les Luthiers, que siempre le rinden homenaje en los programas de mano de sus espectáculos, donde se puede leer: "Fundado por Gerardo Masana en 1967". En la actualidad, los integrantes del grupo son:

Daniel Rabinovich
(Buenos Aires, 18/11/1943)
Abogado y notario.
Guitarrista, percusionista, cantante y escritor.

Carlos López Puccio
(Rosario, 9/10/1946)
Lic. en Dirección Orquestal.
Director del Coro Polifónico Nacional.

Carlos Núñez Cortés
(Buenos Aires, 15/10/1942)
Lic. en Química Biológica, compositor y concertista de piano.

Jorge Maronna
(Bahía Blanca, 1/8/1948)
Concertista de guitarra.
Compositor y arreglista.

Marcos Mundstock
(Santa Fe, 25/5/1942)
Locutor profesional y redactor publicitario.
Actor y humorista.

www.dibujosnico.com.ar

LOS INSTRUMENTOS

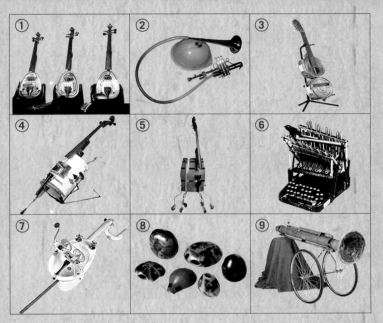

Les Luthiers crean tres tipos de instrumentos informales:

a) los que parodian a un instrumento ya conocido. Es el caso del "latín" o violín de lata[1] (un violín hecho con una lata de jamón), o del "gomhorn da testa"[2], que es una parodia de la trompeta. También han construido parodias de la guitarra española ("guitarra dulce"[3], hecha con dos latas de dulce de batata), del violonchelo (el "cellato"[4]) o del contrabajo (el "barriltono"[5]).

b) los que resultan de transformar en instrumentos musicales objetos de uso cotidiano. Entre estos instrumentos se encuentran el "dactilófono" o máquina de tocar[6] (uno de los primeros instrumentos del conjunto, construido a partir de una vieja máquina de escribir) y el "nomeolbídet"[7], un híbrido entre un artefacto sanitario, el *bidet*, y un antiguo instrumento medieval: el *organistrum* o *vielle à roue*.

c) los que son producto de su investigación en nuevas formas de producir sonidos de timbres insólitos. Son los casos del "yerbomatófono d'amore"[8] y del "bass-pipe a vara"[9]. Los "yerbomatófonos" son calabazas de mate cortadas por la mitad, lijadas y ensambladas. El "basspipe" está formado por un conjunto de tubos de cartón que al soplar producen sonidos sordos y graves.

Fragmento de "El Rey enamorado", del espectáculo *Muchas Gracias de Nada* (Microfón Argentina, 1980)

El siguiente sketch, parodia de Shakespeare, se presenta como un fragmento del drama "Enrique VI", del supuesto autor William Shakehands. En él, el rey Enrique VI solicita los servicios de un juglar para dar una serenata a su amada, la plebeya María Blessing.

R: Ven juglar, ven, ven, acércate, mira, quisiera cantarle a María, pero el destino me ha castigado con dura mano en mi inspiración musical, ruégote, ponle música a mis inspirados versos a María:
Por ser fuente de dulzura,
J: Por ser fuente de dulzura,
R: Por ser de rosas un ramo,
J: Por ser de rosas un ramo,
R: Por ser nido de ternura, oh María, yo te amo.
J: Por ser nido de ternura, oh María, yo te amo.

(El Rey le dice algo al juglar, en voz baja)

J: Oh, María, él la ama.
R: Ámame como yo te amo a ti,
J: Ámelo como él la ama a Usted,
R: Y los demás envidiarán nuestro amor,
J: Yyy... todos nosotros envidiaremos el amor de ustedes,
R: Oh, mi amor, María mía,
J: Oh, su amor, María suya,
R: Mi brillante, mi rubí,
J: Su brillante surubí[1],
R: Mi canción, mi poesía, nunca te olvides de mí,

J: Su canción, su poesía, nunca se olvide de... su
R: Tú estás encima de todas las cosas, mi vida,
J: Usted está encima de todas las cosas *subida,*
R: Eres mi sana alegría,
J: Usted es Susana, eh, María, alegría,
R: Mi amor,
J: Su amor,
R: Mi tesoro,
J: Su tesoro,
R: Mímame,
J: *Súmame... Súmelo,*
R: Tanto tú que me metes en lo mas hondo de mí,
J: Tanto Usted...
R: que ya no sé si soy de mí o si soy de ti,
J: Tanto Usted...
R: si tú me amaras a mí amarías en mí aquello que amamos nosotros,
J: Tanto Usted...
R: y envidiáis vosotros y ellos...
J: ... ¡Ámelo!
R: Cuando miras con desdén,

J: Cuando mira con desdén,
R: Pareces fría, sujeta,
J: Parece fría, su... , *su cara*[2],
R: Por ser tan grandes tus dones, no caben en mí, mi bien,
J: Por ser tan grandes sus dones, no caben en su *soutien,*
R: ¡¡¡NO!!! ¡¡¡NO!!!
J: ¡¡¡NO!!! ¡¡¡NO!!!
R: Tunante,
J: *Sunante,*
R: Miserable,
J: *Suserable,*
R: ¡Guardias, a mí!
J: ¡Guardias, a él!

(Dos guardias de palacio entran en escena y se llevan detenido al Rey)

NOTAS:
1. el *surubí* es un pez de río, propio de Sudamérica, que puede llegar a pesar hasta 100 kilos.
2. *jeta* es una manera coloquial y un poco vulgar para referirse a la cara de una persona.

Puedes visitar la página oficial del grupo: www.lesluthiers.com

B. En varias ocasiones, el juglar se confunde al tratar de transmitir las palabras del rey y cambia por completo el significado de sus palabras. ¿Puedes ayudarlo a hacerlo bien?

C. ¿Te resulta gracioso el humor de Les Luthiers? ¿Se parece a alguna forma de humor que existe en tu propia cultura?

SIN NOTICIAS DE GURB

A. *Sin noticias de Gurb,* del escritor español Eduardo Mendoza, es una novela de enorme éxito que ha hecho morirse de risa a miles de lectores. Aquí tienes su argumento.

Dos extraterrestres llegan a España para estudiar las condiciones de vida locales. Aterrizan en las afueras de Barcelona y uno de ellos, Gurb, toma la forma de una conocida cantante, sube al coche de un hombre y desaparece. Al no recibir noticias de Gurb, el otro extraterrestre también adopta forma humana y se lanza a buscar a su compañero.

Durante todo el tiempo que dura la búsqueda, el protagonista va tomando nota minuciosamente de cómo son los humanos y de sus experiencias entre ellos.

B. En una de sus aventuras, el extraterrestre busca el modo de ligar con su vecina. ¿Qué estrategias crees que se podrían emplear en una situación como esa? Observa la táctica del extraterrestre en el siguiente texto.

19.00 De vuelta a casa, me quedo pensando frente a la televisión. Urdo un plan para trabar contacto con mi vecina sin despertar sus sospechas respecto de mis intenciones. Ensayo frente al espejo.

20.30 Voy a casa de mi vecina, llamo quedamente a su puerta con los nudillos, me abre mi vecina en persona. Me disculpo por importunarla a estas horas y le digo (pero es mentira) que a medio cocinar me he dado cuenta de que no tengo ni un grano de arroz. ¿Tendría ella la amabilidad de prestarme una tacita de arroz, añado, que le devolveré sin falta mañana por la mañana, tan pronto abran Mercabarna (a las 5 de la mañana)? No faltaría más. Me da la tacita de arroz y me dice que no hace falta que le devuelva el arroz, ni mañana, ni nunca, que para estas emergencias están los vecinos. Le doy las gracias. Nos despedimos. Cierra la puerta. Subo corriendo a casa y tiro el arroz a la basura. El plan está funcionando mejor de lo que yo mismo había previsto.

20.35 Vuelvo a llamar a la puerta de mi vecina. Me abre ella personalmente. Le pido dos cucharadas de aceite.

20.39 Vuelvo a llamar a la puerta de mi vecina. Me abre ella personalmente. Le pido una cabeza de ajos.

20.42 Vuelvo a llamar a la puerta de mi vecina. Me abre ella personalmente. Le pido cuatro tomates pelados, sin pepitas.

20.44 Vuelvo a llamar a la puerta de mi vecina. Me abre ella personalmente. Le pido sal, pimienta, perejil, azafrán.

20.46 Vuelvo a llamar a la puerta de mi vecina. Me abre ella personalmente. Le pido doscientos gramos de alcachofas (ya hervidas), guisantes, judías tiernas.

20.47 Vuelvo a llamar a la puerta de mi vecina. Me abre ella personalmente. Le pido medio kilo de gambas peladas, cien gramos de rape, doscientos gramos de almejas vivas. Me da dos mil pelas y me dice que me vaya a cenar al restaurante y que la deje en paz.

21.00 Tan deprimido que ni siquiera tengo ganas de comerme los doce kilos de churros que me he hecho traer por un mensajero. Sal de fruta Eno, pijama y dientes. Antes de acostarme entono las letanías a voz en cuello. Todavía sin noticias de Gurb.

C. ¿Qué te ha parecido la táctica del extraterrestre para ligar con su vecina?

D. ¿Por qué no intentas reconstruir la conversación entre el extraterrestre y su vecina a partir del texto?

E. ¿Te has fijado en lo que el extraterrestre le pide a su vecina? ¿Qué plato se podría cocinar con esos ingredientes?

F. ¿Quieres saber más sobre los pasos que sigue nuestro personaje para conquistar a su vecina? Lee el siguiente fragmento, que relata el momento en el que intenta obtener información sobre ella.

07.35 Al entrar en el edifico encuentro a la portera barriendo el portal. Inicio con la portera una conversación aparentemente trivial, pero cargada de malévolas intenciones de mi parte. Hablamos del tiempo. Lo encontramos un poco caluroso.

07.40 Hablamos de lo mal que está el tráfico. Hacemos hincapié en lo ruidosas que son las motos.

07.50 Hablamos de lo caro que está todo. Comparamos los precios de hoy con los de antaño.

08.10 Hablamos de la juventud. Condenamos su falta de entusiasmo por las cosas.

08.25 Hablamos de la droga. Pedimos la pena de muerte para quien la vende y para quien la compra.

08.50 Hablamos de los vecinos del inmueble (¡caliente!, ¡caliente!).

09.00 Hablamos de Leibniz y del nuevo sistema de la naturaleza y de la comunicación de las sustancias (¡frío!, ¡frío!).

09.30 Hablamos de mi vecina (¡ya era hora, coño!). La portera dice que ella (mi vecina) es buena persona y que paga religiosamente a la comunidad de vecinos la cuota trimestral que le corresponde, pero que no asiste (mi vecina) a las reuniones de vecinos con la asiduidad que debería. Le pregunto si está casada (mi vecina) y me responde (la portera) que no. Pregunto si debo inferir de ello que (mi vecina) tuvo el hijo fuera del vínculo. No: estuvo casada (mi vecina) con un fulano que no servía para nada, según ella (la portera), del cual se separó (mi vecina) hará cosa de un par de años. Él (fulano) se hace cargo del niño (de mi vecina, y también del fulano) los fines de semana. El juez le condenó (al fulano) a pasarle (a mi vecina) un dinero al mes, pero a ella (a la portera) le parece que no lo hace (el fulano), al menos, no con la asiduidad que debería. A ella (a mi vecina), añade (la portera) no se le conocen novios, ni siquiera acompañantes ocasionales. Seguramente quedó escarmentada (mi vecina), opina ella (la portera). Aunque esto, en el fondo, le trae sin cuidado (a la portera), agrega (la portera). Por ella (por la portera), que cada cual se lo monte como quiera, mientras no haya escándalo. Eso sí, dentro de su casa (de la casa de mi vecina). Y sin hacer ruido. Y no más tarde de las once, que es cuando ella (la portera) se va a dormir. Le quito la escoba y se la rompo en la cabeza.

G. Fíjate en los temas de los que hablan el extraterrestre y la portera. ¿Cuáles de ellos te parecen normales en un tipo de conversación como esa?

EDUARDO MENDOZA

(Barcelona, 1943)

Residió en Nueva York de 1973 a 1982. Ha publicado, entre otras, las novelas *La verdad sobre el caso Savolta* (1975), que obtuvo el Premio de la Crítica, *El misterio de la cripta embrujada* (1979), *El laberinto de las aceitunas* (1982), *La ciudad de los prodigios* (1986), Premio Ciudad de Barcelona y Mejor Libro del Año para la revista francesa *Lire*, *La isla inaudita* (1989), *Sin noticias de Gurb* (1991), *El año del diluvio* (1992), *Una comedia ligera* (1996), por la que en 1998 obtuvo en París el Premio al Mejor Libro Extranjero, referido además a todo el conjunto de su obra, *La aventura del tocador de señoras* (2001), Premio al «Libro del Año» del Gremio de Libreros de Madrid, *El último trayecto de Horacio Dos* (2002) y *Mauricio o las elecciones primarias* (2006).

Se puede encontrar más información sobre el escritor en su página web oficial:

**http//:www.clubcultura.com/
clubliteratura/
clubescritores/mendoza/**

LOS NUEVOS MENSAJES

A. Lee este artículo sobre dos formas de comunicarse. ¿Existe en tu lengua un código especial para los SMS? ¿Escribes correos electrónicos de acuerdo con las indicaciones del artículo?

LOS NUEVOS MENSAJES

Las nuevas tecnologías han comenzado a cambiar nuestras costumbres, nuestras actitudes e incluso el modo en el que nos comunicamos. Los SMS y el correo electrónico se han impuesto como nuevas herramientas de comunicación.

LOS SMS

¿Quién de nosotros se separa hoy en día de su móvil? ¿Quién no recurre a las "llamadas perdidas" para recordar algo a un amigo o simplemente para decirle, sin gastar dinero en llamadas, que estamos pensando en él? Y, sobre todo, ¿quién no usa el servicio de mensajes cortos —el llamado SMS— para enviar mensajes con un coste mínimo? Pero claro, el mensaje corto tiene que ser, precisamente, corto... y eso ha dado lugar al nacimiento de un código de escritura basado en abreviaturas no siempre convencionales y a los llamados "emoticonos": :-) , :-(, etc.

Este sistema de abreviaturas puede poner en dificultades a los no iniciados, ya que sus reglas son muchas y muy diversas: se suprimen los artículos, los signos de interrogación y de exclamación al principio de la frase, los acentos y casi todas las vocales, por ejemplo: **msj** = *mensaje*. Y si agregamos una *r* obtenemos el profesional correspondiente: **msjr** = *mensajero*. Para ganar espacio se reemplazan la *ch* y la *ll* por la *x* y la *y* respectivamente (la *ñ* no, porque la tilde no ocupa espacio): **ymm** = *llámame*; **mxo** = *mucho*. Además, se utiliza fonéticamente el sonido de letras, símbolos y números: **salu2** = *saludos*; **xfa** = *por favor*; **xq** = *por qué*...

El problema es que este código está tan difundido entre los sectores más jóvenes de la población que ha comenzado a extenderse más allá de la pantalla del móvil: algunos profesores universitarios se han visto en la necesidad de advertir a sus estudiantes que no corregirán exámenes escritos "en SMS". ¿Por qué se ha difundido a tal punto esta curiosa forma de escritura rápida? ¿Cómo se explica su persistencia cuando la mayoría de los teléfonos móviles cuentan con el sistema T9 de "texto predictivo"? Quizás la respuesta sea que usar ese lenguaje no es solo una cuestión de economía, sino de identificación con el grupo. No es necesariamente —como afirman muchos profesores— un fenómeno de empobrecimiento del lenguaje. Muchos chicos saben escribir correctamente, pero usan este código para comunicarse entre ellos. Es un modo más de estrechar lazos, de marcar su pertenencia al grupo.

EL correo electrónico

Por su velocidad y bajo costo, esta forma de comunicación se ha impuesto en los últimos años tanto en la vida personal como en la laboral. Quizás debido justamente a la velocidad del intercambio de mensajes, ha surgido una especie de regla no escrita según la cual el tono de los mensajes es en general distendido, como en la lengua oral, y se utilizan frecuentemente los emoticonos.

Existen, sin embargo, una serie de reglas que conviene respetar en estos intercambios, que constituyen la llamada "netiqueta":

1. Configurar correctamente en nuestro programa de correo los datos del remitente, para evitar correos "anónimos". Es de mala educación enviar un mensaje sin remitente. Si queremos permanecer en el anonimato, podemos utilizar nuestro nombre de pila o un alias, pero el remitente nunca ha de estar en blanco.

2. Escribir el mensaje con una cabecera, un cuerpo y un pie (con firma), como en una carta normal.

3. No escribir con letras mayúsculas: en Internet eso significa gritar.

4. Evitar los fondos, ilustraciones, músicas y otros elementos que en general son innecesarios y que no hacen más que aumentar el número de bytes.

5. En lo posible, enviar correos con texto simple y no en HTML.

6. Al responder a un mensaje que es a su vez respuesta de otro, dejar solamente la última respuesta. No hay que enviar mensajes demasiado voluminosos.

7. Cuando se responde a otro mensaje, hay que dejar alguna línea en blanco entre nuestra respuesta y el mensaje original. Si hay un título o "asunto", debemos mantenerlo para identificar más fácilmente el tema tratado.

8. No hay que enviar archivos adjuntos que no han sido solicitados.

B. Intenta escribir este mensaje en español "normal". Luego, escribe uno o varios mensajes en SMS para enseñárselos a tus compañeros y a tu profesor.

ktl? cnd kdms? tns tmp hy? ymm +trd
a ksa tqr mxo

_____

ht lg :-*

C. Lee ahora este artículo del escritor Juan José Millás sobre la arroba. ¿Crees que le gusta este símbolo? ¿Por qué?

JUAN JOSÉ MILLÁS
(Valencia, España, 1946)

La arroba es una unidad de medida cuyo símbolo (@) se ha instalado en la jerga informática tras realizar un viaje alucinante a través de los siglos. Quiso el azar que cuando el inventor del correo electrónico buscaba en la parte alta de su teclado un carácter con el que separar el nombre del destinatario del nombre del servidor, eligiera ese hermoso grafismo, que originalmente representaba un ánfora. Ni en sus más delirantes fantasías habría podido imaginar el autor de este símbolo un futuro tan brillante para su garabato, que se encuentra, por cierto, en la frontera entre la escritura y el dibujo como la estrella de mar (que parece un logotipo) vive en la línea que divide el mundo vegetal del animal. Cualquier diseñador daría el brazo izquierdo a cambio de que una creación suya, además de resistir el paso del tiempo de ese modo, acabara convirtiéndose en el emblema de las tecnologías del porvenir.

Pero eso no es todo. Recibo continuamente invitaciones, circulares o cartas que en vez de comenzar con un queridos amigos y queridas amigas, comienzan con un querid@s amig@s. Su uso está tan generalizado que casi podemos afirmar que nuestro alfabeto se ha enriquecido con una nueva y rara vocal que sirve de manera indistinta para el masculino y el femenino porque es simultáneamente una o y una a. Mira por dónde, el símbolo de una antiquísima unidad de medida (parece que procede del siglo XVI) ha venido a resolver una insuficiencia del lenguaje, pues el queridos amigos utilizado hasta hace poco resulta machista o excluyente y el queridos amigos y queridas amigas resulta fatigoso.

Ya no hay problema. Coloque usted, como vienen haciendo algunos adelantados, en el encabezamiento de sus cartas, de sus circulares, de su publicidad, un querid@s alumn@s, un estimad@s compañer@s, un ilustrísim@s diputad@s, y matará dos pájaros de un tiro sin ofender a ninguno de los dos. Esperamos ansiosos que la Academia se pronuncie ante este grafismo polivalente que ha ensanchado por sorpresa nuestro alfabeto y, de paso, que le invente un sonido, pues no vemos el modo de utilizarlo en el lenguaje hablado con la facilidad con la que se ha introducido en el escrito.

JUAN JOSÉ MILLÁS, *El País*, (30/04/2004)

Se trasladó a Madrid con su familia en 1952. Empezó la carrera de Filosofía y Letras, pero no la terminó. Ha trabajado como marionetista, profesor, interino de la Caja Postal de Ahorros y en el gabinete de prensa de Iberia.

Influido por Dostoyevsky y Kafka en sus inicios como escritor, en su obra aparecen personajes corrientes que, de repente, se ven inmersos en situaciones extraordinarias que muchas veces lindan con lo fantástico: desapariciones, mundos paralelos, terribles angustias que pueden desembocar en la locura, la depresión, el crimen, la muerte…

Juan José Millás es el creador de los "articuentos", escritos a medio camino entre el cuento y el artículo de prensa, que tratan de temas de sociedad, de situaciones, de reflexiones o de problemas provocados por los comportamientos humanos. Toda la obra narrativa de Millás, empezando por sus artículos, es un ejemplo perfecto de literatura crítica. Su objetivo es siempre mostrar el revés de la trama, lo verdadero y lo falso.

En 1974 publicó su primera novela, *Cerbero son las sombras*, a la que siguieron títulos como *La visión del ahogado*, *El jardín vacío*, *Papel Mojado*, *Letra muerta*, *Trilogía de la soledad*, *El orden alfabético* o *No mires debajo de la cama*. A principios de los años 90 comenzó su labor periodística en diversos medios de comunicación, entre los que se encuentra el diario *El País*.

Como escritor y periodista, Millás se ha convertido en una de las figuras más admiradas dentro y fuera de España. Sus obras han sido traducidas a quince idiomas.

D. ¿Cómo se llama la arroba en tu lengua? ¿Se utiliza para algo más que para escribir la dirección de los correos electrónicos? ¿Qué te sugiere el "dibujo" de este símbolo? ¿Cómo leerías en voz alta la frase "querid@s amig@s"?

HUMOR Y ESTEREOTIPOS

A. Lee este texto sobre el humor y los estereotipos nacionales. ¿Ocurre lo mismo en tu cultura? ¿Se podrían aplicar a otras nacionalidades los chistes que aparecen en el texto? ¿A cuáles?

Estereotipos latinos

Todas las culturas tienden a explicar el comportamiento del "Otro", del que no pertenece a esa cultura, a través de estereotipos. El estereotipo no es más que una concepción simple que generaliza pautas de comportamiento de ciertos individuos de un grupo, considerándolas válidas para todo el conjunto, y que sirve para clasificar a las personas de una manera económica y rápida, pero no por ello acertada.

Aunque en algunos casos el estereotipo es positivo ("los nórdicos son organizados y eficientes", "los japoneses son trabajadores"), la mayoría de veces los pueblos buscan afirmarse subrayando las características negativas que atribuyen a los demás ("los latinos son perezosos", "los ingleses beben mucho"). Estas generalizaciones son erróneas y constituyen la base de los prejuicios, ya sean negativos o positivos, que nos hacen ser hostiles o favorables hacia la gente solo por su condición racial, económica, religiosa... Dejarse llevar por prejuicios puede resultar en graves errores de comunicación intercultural.

Los canales en los que un estereotipo se transmite y se instaura en una sociedad determinada son varios: los medios de comunicación, la educación, las leyendas... Uno de los más significativos es el chiste, que caricaturiza, exagerándolos, los supuestos rasgos de un grupo social o étnico. Es curioso observar cómo los mismos chistes se repiten en muchas culturas, cambiando la nacionalidad de los protagonistas. Así, en toda Hispanoamérica los tontos son los españoles, mientras que en España lo son los habitantes de Lepe (en Andalucía); en Brasil, los portugueses; en Francia, los belgas; etc.

Los "gallegos"

Los chistes de gallegos que circulan por toda Hispanoamérica no se refieren solamente a los habitantes de la región del norte de España, sino que más bien se trata de chistes sobre españoles en general. Dentro de la gran oleada migratoria española que llegó a América a fines del siglo XIX y comienzos del XX, la comunidad gallega fue la más numerosa, por lo cual se aplicó el término "gallegos" a todos los españoles peninsulares, a excepción de vascos y catalanes. Se trataba de personas de origen campesino, pobres y a menudo de bajo nivel educativo —muchos de ellos, analfabetos—, pero muy honestos y trabajadores, que llegaban a América huyendo de la pobreza. Muchas de estas personas se instalaron en grandes ciudades modernas, como México D.F. o Buenos Aires, con los previsibles problemas de adaptación tanto a los usos y costumbres urbanos como a los adelantos técnicos de la época.

Aparece así el estereotipo del "gallego" paleto e inculto, pero honrado y sin maldad, que además de estar presente en los chistes, también aparece en creaciones cinematográficas y teatrales. Incluso personajes de tebeo,

como Manolito de *Mafalda*, del dibujante argentino Quino, son totalmente comprensibles solamente si se tiene presente el estereotipo imperante del inmigrante español.

Es necesario señalar que los chistes de gallegos no tienen, en general, una carga agresiva o discriminatoria, sino de simpatía. Probablemente, más que discriminar al español, buscan afirmar la identidad colectiva del criollo, que se siente amenazada por la afluencia masiva de inmigrantes que pronto comienzan a ascender socialmente. Hoy en día, a pesar de que la imagen actual de España en América Latina es la de un país moderno y progresista, los "chistes de gallegos" siguen siendo muy populares.

Chistes de gallegos

Varios científicos se reúnen en la NASA. Un ruso dice:
> —Nosotros enviaremos un cohete a Júpiter, para estudiar la atmósfera de ese planeta.

Uno de Estados Unidos dice:
> —Nosotros enviaremos un radar a la Luna para estudiar el interior de ese satélite.

Y un gallego dice:
> —Nosotros enviaremos un cohete al Sol...

En ese momento todos dicen: ¡Pero el cohete, al acercarse al Sol, se derretirá!"
Y el gallego responde:
> —Bueno, no vamos a ser tan brutos como para ir de día...

*

> —¿Cómo reconoces a un gallego en un salón de clases?
> —Es el único que cuando el maestro borra la pizarra, él borra su cuaderno.

*

> —Ayer fallecieron cuatro gallegos: dos en un asesinato y dos en la reconstrucción de los hechos.

Los argentinos

En el otro extremo tenemos a los argentinos, a los que se adjudica un estereotipo que refleja la imagen de algunos porteños (los habitantes de la capital).

Durante toda la primera mitad del siglo XX, Argentina gozó de una posición de privilegio en el panorama económico mundial y Buenos Aires era una ciudad cosmopolita cuyos habitantes tenían un nivel cultural y económico muy elevado. En sus viajes al extranjero, algunos de ellos mostraban ciertos aires de superioridad y una conducta engreída, con lo cual se ganaron la antipatía de los otros hispanos.

Los mismos argentinos contribuyeron a dar fuerza a esta imagen, con los personajes de las películas (por ejemplo, los porteños vividores que interpretaba Carlos Gardel en los años 30) e incluso con las letras de algunos tangos:

"con tres cortes de tango sos millonario,
morocho y argentino, rey de París"

fragmento de "Araca París" (1930. Letra: Carlos Cesar Lenzi / Música: Ramón Collazo)

* * *

"no hay nadie en el mundo entero que baile mejor que yo.
No hay ninguno que me iguale para enamorar mujeres"

fragmento de "El Porteñito" (1903. Letra y Música: Ángel Villoldo)

Chistes de argentinos

Un niño argentino le dice a su padre:
—Papá, papá cuando sea grande, quiero ser como tú.
—¿Por qué? —pregunta el papá.
—Para tener un hijo como yo.

*

Le pregunta un argentino a un gallego:
—Che[1], ¿sabes cuál es el país más cercano al cielo?
—Argentina, supongo... —responde el gallego irritado.
—No che, no... ¡Es Uruguay, que está al lado de Argentina!

*

Un argentino trata de conquistar a una chica, la invita a cenar y comienza a hablar:
— Yo soy grande, escribo poemas, me encanta la lectura, voy al cine por lo menos tres veces a la semana, soy un estupendo amante, me gusta bailar, tomarme unos tragos con los amigos... (y así sucesivamente)
Al cabo de un rato, el argentino dice:
— ¡Che! ¡Pero qué tonto soy! He estado hablando casi toda la noche de mí... ¡Qué egoísta! Ahora te toca a vos hablar de mí...

*

¿Cuál es el juguete favorito de los argentinos?
El yoyó.

B. Este tipo de chistes no solo se hace acerca de personas de otros países, sino también acerca de habitantes de diferentes regiones de un mismo país. Aquí tienes algunos que circulan acerca de mexicanos, madrileños, vascos y catalanes. ¿Qué estereotipo crees que corresponde a cada cultura? Intenta resumirlo con uno o dos adjetivos. ¿Se te ocurre cuál puede ser el origen de cada estereotipo?

Llega el mexicano matón a un bar.
Se sienta junto a un hombre y le dice:
— Dime tu nombre.
— Que no te lo digo.
— Que me digas tu nombre.
— Que no te lo digo.
(¡Bang! ¡Bang! ¡Bang!)
— ¡Mañana lo veo en el periódico!

—¿Cómo metes a 300 catalanes en un Seiscientos[2]?
—Tirando un euro dentro.
—¿Y cómo los sacas?
—Diciendo que es un taxi.

Un madrileño tiene un accidente de tráfico y da varias vueltas de campana. El coche se queda boca abajo y llega gente para ayudarle a salir.
—Oiga, ¿está bien? ¿No se ha hecho daño?
—Pasa, tío, yo vacío así los ceniceros del coche, ¿no?

PATXI[3]: Oye, Kepa. Estoy harto de cortar árboles con la mano. Por más que lo intente sólo llego a 5 por hora.
KEPA[3]: Pues toma esta motosierra. Yo corto con ella 100 a la hora.
Dos semanas más tarde se vuelven a ver.
KEPA: ¿Cómo te ha ido Patxi?
PATXI: Mal, Kepa. Por más que me esfuerce sólo llego a 50.
KEPA: Espera, déjame ver.
Kepa arranca la motosierra y en esto que dice Patxi:
¡Ahí va la ostia![4] ¿Y ese ruido?

---

1. *Expresión argentina.*
2. *Coche fabricado en España de dimensiones muy reducidas muy popular en los años 50, 60 y 70.*
3. *Nombres vascos.*
4. *Expresión que, según el tópico, es muy utilizada por los vascos.*

NICARAGUA EN EL SIGLO XX

A. ¿Qué sabes de Nicaragua? Lee el siguiente fragmento del poema "Con premura nicaragüense vivimos", de la poetisa Gioconda Belli y reflexiona sobre la visión que da del pueblo nicaragüense. Consulta el resumen de la historia contemporánea de Nicaragua.

"
Así caminamos,
descalzos sobre esta tierra labrada
—de lágrimas y muertos—
como caballos
pero siempre caminando
inventando alquimias
para que brote el pan nuestro
de cada día]
y no muramos hoy
y sigamos luchando."

El siglo XIX es en Nicaragua el período de la independencia y de la constitución de la república. En 1903 comienza un período de gran inestabilidad política caracterizado por rebeliones militares y golpes de estado. Los cambios de gobierno son constantes, los liberales y los conservadores se alternan en el poder. En este contexto, los EE.UU. imponen su hegemonía política y financiera en Nicaragua y toman el control de la banca, los ferrocarriles y las aduanas. Las tropas estadounidenses intervienen una y otra vez en el aplastamiento de levantamientos. En uno de estos cambios de poder, el vicepresidente liberal depuesto —Sacasa— inicia lo que se conoce como la Guerra Constitucionalista, pero al año siguiente pacta con el ejército de ocupación. Uno de los jefes del ejército constitucionalista, Augusto César Sandino, rechaza la rendición y declara que seguirá combatiendo hasta expulsar a las tropas norteamericanas del territorio nicaragüense. Estamos en el año 1927. Comienza la llamada Guerra de Liberación Nacional.

Sandino y la guerra de Liberación Nacional

1928 → Creación de la Guardia Nacional, cuerpo especial entrenado por los marines norteamericanos.
1933 → Retirada de las tropas norteamericanas. Sandino acepta la firma de un Convenio de Paz.
1934 → La Guardia Nacional asesina a Sandino y a varios miembros de su Estado Mayor e inicia una fuerte represión.

El somocismo

1936 → Golpe de Estado y posterior triunfo electoral de Anastasio Somoza García, que se mantendrá 20 años en el poder, hasta su muerte en un atentado.
1956 → Los hijos de A. Somoza García, Luis y Anastasio, asumen la presidencia y la jefatura de la Guardia Nacional respectivamente.
1961 → En un contexto de fuerte resistencia popular y represión por parte del gobierno, se crea el Frente Sandinista de Liberación Nacional (FSLN).
1967 → Anastasio Somoza Debayle —el tercero de la dinastía— ocupa la presidencia del país y conserva la jefatura de la Guardia Nacional.
1972 → Un terremoto destruye la ciudad de Managua. El Comité Nacional de Emergencia, presidido por Somoza, usa la inmensa ayuda internacional para las víctimas del terremoto en su propio beneficio.
1974-77 → El FSLN intensifica sus acciones. La represión gubernamental se extiende por todo el territorio nacional, sobre todo en el norte, contra la población campesina y el FSLN, que pierde en esos años a muchos de sus dirigentes.
1978-79 → La dictadura asesina al director del diario *La Prensa*, Pedro Joaquín Chamorro. En protesta, la empresa privada llama a una huelga general. Un mes más tarde se produce la insurrección del barrio indígena de Monimbó. Las insurrecciones populares encabezadas por el FSLN se extienden por todo el país. La represión alcanza su grado más alto.

El triunfo de la Revolución Sandinista

1979 → Aumenta la presión internacional contra Somoza. La Organización de los Estados Americanos pide la renuncia del dictador y se niega por mayoría a respaldar la moción de EE.UU. para enviar una fuerza de paz a Nicaragua. El 17 de julio A. Somoza Debayle sale del país. La Guardia Nacional abandona sus posiciones y huye en desbandada. El 19 de julio el FSLN entra victorioso en Managua.
1979-80 → La Junta de Gobierno de Reconstrucción Nacional, salida de las filas del FSLN, intenta cambiar las estructuras existentes en el país. Se confiscan las propiedades de Somoza y sus allegados, se inicia la reforma agraria y se ponen en marcha la Cruzada Nacional de Alfabetización y ambiciosos programas populares de salud. En 1980 se convocan elecciones presidenciales. El líder sandinista Daniel Ortega es elegido presidente.
1981-90 → Surgen y se profundizan serias contradicciones entre el FSLN y la oposición. La organización interna del sandinismo no favoreció el surgimiento de una verdadera democracia. Los EE.UU. imponen un bloqueo contra Nicaragua y financian la organización del ejército contrarrevolucionario (la "contra").

El post-Sandinismo

1990 → Violeta Barrios de Chamorro gana las elecciones al frente de un amplio movimiento opositor al FSLN La "contra" depone las armas y comienza un período de relativa calma.
1996 → En las elecciones presidenciales participan 23 partidos y alianzas. Gana Arnoldo Alemán, candidato del Partido Liberal Constitucionalista. En estos comicios, el FSLN queda en segundo lugar.
2001 → En un marco de grave crisis económica, triunfa en las elecciones Enrique Bolaños, en representación del PLC (Partido Liberal Constitucionalista).

B. Vuelve a leer el poema que aparece en el apartado A. ¿Lo entiendes mejor después de leer los hechos de la historia nicaragüense? ¿Por qué habla Gioconda Belli de "caminar descalzos sobre la tierra labrada de lágrimas y muertos"? ¿Cuáles son sus motivos para la desesperanza?

C. Lee ahora el siguiente fragmento del poema "Salmo 5", del también nicaragüense Ernesto Cardenal, escrito en 1961. ¿Te parece que el mundo ha cambiado mucho desde entonces? ¿Crees que la protesta que expresa el poema todavía sigue vigente en la actualidad?

Escucha mis palabras oh Señor
Oye mis gemidos
Escucha mi protesta
Porque no eres tú un Dios amigo
de los dictadores
ni partidario de su política
ni te influencia la propaganda
ni estás en sociedad con el gángster.
No existe sinceridad en sus discursos
ni en sus declaraciones de prensa
Hablan de paz en sus discursos
mientras aumentan su producción de guerra
Hablan de paz en las Conferencias de Paz
y en secreto se preparan para la guerra
Sus radios mentirosos rugen toda la noche
Sus escritorios están llenos de planes criminales
y expedientes siniestros
Pero tú me salvarás de sus planes
Hablan con la boca de las ametralladoras
sus lenguas relucientes
son las bayonetas...
Castígalos oh Dios
malogra su política
confunde sus memorándums
impide sus programas

Gioconda Belli

Nació en Managua en 1948, en una familia de clase media. Estudió Periodismo y Publicidad en los Estados Unidos. A partir de 1970 comienza a publicar sus poemas, que provocan un escándalo por su manera revolucionaria de abordar el cuerpo y la sensualidad femenina. Ese mismo año comienza a militar en las filas del FSLN, en el que permanece hasta 1994. Perseguida por la dictadura somocista, se exilió en México y en Costa Rica. Fue miembro de la Comisión Político-Diplomática del FSLN. Actuó como correo clandestino, transportó armas y viajó por Europa y América Latina obteniendo recursos y divulgando la lucha sandinista. Después del triunfo de la revolución, ocupó varios cargos en el gobierno, hasta que en 1986 se retira de la vida política para dedicarse a la novela.

Ernesto Cardenal

Nacido en Granada (Nicaragua) en 1925, estudia Letras en México y en los Estados Unidos. En la década de los cincuenta comienza su militancia en las filas sandinistas y su participación en la lucha armada. Educado en un colegio de jesuitas, en 1956 decide hacerse monje y comienza su preparación religiosa, hasta que en 1965 es ordenado sacerdote. A partir de entonces comienza a trabajar con comunidades campesinas en Solentiname (al sur del lago Nicaragua), donde crea un movimiento artístico y poético campesino y difunde una interpretación revolucionaria de los Evangelios (la llamada "Teología de la Liberación"). Durante la fase final de la revolución es enviado al extranjero como portavoz del FSLN para promover la solidaridad internacional con Nicaragua. Con el triunfo de la revolución, en 1979, es nombrado Ministro de Cultura. Destaca también por su activismo internacional a favor de la paz.

NÁUFRAGOS

A. Seguramente sabes que la conquista de América estuvo protagonizada por personajes de todo tipo, desde conquistadores sanguinarios hasta humanistas defensores de los indios, pasando por aventureros en busca de fortuna. ¿Quieres conocer la historia de uno de los españoles que se adentró en el nuevo mundo? Lee el siguiente texto.

ÁLVAR NÚÑEZ CABEZA DE VACA nació en Jerez de la Frontera en torno a 1490, de familia noble. Su primera aventura en las Américas transcurrió en el sur de lo que hoy son los Estados Unidos y el norte de México. Se embarcó como oficial en la fracasada expedición de Pánfilo de Narváez a la Florida en 1527, que tenía como objetivo la búsqueda de oro. Tras varios contratiempos debidos al mal tiempo, los expedicionarios desembarcaron en las costas de Florida en 1528.

Según cuenta Cabeza de Vaca en su obra *Naufragios* (1555), los supervivientes construyeron frágiles embarcaciones de cuero de caballo con las que pensaban alcanzar las costas del Golfo de México, pero naufragaron en la desembocadura del río Pánuco. En su mayor parte los náufragos murieron a causa de la sed o fueron asesinados por los nativos.

Cabeza de Vaca, con otros tres compañeros —Alonso del Castillo, Andrés Dorantes de Carranza y Estebanico— salvó la vida. Este grupo llegó a la costa de la actual Texas, donde fue capturado por "indios comedores de marisco". Cabeza de Vaca practicaba la medicina tradicional y la sanación mágica, lo que le valió fama de mago entre los indígenas. Él mismo cuenta en sus memorias que sanaba haciendo el signo de la cruz sobre el enfermo e invocando a María.

La fama como sanador que ganó entre los indios le ayudó a huir después de seis años de cautiverio. Junto con sus compañeros emprendió una larga travesía hacia el norte y el noroeste. Avanzando en pequeñas etapas, remontaron el valle del río Grande del Norte, atravesaron las mesetas áridas de Chihuahua y cruzaron el río Bravo a través de Sierra Madre. En 1536, dos años después de su huida, una patrulla española enviada a la caza de esclavos los rescató en la costa mexicana del Pacífico y los llevó a México:

> [...] Llegamos a Méjico domingo, un día antes de la víspera de Santiago, donde del virrey y del marqués del Valle fuimos muy bien tratados y con mucho placer recibidos, y nos dieron de vestir y ofrecieron todo lo que tenían, y el día de Santiago hubo fiesta [...].

Pero las desventuras de Cabeza de Vaca no se acaban aquí. Tras descansar dos meses en México, decidió volver a España y, de nuevo, todo salió mal: las naves hacían agua, por lo que tuvieron que detenerse en Cuba y esperar a que llegaran otras; luego, cayeron en medio de una tormenta y fueron atacados por piratas franceses; finalmente, una nave portuguesa los rescató y pudieron llegar a Lisboa.

Su travesía por las regiones norteñas interesó a las autoridades y Cabeza de Vaca y sus compañeros fueron oficialmente interrogados. Fueron los primeros europeos en dar testimonio, por ejemplo, de la existencia del búfalo americano. Pero Cabeza de Vaca contó, además, historias fabulosas que aumentaron el número de leyendas referidas al Nuevo Continente, como la de las siete ciudades doradas de Cíbola, colmadas de oro y piedras preciosas.

B. Aquí tienes dos fragmentos del relato de Cabeza de Vaca. ¿En qué lugar del texto anterior los situarías?

Aquí me trajeron un hombre, y me dijeron que hacía mucho tiempo que le habían herido con una flecha por la espalda derecha, y tenía la punta de la flecha sobre el corazón; decía que le daba mucha pena, y que por aquella causa siempre estaba enfermo. Yo le toqué, y sentí la punta de la flecha, y vi que la tenía atravesada por un cartílago, y con un cuchillo que tenía, le abrí el pecho hasta aquel lugar, y vi que tenía la punta atravesada, y estaba muy difícil de sacar. Volví a cortar más, y metí la punta del cuchillo, y con gran trabajo por fin la saqué. Era muy larga... Y con un hueso de venado, usando de mis conocimientos de medicina, le di dos puntos; pero se me desangraba, y con un trozo de cuero le estanqué la sangre; y cuando hube sacado la punta, me la pidieron, y yo se la di, y todo el pueblo vino a verla, y la enviaron por la tierra adentro, para que la viesen los que allí estaban, y por esto hicieron muchos balles y fiestas, como ellos suelen hacer; y otro día le quité los dos puntos al indio, y estaba sano; y la herida que le había hecho era sólo como una raya de la palma de la mano, y dijo que no sentía dolor ni pena alguna; y esta cura nos dio entre ellos tanto crédito por toda la tierra, cuanto ellos podían y sabían estimar y encarecer.

Nosotros, vista la pobreza de la tierra, y las malas noticias que nos daban de la población y de todo lo demás, y como los indios nos hacían continua guerra hiriéndonos la gente y los caballos en los lugares donde íbamos a por agua, y esto desde las lagunas, y tan a salvo, que no los podíamos atacar, porque metidos en ellas nos flechaban, y mataron un señor de Tezcuco que se llamaba don Pedro [...] decidimos partir de allí, e ir a buscar la mar [...] El primer día pasamos aquellas lagunas y pasos sin ver ningún indio; pero al segundo día llegamos a una laguna muy difícil de atravesar, porque daba el agua a los pechos y había en ella muchos árboles caídos. Y cuando estábamos en medio de ella nos acometieron muchos indios que estaban escondidos detrás de los árboles para que no los viésemos, y comenzaron a flecharnos de manera que nos hirieron muchos hombres y caballos, y nos tomaron la guía que llevábamos antes de que saliésemos de la laguna, y después que salimos volvieron a seguirnos para estorbarnos el paso; de manera que no nos convenía salirnos afuera ni hacernos mas fuertes y querer pelear con ellos, que se metían luego en la laguna, y desde allí nos herían la gente y caballos. [...] Al cabo ya de estos treinta días, que la necesidad del agua era en extremo, [...] vimos una isla pequeña, y fuimos a ella por ver si hallaríamos agua; mas nuestro trabajo fue en balde, porque no la había. Estando allí, nos tomó una tormenta muy grande, por lo que nos detuvimos seis días sin atrevernos a salir a la mar; y como hacía cinco días que no bebíamos, la sed era tanta que tuvimos que beber agua salada, y algunos lo hicieron con tal exceso que súbitamente se nos murieron cinco hombres. Cuento esto así brevemente, porque creo que no hay necesidad de contar en detalle las miserias y trabajos en que nos vimos; pues considerando el lugar donde estábamos y la poca esperanza de salvación que teníamos, cualquiera puede imaginarse mucho de lo que allí pasaría. Y como vimos que la sed crecía y el agua nos mataba, aunque la no había pasado, decidimos encomendarnos a Dios nuestro Señor, y aventurarnos antes al peligro de la mar que esperar la muerte segura que la sed nos daba.

En 1990, una coproducción de México, España, Estados Unidos y Gran Bretaña recreó la odisea particular de Álvar Cabeza de Vaca. Dirigida por el realizador de documentales Nicolás Echevarría, la película ha sido definida como "un verdadero poema lírico y visual sobre el encuentro de los europeos con América".

C. Las aventuras de Cabeza de Vaca no acabaron aquí. ¿Por qué no buscas más información sobre sus experiencias en el continente americano? En clase, las puedes comentar con tus compañeros.

¡Y AHORA ME VAS A ESCUCHAR!

A. ¿Cuáles crees que pueden ser las causas del desamor en una pareja?

B. A continuación, te presentamos dos textos de dos grandes escritores hispanos. En ellos, dos mujeres que llevan casadas más de veinte años se quejan a sus maridos. ¿Cuál dirías que es la principal diferencia entre ellas? ¿Qué puedes deducir de sus palabras acerca del comportamiento de los maridos? En tu opinión, ¿alguna de ellas tiene más razón para quejarse?

Miguel Delibes
Cinco horas con Mario

DESTINO libro

«Y no es que me queje de vicio...»

Madrid, 1966. Mario, un profesor de 49 años, acaba de morir de un ataque al corazón. Carmen, su viuda, pasa la noche anterior al entierro junto al cuerpo de su esposo y comienza a "pasarle cuentas".

[...] <u>me la diste con queso</u>, Mario, que quién lo iba a decir, sentado con un periódico al solazo de agosto, las <u>horas muertas</u>, frente al mirador, mirando, y no es decir un día ni dos, que yo pensaba, «este chico me necesita; se mataría si no», que siempre fui una romántica y una tonta, nada de <u>maliciada</u>, bien lo sabes tú. ¡Pero mira para lo que me ha servido! Y no es que me queje de vicio, Mario, que tú lo puedes ver, veinticuatro años de matrimonio, que se dice pronto, y ni una triste <u>cubertería</u>, que cada vez que invito, que ya se aburre una, una cena fría, a base de canapés, qué remedio, siempre lo mismo para no variar, el caso es no utilizar más que cuchillos y tenedorcitos de postre, que muchísimas veces me pregunto, Mario, si mereceré yo este castigo. ¡Si una naciera dos veces! Desde aquí te digo que tendría más vista, que las tontas somos nosotras por vivir pendientes de los maridos y de los hijos, que a Valen la sobra razón, que se adelanta más no mostrando excesivo interés, lógico, que, si no, cogéis y ¡hala!, a exigir, tráeme esto y lo otro y lo de más allá, que os lo creéis todo debido los hombres, todos cortados por el mismo patrón, Mario, por más que lo tuyo <u>pase ya de castaño oscuro</u>, que con los extraños venga <u>zalemas</u> y atenciones y en casa, <u>punto en boca,</u> que eso es lo que peor llevo, fíjate. Es como lo de Madrid. Mira que a mí me gusta Madrid, Mario, que es locura por Madrid, que me <u>chifla</u>, todo lo que te diga es poco, bueno, pues prefiero no ir, que a eso hemos llegado, porque para pasar malos ratos mejor me quedo en casa, que para pieles y cuatro caprichos no habrá dinero, pero para porquerías de ésas de hacer pompas, o para retratarnos del brazo por la Gran Vía, que menudas vergüenzas me has hecho pasar, rico [...] «Todo el mundo tiene que vivir!», ¡qué bonito!, eso, todo el mundo tiene que vivir menos una, una es aparte, una se encapricha por un Seiscientos y como si cantara, como si pidiera la luna, que ya lo sé, Mario, que a poco de casarnos eso era un lujo, ya lo sé, pero hoy es un artículo de primerísima necesidad, te lo digo y te lo repito, que hoy un Seiscientos, hasta las porteras, y no me desdigo, pero si los llaman *ombligos*, hombre de Dios, porque todo el mundo los tiene, con eso está dicho todo.

MIGUEL DELIBES, *Cinco horas con Mario*

Miguel Delibes

(Valladolid, España, 1920)

Estudió Derecho y Comercio y ejerció como profesor en la Escuela de Comercio de su ciudad natal, al tiempo que colaboraba con el periódico *El Norte de Castilla*. En 1947 recibió el Premio Nadal por su novela *La sombra del ciprés es alargada*.

Su cuidado estilo evidencia una intención moralizante. A partir de mediados de los años 50 su forma de narrar evoluciona: se hace más transparente y expresivo, y sus obras giran en torno a personajes cotidianos, sin importancia, a los que el autor, sin embargo, dota de gran ternura.

La lengua que emplea Delibes en sus obras es rica y castiza. En 1973 ingresó en la Real Academia Española, y ha recibido, además del Nadal, los premios Príncipe de Asturias de las Letras (1982), Nacional de las Letras (1991), Cervantes (1993) y Nacional de Narrativa (1999).

Entre sus obras figuran *Los santos inocentes, Cinco horas con Mario, Las ratas, El disputado voto del Señor Cayo, El camino, Señora de rojo sobre fondo gris*, etc.

Es probable que no entiendas todas las palabras de los dos textos, pero no te preocupes; seguramente serás capaz de contestar a las preguntas. Luego, podrás centrarte en el vocabulario.

«Nada se parece tanto al infierno como un matrimonio feliz...»

Estamos en 1978. Graciela y su marido van a cumplir sus bodas de plata... pero hay problemas entre ellos. Sin embargo, el marido trata de no hablar de ellos y finge leer el periódico mientras Graciela habla.

No era esto lo que andaba buscando cuando me fugué contigo, ni lo que he estado esperando durante tantos y tantos años [...] Si el matrimonio no puede darme más que honor y seguridad, a la mierda: ya habrá otros modos. Has visto qué bien <u>sobrellevo</u> los desastres irreparables de la intimidad. Bueno: los volvería a desafiar a todos, y hasta con una gran alegría, sólo por ayudarte a envejecer. Pero a fuerza de soportarlos tanto no aguanto más los <u>incordios</u> minúsculos de la felicidad cotidiana. No aguanto más no saber a qué hora se come porque nunca se sabe a qué hora vas a llegar. [...] No aguanto más el desastre de la cocina cuando te da por preparar la receta del gallo hindú. No aguanto más el <u>inventario</u> matutino de tus desgracias porque no encuentras la camisa que quieres, cuando hay doscientas iguales en el ropero, acabadas de planchar y fragantes de vetiver. [...] No aguanto más <u>quejumbres</u> porque no encuentras los lentes que tienes puestos, ni porque se acabó el papel de baño con olor a rosas, ni el <u>reguero</u> de ropa por toda la casa: la corbata en el vestíbulo, el saco en la sala, la camisa en el comedor, los zapatos en la cocina, los calzoncillos en cualquier parte, y todas las luces encendidas por donde vas pasando, y el susto del diluvio al despertar porque anoche se te olvidó cerrar las llaves de la bañera, y la televisión hablando sola, y tú como si nada mientras el mundo se viene abajo, anestesiado detrás de ese periódico que repasas y vuelves a repasar al derecho y al revés como si estuviera escrito en <u>algarabía</u>. [...]

GABRIEL GARCÍA MÁRQUEZ, *Diatriba de amor contra un hombre sentado*

Gabriel García Márquez

(Aracataca, Colombia, 1928)

En 1947, García Márquez se trasladó a Bogotá para estudiar Derecho y Ciencias Políticas, pero sus estudios se vieron interrumpidos en 1948 por el «Bogotazo» (una cruenta revolución que se desató el 9 de abril de ese año a causa del asesinato del líder popular Jorge Eliécer Gaitán). Entonces se trasladó a Cartagena de Indias y comenzó su carrera de periodista. Desde 1975, Márquez vive entre México, Cartagena de Indias, La Habana y París.

Considerado el máximo exponente del «realismo mágico» (corriente literaria en la que hechos fantásticos, irreales o extraños son tratados como algo cotidiano y común), su obra más aclamada es *Cien años de soledad*, publicada en 1967, que narra las vivencias de la familia Buendía en Macondo.

Otros títulos destacados del escritor son: *Crónica de una muerte anunciada, El amor en tiempos del cólera, El coronel no tiene quien le escriba, Diatriba de amor contra un hombre sentado, El otoño del patriarca* y *Vivir para contarla*. En 1982, recibió el premio Nobel de Literatura.

C. Seguramente, has podido entender los motivos de las quejas de Graciela y de Carmen, aunque, probablemente, has encontrado palabras y expresiones que no conoces. Aquí tienes, desordenados, los significados de las palabras y expresiones que aparecen subrayadas en el texto. ¿Puedes descubrir por el contexto a cuál corresponde cada uno?

1. antiguamente, la lengua árabe:
2. volver loco:
3. conjunto de tenedores, cuchillos, cucharas y demás utensilios para el servicio de mesa:
4. engañar a alguien:
5. el tiempo que transcurre o que se dedica a una actividad sin tomar conciencia de su paso:
6. molestia:
7. lista detallada:

8. astuto:
9. ser algo demasiado grave o intolerable:
10. «ni una palabra»:
11. queja frecuente y sin motivo serio:
12. línea continua que deja un líquido al derramarse (en el texto, en sentido metafórico):
13. soportar:
14. reverencia, señal de sumisión, demostración excesiva y afectada de cariño:

D. ¿Cuáles de las palabras y expresiones anteriores crees que tienen un sentido negativo?

EL LIBRO DE LA NATURALEZA

A. Seguro que conoces algunas de las creaciones de Antoni Gaudí. ¿Quieres saber más sobre la obra de este artista? Lee el siguiente texto.

«Todo sale del libro de la Naturaleza, esta naturaleza que de siempre es mi maestra»

Antoni Gaudí i Cornet (1852-1926) fue un artista total: arquitecto innovador, escultor, interiorista, experto en cerámica, forjador... Empleó y combinó todo tipo de materiales constructivos y de decoración: piedra, hierro, cerámica, yeso, cristal, madera y pintura. Sus principales fuentes de inspiración —no solo para la decoración de sus edificios, sino también para la estructura arquitectónica— fueron el paisaje, la vegetación y la fauna de su Mediterráneo natal. De hecho, en la obra de madurez de Gaudí se produce una identificación entre arquitectura y naturaleza conocida como *arquitectura orgánica*.

Gaudí observaba la naturaleza, en la que encontraba estructuras funcionalmente perfectas y formas decorativas de gran belleza. Concluyó que las geometrías de la naturaleza se basaban en muchos casos en superficies curvas, pero compuestas de líneas rectas, que se pueden encontrar con gran frecuencia en

«Ese árbol que crece ahí fuera, ese es mi mejor libro de arquitectura»

las plantas, los seres vivos y las montañas. Así, desarrolló las cuatro formas fundamentales de la arquitectura gaudiana: el *helicoide* (la forma del tronco del eucalipto), el *hiperboloide* (la forma del fémur), el *conoide* (forma frecuente en las hojas de los árboles) y el *paraboloide hiperbólico* (la forma de los tendones entre los dedos de las manos).

Gaudí combinaba sabiamente su dominio de la geometría y los cálculos matemáticos con métodos intuitivos que aplicó a su arquitectura, con lo que obtuvo formas equilibradas muy parecidas a las que se encuentran en la naturaleza.

Además, las formas naturales eran de colores brillantes y variados, por lo que para Antonio Gaudí la decoración —tanto en la arquitectura como en el diseño— era una pieza clave en el proceso creativo.

Su universo decorativo es riquísimo y complejo, repleto de símbolos en cada detalle. Para decorar sus edificios Gaudí exploró todas las técnicas tradicionales: los trabajos de forja, el uso del ladrillo, la cerámica, la ebanistería... Es el original uso de esas técnicas lo que da a sus obras su especial dimensión plástica. El lenguaje gaudiniano está lleno de color, texturas, formas ondulantes y constantes referencias al mundo vegetal y animal.

«El color es la señal de la vida»

EL *TRENCADÍS*

Aunque el mosaico está presente en Cataluña desde el siglo I d.C., el *trencadís* es una técnica nueva que no se utilizó hasta el Modernismo y que fue impulsada como método decorativo por Gaudí y sus discípulos. En esta técnica, los fragmentos que forman el mosaico suelen ser de cerámica, lo que permite realizar magníficas obras de arte con restos de baldosas rotas.

El trencadís tiene la ventaja de su rápida aplicación y de ofrecer un diseño muy espontáneo. Se utiliza para la decoración de superficies verticales exteriores, en las que se obtienen ricos efectos decorativos.

GAUDÍ DISEÑADOR

Gaudí diseñó también el mobiliario para los edificios que le encargaron. Cada mueble es una auténtica pieza de arte y tiene personalidad propia, pero se combina y se integra tanto en el conjunto del mobiliario como en el espacio al que va destinado. El artista catalán estudió detalladamente el cuerpo humano para poder adaptar muchos de sus muebles a la anatomía humana.

Gaudí diseñó una estructura única en su género: un banco de dos plazas no alineadas. Aquí, el espacio de cada persona está delimitado por un apoyabrazos central que actúa de divisor. La forma de los respaldos es una muestra más de la preocupación del diseñador por la comodidad del usuario. Además, los asientos están opuestos. Estamos ante una muestra del gusto de Gaudí por los símbolos: en la realidad íntima humana, las personas a menudo se encuentran solas y aisladas aunque compartan un mismo espacio.

B. ¿Qué características de la arquitectura gaudiana observas en las imágenes?

DE MIEDO

A. ¿Te gustan las historias de miedo? Lee este fragmento de un cuento del escritor mexicano Octavio Paz. ¿Cómo crees que termina?

EL RAMO AZUL

Desperté, cubierto de sudor. Del piso de ladrillos rojos, recién regado, subía un vapor caliente. Una mariposa de alas grisáceas revoloteaba encandilada alrededor del foco amarillento. Salté de la hamaca y descalzo atravesé el cuarto, cuidando no pisar algún alacrán salido de su escondrijo a tomar el fresco. Me acerqué al ventanillo y aspiré el aire del campo. Se oía la respiración de la noche, enorme, femenina. Regresé al centro de la habitación, vacié el agua de la jarra en la palangana de peltre y humedecí la toalla. Me froté el torso y las piernas con el trapo empapado, me sequé un poco y, tras de cerciorarme que ningún bicho estaba escondido entre los pliegues de mi ropa, me vestí y calcé. Bajé saltando la escalera pintada de verde. En la puerta del mesón tropecé con el dueño, sujeto tuerto y reticente. Sentado en una sillita de tule, fumaba con el ojo entrecerrado. Con voz ronca me preguntó:

—¿Ónde va, señor?
—A dar una vuelta. Hace mucho calor.
—Hum, todo está ya cerrado. Y no hay alumbrado aquí. Más le valiera quedarse.

Alcé los hombros, musité "ahora vuelvo" y me metí en lo obscuro. Al principio no veía nada. Caminé a tientas por la calle empedrada. Encendí un cigarrillo. De pronto salió la luna de una nube negra, iluminando un muro blanco, desmoronado a trechos. Me detuve, ciego ante tanta blancura. Sopló un poco de viento. Respiré el aire de los tamarindos. Vibraba la noche, llena de hojas e insectos. Los grillos vivaqueaban entre las hierbas altas. Alcé la cara: arriba también habían establecido campamento las estrellas. Pensé que el universo era un vasto sistema de señales, una conversación entre seres inmensos. Mis actos, el serrucho del grillo, el parpadeo de la estrella, no eran sino pausas y sílabas, frases dispersas de aquel diálogo. ¿Cuál sería esa palabra de la cual yo sólo era una sílaba? ¿Quién dice esa palabra y a quién se la dice? Tiré el cigarrillo sobre la banqueta. Al caer, describió una curva luminosa, arrojando breves chispas, como un cometa minúsculo.

Caminé largo rato, despacio. Me sentía libre, seguro entre los labios que en ese momento me pronunciaban con tanta felicidad. La noche era un jardín de ojos. Al cruzar una calle, sentí que alguien se desprendía de una puerta. Me volví, pero no acerté a distinguir nada. Apreté el paso. Unos instantes después percibí el apagado rumor de unos huaraches sobre las piedras calientes. No quise volverme, aunque sentía que la sombra se acercaba cada vez más. Intenté correr. No pude. Me detuve en seco, bruscamente. Antes de que pudiese defenderme, sentí la punta de un cuchillo en mi espalda y una voz dulce:

—No se mueva, señor, o se lo entierro.

Sin volver la cara, pregunté:

—¿Qué quieres?
—Sus ojos, señor -contestó la voz suave, casi apenada.
—¿Mis ojos? ¿Para qué te servirán mis ojos? Mira, aquí tengo un poco de dinero. No es mucho, pero es algo. Te daré todo lo que tengo, si me dejas. No vayas a matarme.
—No tenga miedo, señor. No lo mataré. Nada más voy a sacarle los ojos.
—Pero, ¿para qué quieres mis ojos?
—Es un capricho de mi novia. Quiere un ramito de ojos azules. Y por aquí hay pocos que los tengan.
—Mis ojos no te sirven. No son azules, sino amarillos.
—Ay, señor no quiera engañarme. Bien sé que los tiene azules.
—No se le sacan a un cristiano los ojos así. Te daré otra cosa.
—No se haga el remilgoso, me dijo con dureza. Dé la vuelta.

Me volví. Era pequeño y frágil. El sombrero de palma le cubría medio rostro. Sostenía con el brazo derecho un machete de campo, que brillaba con la luz de la luna.

—Alúmbrese la cara.

...

Octavio Paz
(Ciudad de México, 1914-1998)

Estudió en las facultades de Leyes y Filosofía y Letras de la Universidad Nacional de México. En 1936 se trasladó a España para combatir en el bando republicano en la Guerra Civil, y participó en la Alianza de Intelectuales Antifascistas. Concluida la Segunda Guerra Mundial fue diplomático hasta 1968.

Poeta, narrador, ensayista, traductor, editor y gran impulsor de las letras mexicanas, Paz se mantuvo siempre en el centro de la discusión artística, política y social de su país. Su poesía se adentró en los terrenos del erotismo, la experimentación formal y la reflexión sobre el destino del hombre. En 1990 se le concedió el Premio Nobel de Literatura.

Algunas de sus obras son: *Entre la piedra y la flor, Libertad bajo palabra, Águila o sol, Topoemas, El laberinto de la soledad, El arco y la lira, El mono gramático, Arenas movedizas, Los hijos del limo, Tiempo nublado, Hombres de su siglo*, etc.

CD 57 **B.** Ahora, puedes escuchar el final imaginado por el autor en el CD del libro. ¿Se parece al que has pensado tú?

CRÓNICAS DE GUERRA

A. ¿Has pensado alguna vez en la labor que desempeñan los corresponsales de guerra? ¿Cómo ves esa profesión? ¿Piensas que los periodistas se identifican con las víctimas de la guerra o actúan con frialdad e indiferencia?

B. Lee este artículo en el que el escritor Arturo Pérez-Reverte habla de una de sus primeras experiencias como corresponsal en un conflicto bélico. ¿Responde a las preguntas quién, qué, cuándo, dónde, por qué, para qué y cómo?

PARTE DE GUERRA
por *Arturo Pérez-Reverte*

[...] Uno de mis viejos fantasmas tiene la imagen de un oso de peluche; y, por alguna extraña pirueta de la memoria, esta noche pasada estuvo acompañándome durante el sueño que no tuve. El recuerdo es perfecto, al detalle, nítido como una foto o un plano secuencia. Tengo veintidós años y es la primera vez que veo campos inmensos arder hasta el horizonte. En las cunetas hay cadáveres de hombres y de animales, y la nube de humo negro flota suspendida entre el cielo y la tierra, con un sol poniente sucio y rojo que es difícil distinguir de los incendios. En la carretera de Nicosia a Dekhalia, parapetados tras sacos de arena y en trincheras excavadas a toda prisa, algunos soldados grecochipriotas muy jóvenes y muy asustados aguardan la llegada de los tanques turcos, dispuestos a disparar sus escasos cartuchos y luego a escapar, morir o ser capturados. El nuestro es un pequeño convoy de dos camiones protegidos por banderas británicas. A bordo hay algunos ciudadanos europeos refugiados y cuatro reporteros en busca de una base militar con teléfono para transmitir: Aglae Masini con un cigarrillo en la boca y tomando notas con su única mano, Luis Pancorbo, Emilio Polo con la cámara Arriflex sobre las rodillas, y yo. Ted Stanford acaba de pisar una mina en la carretera de Famagusta, y a Glefkos, el reportero del Times que hace dos días se ligó Aglae en la piscina del Ledra Palace, acabamos de dejarlo atrás con la espalda llena de metralla. Es el verano de 1974. Mi segunda incursión en territorio comanche.

Nuestros camiones pasan por un pueblo abandonado y en llamas, donde el calor de los incendios sofoca el aire y te pega la camisa al cuerpo. Y ya casi en las afueras, una familia de fugitivos grecochipriotas nos hace señales desesperadas. Se trata de un matrimonio con cuatro críos de los que el mayor no tendrá más de doce años. Van cargados con maletas y bultos de ropa, todo cuanto han podido salvar de su casa incendiada, y yo todavía ignoro que pasaré los próximos veinte años viéndolos una y otra vez, ¡siempre la misma familia en la misma guerra! huyendo en lugares iguales a ése como en una historia destinada a repetirse hasta el fin de los tiempos.

Nos hacen señales para que nos detengamos. La mujer sostiene al hijo más pequeño, con dos niñas agarradas a su falda. El padre va cargado como una bestia, y el hijo mayor lleva a la espalda una mochila, tiene una maleta a los pies y con una mano sostiene el oso de peluche de una de sus hermanas. Saben que los turcos se acercan, y que somos su única posibilidad de escapar. Vemos la angustia en sus caras, la desesperación de la mujer, la embrutecida fatiga del hombre, el desconcierto de los chiquillos. Pero el convoy es sólo para extranjeros. El sargento británico que conduce nuestro camión pasa de largo —tengo órdenes, dice impasible—, negándose a detenerse aunque Aglae lo insulta en español, en griego y en inglés. Los demás nos callamos: estamos cansados y queremos llegar y transmitir de una maldita vez. Y mientras Emilio Polo saca medio cuerpo fuera del camión y filma la escena, yo sigo mirando el grupo familiar que se queda atrás en las afueras del pueblo incendiado. Entonces el niño del oso de peluche levanta el puño y escupe hacia el convoy que se aleja por la carretera. [...]

El Semanal, 29 de julio de 2001

C. ¿Qué sentimientos te ha provocado el relato? ¿Qué te parecen las diferentes actitudes de las personas que viajan en el convoy? ¿Por qué crees que actúan así?

D. Lee estos fragmentos de *El pintor de batallas* (2005), también de Pérez-Reverte. ¿Qué relación tienen con el artículo anterior? ¿Con qué ocupante del convoy puedes identificar al señor Faulques?

—Dígame una cosa, señor Faulques... ¿Llega uno a endurecerse lo suficiente?... Quiero decir si, al final, cuanto pasa ante el objetivo de la cámara le es indiferente al testigo, o no.

El pintor se llevó a los labios el vaso. Estaba vacío.

—La guerra —dijo tras pensarlo un rato— sólo puede fotografiarse bien cuando, mientras levantas la cámara, lo que ves no te afecta... El resto hay que dejarlo para más tarde.

—Usted ha hecho fotos de escenas como la que acabo de contarle, ¿verdad?

—De los resultados sí, algunas hice.

—¿Y en qué pensaba mientras tomaba foco, calculaba la luz y todo lo demás?

Faulques se levantó en busca de la botella. La encontró sobre la mesa, junto a los frascos de pintura y el vaso vacío del visitante.

—En el foco, en la luz y en todo lo demás.

[...]

—Asumir las cosas no es aprobar que sean como son —dijo éste—. Explicación no es sinónimo de anestesia. El dolor...

Se interrumpió ahí. El dolor. Pronunciada ante su visitante, aquella palabra sonaba impropia. Arrebatada a legítimos propietarios, cual si Faulques no tuviese derecho a utilizarla. Pero Markovic no parecía molesto.

—El dolor, claro —dijo comprensivo— El dolor... Disculpe si hurgo en cosas demasiado personales pero sus fotografías no muestran mucho dolor. Reflejan el dolor ajeno, quiero decir; pero no advierto rastros del propio... ¿Cuándo dejó de dolerle lo que veía?

Faulques tocaba con los dientes el borde de su vaso.

—Es complicado. Al principio fue una aventura divertida. El dolor vino luego. A ráfagas. Al final, la impotencia. Supongo que ya no duele nada.

—¿El endurecimiento al que me refería?

—No. Yo hablo de resignación. Aunque no descifre el código, uno comprende que hay reglas. Entonces se resigna.

Arturo Pérez-Reverte

(Cartagena, España, 1951)

Se dedica en exclusiva a la literatura, tras 21 años (1973-1994) como reportero de prensa, radio y televisión. Durante ese periodo, cubrió diferentes conflictos internacionales como los de Chipre, Líbano, Eritrea, el Sahara, las Malvinas, El Salvador, Nicaragua, Chad, Libia, Sudán, etc. Los últimos conflictos que vivió como corresponsal de guerra fueron la revolución de Rumanía, la guerra de Mozambique, la crisis y la guerra del Golfo, la guerra de Croacia y la guerra de Bosnia.

Como novelista cuenta con numerosas obras de enorme éxito dentro y fuera del mundo de habla hispana, entre las que figuran la serie de aventuras del *Capitán Alatriste, El maestro de esgrima, La tabla de Flandes, El club Dumas, Territorio comanche, La piel del tambor, La Reina del Sur, El pintor de batallas*, etc.

Desde 2003, es miembro de la Real Academia Española de la Lengua.

LA CULTURA MÉDICA AMERINDIA

A. Lee estos artículos sobre la medicina tradicional de algunos pueblos sudamericanos. ¿Te parece interesante el concepto de salud de estos pueblos? ¿Qué cosas de las que dicen te parecen acertadas?

La cultura médica amerindia: el hombre en armonía con el universo

La cultura médica amerindia es un conjunto de ideas y prácticas presentes en todo el continente, aunque existen muchas versiones, dependiendo de la región, la tribu o incluso del curandero que la practique. El curanderismo se mantiene vivo desde tiempos precolombinos entre la población indo-latinoamericana —independientemente de su poder adquisitivo o nivel cultural— gracias a que, en cierto modo, presta más atención a los males psicosomáticos que la medicina occidental.

¿SABÍAS QUE...?

● Una gran parte de los medicamentos que se venden en las farmacias tienen ingredientes activos extraídos o derivados de plantas, y muchos de ellos (el 74%) fueron descubiertos por tribus indígenas. La aspirina, la quinina, las píldoras anticonceptivas, los analgésicos y algunos agentes contra el cáncer son los equivalentes modernos de remedios empleados en medicinas tradicionales muy antiguas.

LOS PAECES (Colombia)

• Para este pueblo de la Colombia suroccidental, la vida individual y lo que la mantiene viva es una culebra enroscada: el tul. El tul es a la vez lo cultural (la comunidad, la vestimenta, la casa, los cultivos, etc.) y lo anticultural (lo incontrolable, lo ajeno a la cultura paez, lo silvestre, la sexualidad, etc.). Lo cultural se identifica con el calor y lo anticultural, con el frío, y ambos elementos deben equilibrarse. Este equilibrio se conoce como refrescamiento, sin el cual se produce un calor excesivo de lo cultural que conduce a la enfermedad. Sin embargo, esta también puede ser provocada por el exceso de frío de lo anticultural.

El tul —tanto individual como comunitario— es entendido como un triángulo de tres vértices:

• ICUESH: lo material. Es la persona de carne y hueso.
• KIWE: las condiciones de vida. Es un concepto histórico y geográfico a la vez.
• SGAU: el otro yo, lo incontrolable, que habita de día en el submundo y que emerge en los sueños durante la noche.

La relación armoniosa entre los tres vértices es conocida como *finising* (acuerdo). Por lo tanto, la enfermedad no es más que un alejamiento del *finising*, que se produce cuando el tul se hincha (por recalentamiento) o se marchita (por enfriamiento) El objetivo del curandero es reencontrar el *finising* del paciente: el equilibrio entre el cuerpo, las condiciones y el yo.

Entre las causas del desequilibrio están el susto, el miedo y la tensión, que alejan el *sgau* del *icuesh*. Las personas físicamente más débiles son las más afectadas por esta alteración, que agrava la enfermedad. Los médicos paeces describen un «síndrome del susto»: falta de apetito, problemas digestivos, dolores de vientre y de espalda, depresión, debilidad, fiebre, pérdida de la capacidad de hablar, etc. Las formas de tratamiento no siguen ninguna regla fija y no se basan en los síntomas del paciente: las establece el curandero en cada caso a partir de su sentimiento, de su percepción y de su intuición, y según la persona «asustada» y las causas del susto.

FRAGMENTOS DE UNA ENTREVISTA CON EL CHAMÁN ARCHUACO ARWA VICÚ (COLOMBIA)

• «Nosotros hablamos de la línea original que guarda el equilibrio de la humanidad y esa línea la llamamos *zia yina*. *Yina* es [...] la humanidad [...] . *Zi* es un hilo imaginario de energía que pende desde el sol. Esa línea que viene del sol se proyecta en el cerebro y a partir del cerebro, su luz mágica hace que todo pueda existir»

• «Dicen nuestros viejos, simplemente, que [...] el hombre [...] perdió el *zia yina*, el control del sol, por todas las contaminaciones y las profanaciones que se están haciendo en la tierra, ese *zia yina* está repercutiendo allá en el sol y entonces se están produciendo una serie de gases»

• «Ese es el problema que está ocurriendo aquí, de acuerdo a lo que nos han dicho los ancianos. Esa línea de origen está en desequilibrio en este momento a partir de los gases que se están dando allá y eso está afectando a la línea de origen, la de mantener el equilibrio, mantener la naturaleza [...] entonces todo se nos está convirtiendo en un veneno. Y ese veneno tiene repercusión en la agricultura, en los ganados; va a tener repercusión en la alteración del medio ambiente, de las lluvias [...] Van a ser estragos tremendos. [...] La crisis va a ser grave.»

LOS KALLAWAYA
(Andes peruanos y bolivianos)

• Los kallawayas son una comunidad indígena conocida por sus curanderos. Este pueblo considera que la salud es un estado global que comprende lo físico y la psicología del individuo y su relación con el entorno social y natural. Es un estado completo desde el cual la persona puede relacionarse en armonía con los demás.

En su visión, la salud proviene de una analogía entre el cuerpo humano y la tierra, los animales, la comunidad, la realización personal y el respeto de las costumbres. El origen de la enfermedad no se busca sólo en el organismo del paciente, sino también en el conjunto de sus relaciones con el trabajo, la familia y las actividades cotidianas.

Para los kallawaya las montañas, los lagos, el clima, las plantas y los animales son seres vivos que tienen familia, casa, costumbres... Un curandero kallawaya, Hilarión, explica que «para tener buena salud hay que darle de comer a la montaña». Las curaciones se basan en rituales en que los alimentos que se ofrecen a la Pachamama (madre tierra) representan los tres grandes hábitats de la región: el altiplano, los valles altos y la región subtropical. Así, la montaña, satisfecha, proporcionará salud al hombre. Esta relación simbólica entre el hombre y los niveles ecológicos proporciona una cultura alimentaria relativamente completa y variada que ayuda a prevenir enfermedades: la gran fuerza de la medicina kallawaya se sitúa en la prevención. El curandero no utiliza solamente plantas medicinales, sino también los rituales para la Pachamama, el equilibrio de la alimentación, la música...

B. ¿Has reconocido elementos o ideas presentes también en la medicina occidental? ¿Y en las corrientes actuales de medicina alternativa (naturismo, acupuntura, homeopatía, fitoterapia…)?

PLANTAS MEDICINALES UTILIZADAS POR LOS KALLAWAYAS

Wachanga (*Euphorbia huanchahana*)
• Ubicación: 3800 metros de altura.
• Partes utilizadas: raíz.
• Usos: cálculos biliares y para expulsar los gusanos.
• Administración: en infusión.

Espina colorada (*Opuntia boliviana*)
• Ubicación: 3800 metros de altura.
• Partes utilizadas: carne de la planta.
• Usos: dolores de cabeza y muelas, hinchazones, tumores, fracturas y golpes.
• Administración: en cataplasma.

Agave o Aloe (*Agave salminiana*)
• Ubicación: en valles, en lugares secos.
• Partes utilizadas: hojas.
• Usos: purifica el estómago y el intestino, cura heridas, hinchazones, purifica la sangre, calma el dolor de cabeza.
• Administración: jugo, jarabe y cataplasmas.

Coca (*Erythroxylon coca*)
• Ubicación: estrato subtropical.
• Partes utilizadas: hojas.
• Usos: dolor de estómago, somnolencia, mal de altura, dolor de cabeza y de muelas.
• Administración: en infusión u hojas para mascar.

Algodón salvaje (*Gossypium raimondi*)
• Ubicación: estrato subtropical.
• Partes utilizadas: lana, semillas, hojas.
• Usos: golpes y moratones, heridas, dolores musculares, mal de altura.
• Administración: pomadas, cataplasmas, humo.

AMÉRICA, AMÉRICA

A. ¿Sabes qué designan los nombres CAN, ALADI y MERCOSUR? ¿Habías oído hablar de estos organismos? ¿Pertenece tu país a algún organismo semejante? ¿Es positivo para tu país?

EL CAMINO DE LA INTEGRACIÓN REGIONAL

En la primera mitad del siglo XIX, una vez acabadas las guerras de independencia y constituidos los modernos estados latinoamericanos, el continente se encuentra dividido en multitud de estados cuyas fronteras responden más a intereses económicos y geopolíticos que a realidades culturales o étnicas. A lo largo del siglo XIX y durante una buena parte del XX, los diferentes estados se enfrascan en guerras fratricidas por cuestiones de fronteras, y los intentos de integración como la Gran Colombia o la Confederación Centroamericana acaban en fracaso.

Sin embargo, aunque los países latinoamericanos no son uniformes, son muchos los factores que los unen: la geografía, el idioma, el pasado histórico, el patrimonio cultural... En este marco, y como continuación del sueño de una América unida, surgen a partir de la segunda mitad del siglo XX una serie de iniciativas regionales que tienen como fin la integración de los diferentes estados.

«*Es una idea grandiosa pretender formar de todo el mundo nuevo una sola nación con un solo vínculo que ligue sus partes entre sí y con el todo. Ya que tiene un origen, una lengua, unas costumbres y una religión, debería por consiguiente tener un solo gobierno que confederase los diferentes Estados que hayan de formarse; mas no es posible porque climas remotos, situaciones diversas, intereses opuestos, caracteres desemejantes, dividen a la América*».

SIMÓN BOLÍVAR, 1815

COMUNIDAD ANDINA DE NACIONES (CAN)

Integrada por Bolivia, Colombia, Ecuador, Perú y Venezuela (con Argentina, Brasil, Paraguay y Uruguay en calidad de países asociados y Chile, México y Panamá como observadores). Tras tres años de negociaciones, los cinco países miembros suscriben el 9 de julio de 1969 el acuerdo de integración subregional andino, más conocido como Acuerdo de Cartagena, con el que se pretende potenciar un desarrollo económico equilibrado y compartido de los países miembros, disminuir su vulnerabilidad externa y mejorar su posición en el contexto económico internacional. Así, se establece una cooperación económica y social, y se contempla la posibilidad de que algún día exista un mercado común latinoamericano.

ASOCIACIÓN LATINOAMERICANA DE INTEGRACIÓN (ALADI)

Creada en 1980 tras el Tratado de Montevideo con el objeto de constituir un espacio de intercambios económicos para proteger el comercio regional. Es el mayor grupo latinoamericano de integración: sus doce países miembros (Argentina, Bolivia, Brasil, Chile, Colombia, Cuba, Ecuador, México, Paraguay, Perú, Uruguay y Venezuela) abarcan un territorio de 20 millones de kilómetros cuadrados y aúnan a más de 493 millones de habitantes.

MERCADO COMÚN DEL SUR (MERCOSUR)

Nacido con el Tratado de Asunción, firmado el 26 de marzo de 1991 en la capital de la República del Paraguay. Su objetivo es lograr un mercado común a partir de un proceso de integración regional que involucra inicialmente a cuatro países: Argentina, Brasil, Paraguay y Uruguay. Otros países se han asociado al MERCOSUR con el estatus de estados asociados: Bolivia y Chile en el año 1996, Perú en el año 2003 y Colombia, Ecuador y Venezuela en el año 2004.

EL MERCOSUR pretende favorecer los procesos de desarrollo económico y la justicia social a través de un mejor aprovechamiento de los recursos, la conservación del medio ambiente, la mejora de las interconexiones físicas y la complementación de los diferentes sectores de la economía, todo ello sobre una base de igualdad, flexibilidad y equilibrio.

- PAISES FUNDADORES 1991
- PAISES ASOCIADOS 1996
- PAISES ASOCIADOS 2003
- PAISES ASOCIADOS 2004

EL FUTURO: LA COMUNIDAD SUDAMERICANA DE NACIONES

Este es un gran proyecto político y un programa descentralizado de desarrollo. Su construcción se realizará a partir de la convergencia gradual entre la Comunidad Andina y el Mercosur, sumando a Chile y también a Guyana y Suriname, según dispusieron los Presidentes de América del Sur en la III Cumbre celebrada en Cuzco el 8 de diciembre de 2004 (fecha en la que tuvo lugar la creación política de la Comunidad Sudamericana de Naciones).

Las bases del acuerdo son la cooperación política, social y cultural; la integración económica, comercial y financiera; el desarrollo de las infraestructuras físicas, la energía, y las comunicaciones. En la reunión de Brasilia, celebrada el 30 de septiembre de 2005, se establecieron las siguientes áreas de acción prioritaria:

- el diálogo político,
- la integración física;
- el medio ambiente;
- la integración energética;
- los mecanismos financieros sudamericanos;
- las asimetrías;
- la cohesión social, y la inclusión y la justicia sociales;
- las telecomunicaciones.

- PAISES MIEMBROS

«Me siento tan patriota de Latinoamérica, de cualquier país de Latinoamérica, como el que más y, en el momento en que fuera necesario, estaría dispuesto a entregar mi vida por la liberación de cualquiera de los países de Latinoamérica, sin pedirle nada a nadie, sin exigir nada, sin explotar a nadie».

ERNESTO "CHE" GUEVARA

B. "Canción con todos" es una de las canciones más conocidas y cantadas de la música popular latinoamericana. ¿Cuál te parece que es su mensaje? ¿Qué otro título podría tener? ¿Entiendes los adjetivos y las imágenes que se usan en la canción para hablar de los diferentes países?

C. Lee la información sobre Mercedes Sosa, que, para muchos, es la intérprete que ha conseguido darle un mayor grado de expresividad y emoción a "Canción con todos". ¿Por qué no buscas más información sobre la cantante?

CANCIÓN CON TODOS
(Letra: A. Tejada Gómez - Música: Cesar Isella)

Salgo a caminar
por la cintura cósmica del sur,
piso en la región,
más vegetal del viento y de la luz;
siento al caminar
toda la piel de América en mi piel
y anda en mi sangre un río
que libera en mi voz su caudal.

Sol de Alto Perú,
rostro, Bolivia, estaño y soledad,
un verde Brasil,
besa mi Chile, cobre y mineral;
subo desde el sur
hacia la entraña América total,
pura raíz de un grito
destinado a crecer y a estallar.

Todas las voces todas,
todas las manos todas,
toda la sangre puede
ser canción en el viento;
canta conmigo canta,
hermano americano,
libera tu esperanza
con un grito en la voz.

HAYDÉE MERCEDES SOSA nació en San Miguel de Tucumán (Argentina) el 9 de julio de 1935. El reconocimiento popular en su país le llegó gracias al Festival Nacional de Folklore de Cosquín, en 1965. Ese fue el día que Argentina la descubrió, y en el que empezó una carrera de gran éxito que conseguiría ampliar a todos los países de habla hispana.

Artista comprometida social y políticamente, en 1979 fue detenida en un concierto junto con todo el público que había ido a verla cantar. Se exilió primero en París y más tarde en Madrid. Aunque podía entrar y salir de Argentina, Mercedes Sosa no podía cantar en su propio país. Era la época de la dictadura y sus canciones eran consideradas peligrosas. Finalmente, en 1982 pudo volver a actuar en los escenarios argentinos.

«La Negra», como se la conoce cariñosamente, ha recibido numerosos premios, algunos de ellos para reconocer su labor en defensa de los derechos de la mujer o sus méritos artísticos y personales, que han contribuido a la paz y al entendimiento entre los pueblos.

MÁS
GRAMÁTICA

- Cuando, al realizar una actividad, tengas una duda o quieras entender mejor una regla gramatical, puedes consultar este resumen.

- Como verás, los contenidos no están ordenados por lecciones sino en torno a las categorías gramaticales.

- Además de leer atentamente las explicaciones, fíjate también en los ejemplos: te ayudarán a entender cómo se utilizan las formas lingüísticas en contexto.

PRONOMBRES

► La forma de los pronombres personales cambia según su función en la oración.

sujeto	con preposición	COD	COI	reflexivo
yo	mí (conmigo)	me	me	me
tú	ti (contigo)	te	te	te
usted	usted	lo / la	le (se)	se
él / ella	él / ella	lo / la	le (se)	se
nosotros/as	nosotros/as	nos	nos	nos
vosotros/as	vosotros/as	os	os	os
ustedes	ustedes	los / las	les (se)	se
ellos / ellas	ellos / ellas	los / las	les (se)	se

► Los pronombres sujeto se utilizan cuando queremos resaltar la persona por oposición a otras o cuando su ausencia puede llevar a confusión como, por ejemplo, en la tercera persona.

- *Vosotras* estudiáis biología, ¿verdad?
- ○ *Ella* sí, pero *yo* estoy en cuarto de Filología Inglesa.

► Con las preposiciones **entre**, **excepto**, **hasta**, **incluso**, **salvo** y **según** se usan con los pronombres sujeto.

- *Entonces, según tú*, ¿la policía actuó correctamente?
- *Entre tú y yo*, lo que ha hecho Susana no está bien.

► Cuando el Complemento de Objeto Directo (COD) hace referencia a una persona singular de género masculino, se admite también el uso de la forma **le**.

- *A Luis lo/le veo todos los días.*

► La forma **lo**, además de a COD masculinos singulares, sustituye a partes enteras del texto o a predicados de los verbos **ser**, **estar** o **parecer**, o a partes enteras del texto.

- *Administrar una casa no es <u>tan difícil</u>.*
- ○ *¡Sí que lo es!*

- *¿Está <u>enfadada</u> Eva?*
- ○ *No, no lo está, tranquilo.*

- *Emilio parece <u>muy buena persona</u>, de veras...*
- ○ *Lo parece, pero no lo es.*

- *Al final, ¿<u>aprobaste los exámenes</u>?*
- ○ *No lo sé. Hasta la semana que viene no salen las notas.*

► Los pronombres de COI **le** y **les** se convierten en **se** cuando van acompañados de los pronombres de COD **lo**, **la**, **los**, **las**:

- *Se lo pregunto.* ~~Le lo pregunto.~~

¡Atención!
Con los adverbios **como** y **menos** se usan las formas **yo** y **tú**.

- Yo, en el fondo, soy **como tú**.
- **Menos yo**, todos los de la clase han aprobado.

REFLEXIVOS

► Los pronombres reflexivos tienen varios usos.

- Cuando el sujeto y complemento directo o indirecto coinciden.

- *Pablo se está mirando al espejo todo el día.*
- *Me preparo la cena cada día.*

- Cuando el COD es una parte del propio cuerpo o un objeto que posee el sujeto.

- *Niños, ¿os habéis lavado las manos?*
- *¡Hoy te has cambiado de camisa tres veces!*

- Con algunos verbos que se refieren a la consumición o al aprovechamiento de algo, el uso de los pronombres reflexivos es muy frecuente y suele indicar que la acción se realizó completamente, sobre la totalidad de algo. En estos casos, el COD está siempre determinado.

- *Comió tarta.* (= algo de tarta, una cierta cantidad no especificada, etc.)
- *Se comió <u>la</u> tarta.* (= toda la tarta)

- Con sujetos inanimados el uso de los reflexivos indica muchas veces la ausencia de un sujeto animado conocido.

- *La puerta se cerró de golpe y me dio un susto terrible.*
- *No le riñas, que la botella se ha caído pero el niño no ha hecho nada.*

- Algunos verbos cambian de sentido según se usen como reflexivos o no.

- *Fui a Madrid el martes.* (= viajé a Madrid)
- *Me fui de aquí el martes.* (= abandoné el lugar donde estaba)

- *He quedado con Javier.* (= me he citado)
- *Me he quedado todo el fin de semana en casa.* (= he permanecido)

- *He pasado por la Plaza Mayor.*
- *Me he pasado... Tenía que bajar en la parada anterior.* (= he ido más allá de lo conveniente)

- También se usa la serie reflexiva (las formas del plural) con las acciones recíprocas.

- *Las dos **nos queremos** mucho.* (= yo a ella y ella a mí)
- *Los dos conductores bajaron de los coches y empezaron a **insultarse** y a **pegarse**.* (= el uno al otro)

PRONOMBRES EN CONSTRUCCIONES VALORATIVAS

► En español muchos verbos se combinan con la serie **me/te/le/nos/os/les** en construcciones cuyo sujeto es lo que produce el sentimiento o la valoración (subrayado en los ejemplos). Igual que pasa con los pronombres sujeto, cuando deseamos marcar el contraste con otra persona o evitar la ambigüedad, usamos también los pronombres tónicos **a mí/a ti/a él/a ella/a usted/a nosotros/a nosotras/ a vosotros/a vosotras/a ellos/a ellas/a ustedes**.

- ***Me fastidia*** que no me diga la verdad.
- ***Te encantan*** los espectáculos en vivo, ¿verdad?
- ***A Elisa le dan pánico*** los aviones, pero a mí no.
- *¿**A usted le interesa** el arte?*
- ***Nos horrorizan*** los grandes almacenes.
- *¿**A vosotros no os molesta** este ruido?*
- ***A ustedes*** seguramente **les apetecerá** descansar un rato, ¿no?
- ***A ellas*** no **les importa** esperar un poco.

POSICIÓN DE LOS PRONOMBRES OBJETO

► El orden de los pronombres es: COI + COD + verbo. Con los verbos conjugados, los pronombres se colocan siempre delante del verbo (excepto en el caso del Imperativo afirmativo).

- *¿Has visto mi bici nueva? **Me la** han regalado por mi cumpleaños.*

► Con el Infinitivo, el Gerundio y la forma afirmativa del Imperativo, los pronombres se colocan después del verbo y forman una sola palabra.

- *Cuando hay un problema lo mejor es discutir**lo**.*
- *Criticándo**selo** todo no arreglarás nada.*
- *¡Dá**melas**! ¡Son mías!*

► Con perífrasis y con estructuras como **poder/querer/ir a** + Infinitivo, los pronombres pueden ir delante del verbo conjugado o detrás del Infinitivo, pero nunca entre ambos.

- *Tengo que contar**te** algo.*
  ***Te** tengo que contar algo.*
  ~~*Tengo que **te** contar algo.*~~

- *Quiero regalar**le** algo a tu madre.*
  ***Le** quiero regalar algo a tu madre.*
  ~~*Quiero **le** regalar algo a tu madre.*~~

- *Voy a cambiar**me** de casa.*
  ***Me** voy a cambiar de casa.*
  ~~*Voy a **me** cambiar de casa.*~~

REDUPLICACIÓN DE PRONOMBRES OBJETO

► Cuando el OD o el OI son mencionados antes del verbo, es obligatorio usar también los pronombres.

- *<u>Las zanahorias</u> **las** he dejado sobre la mesa, y <u>los huevos</u> **los** he puesto en la nevera.*
- *<u>A tu hermano</u> **le** he comprado unos discos.*
- *<u>A Marisa</u>, <u>lo del accidente</u>, no **se lo** voy a decir.*

► Normalmente, el pronombre de OI se usa también cuando el OI aparece después del verbo.

- ***Le** hemos contado toda la verdad **a tu madre**.*

► Con los pronombres de COI de tercera persona muchas veces no está claro a quién hacemos referencia. En estos casos, se hace necesario aclarar la identidad del OI.

- *¿Qué ha hecho con el informe?*
- ○ ***Se lo** entregué **al Sr. Ramírez**.*

PREPOSICIONES Y LOCUCIONES PREPOSICIONALES

REFERENCIAS ESPACIALES

a destino distancia **a pie**	• *El tren **a** Valladolid sale ahora.* • *Estamos **a** 10 km del cortijo.* • *Siempre voy **a pie** al trabajo.*
en ubicación medio de transporte	• *Ourense está **en** Galicia.* • *Las llaves están **en** la mesa.* • *Prefiero viajar **en** avión.*
de procedencia **lejos/cerca de**	• *Vengo **de** mi casa.* • *Eso queda muy **lejos de** aquí.*
desde punto de partida u origen	• ***Desde** mi casa hasta aquí hay unos 3 km.*
entre ubicación en medio de dos o más cosas	• *León está **entre** Asturias y Zamora.*
hacia dirección	• *Toma el metro **hacia** Plaza de España y bájate en la tercera estación.*
hasta punto de llegada o límite	• *Tomas el metro **hasta** Plaza de España y allí haces transbordo.*

por	
movimiento dentro o a través de un espacio	• *He dado una vuelta **por** el centro.* • *Yo siempre paso **por** Lleida para ir a Baqueira.*

sobre	
ubicación superior	• *Las maletas ponlas **sobre** el armario de mi dormitorio.*

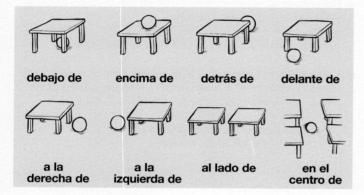

debajo de   encima de   detrás de   delante de

a la derecha de   a la izquierda de   al lado de   en el centro de

REFERENCIAS TEMPORALES

a + hora	• *La clase termina **a** las once.*
por + parte del día	• *Nunca tomo café **por** la noche.*
por + época del año	• *Vendrá **por** Navidad (= en torno a Navidad, un poco antes o un poco después)*
para + fecha límite, plazo	• *Tienes que terminar el trabajo **para** el martes. (= no más tarde del martes)*
de + **día/noche**	• *Aquí a las cinco ya es **de noche**.*
desde + punto inicial en el tiempo	• *Trabajo aquí **desde** 1998.*
en + mes/estación/año	• *Trabajo aquí **desde** 1998.* • *Vino **en** marzo.* • ***En** 1978 llegaron a España.*
de + inicio .... **a** + fin	• *Las tiendas abren **de** lunes **a** sábados **de** 9 a 20 h.*
hacia + hora aproximada	• *El robo tuvo lugar **hacia** las tres de la madrugada.*
hasta + punto final o límite	• *Tienes tiempo **hasta** octubre para enviar la solicitud.*
sobre + hora aproximada	• *Volveré **sobre** las ocho.*

OTROS USOS

A
modo: **patatas al vapor, cita a ciegas**
COD (con personas): **¿Por qué no invitas a Maite?**

DE
material: **de seda**
pertenencia, relación: **la moto de Juan, el tío de Ana**
género, especie: **un libro de Historia**
utilidad: **una máquina de afeitar, una caña de pescar**
algo de, un poco de, nada de + sustantivo: **algo de dinero, un poco de leche, nada de gracia**

POR/PARA
por + causa: **Están preocupados por su hijo.**
para + finalidad: **Se compró un perro para no estar tan solo.**
para + destinatario: **Quiero comprar algo para mi novia.**

CON
compañía: **¿Con quién harás el trabajo? ¿Con Amalia?**
modo: **Ábrelo con cuidado.** (= cuidadosamente)
acompañamiento: **pollo con verduras**
instrumento: **Como el mío estaba estropeado, tuve que hacer el trabajo con el ordenador de mi hermana.**
componentes: **una silla con apoyabrazos, una maleta con ruedas**

SEGÚN
opinión: **Según Lucía, Carlos tiene la culpa de todo.**
fuente: **Según el periódico, el fin de semana va a hacer buen tiempo.**

SIN
ausencia: **Lo hice sin darme cuenta. Gasolina sin plomo**

SOBRE
tema: **No tenemos la misma opinión sobre este tema.**

SUPERLATIVOS Y OTROS GRADATIVOS

feo	caro	rico	rápido
muy feo	**muy** caro	**muy** rico	**muy** rápido
feí**simo**	carí**simo**	riquí**simo**	rapidí**simo**

 Recuerda

A veces es necesario realizar cambios ortográficos.

ri**c**o → ri**qu**ísimo   lar**g**o → lar**gu**ísimo

► Para intensificar un adjetivo, en lengua coloquial, podemos usar el prefijo **super**-.

• *Es un aparato **superpráctico**.*

- Con adjetivos que expresan una gran intensidad, no usamos el adverbio **muy**, el sufijo **-ísimo**, ni el prefijo **super-**. En su lugar, utilizamos **realmente** o **verdaderamente**.

- *Es **realmente/verdaderamente** fantástico/horrible...*

▶ Otros gradativos:

- *Es **demasiado/excesivamente** llamativo.*
- *Es **(muy) poco** práctico.*
- *Es **un poco** caro. (= es caro)*
- ***No** es **nada** interesante.*

 Recuerda

Poco se usa solamente con adjetivos de significado positivo.
Un poco se usa solamente con adjetivos de significado negativo.

CONECTORES

CAUSA Y CONSECUENCIA

▶ Presentamos las causas, entre otros, con los conectores **porque, ya que, dado que, como, puesto que, es que**.

- **Ya que** sirve para presentar causas ya mencionadas anteriormente o que se consideran conocidas por el interlocutor.

- ***Ya que** es tan fácil, habla tú con ella. Yo no sé cómo decírselo.*

- **Como** va siempre al comienzo de la oración; es decir, lo usamos para presentar la causa antes que la consecuencia. **Porque**, en cambio, se usa para citar la causa después de la consecuencia.

- ***Como** no llegabas, me he ido.*
- *He venido **porque** quiero hablar contigo.*

- **Dado que** y **puesto que** se usan sobre todo en registros formales o escritos.

- ***Dado que** ha habido un aumento importante de población, hay un déficit de viviendas.*

- **Es que** presenta, en un registro informal, una causa presentada como excusa o disculpa.

- *Lo siento, he perdido el autobús... **Es que** no he oído el despertador.*

▶ Podemos presentar las consecuencias con **así que, de modo que**.

- *Estaba muy cansado, **así que** se acostó a las nueve.*

CONCESIÓN Y OPOSICIÓN

- **Sino** se utiliza para contraponer dos elementos, de los cuales el segundo anula al primero. Sirve, pues, para corregir una información equivocada.

- *Aquello no era La India, **sino** un nuevo continente.*

- **Aunque**, **pero** y **sin embargo** introducen una concesión, un elemento que es aparentemente contradictorio con el enunciado anterior.

- *No son españoles, **pero** hablan muy bien español.*
- *No son españoles. **Sin embargo**, hablan muy bien español.*
- ***Aunque** no son españoles, hablan muy bien español.*

- **Pero si** se utiliza en la lengua oral para presentar las razones de nuestro desacuerdo.

- *Ponte una chaqueta, Paco.*
- ○ ***Pero si** hace un calor tremendo...*

- **Pues** se utiliza en un lenguaje coloquial para presentar un enunciado que considera lo anteriormente dicho, en algunas ocasiones, para dar una información contradictoria o una opinión opuesta.

- *Tomás no ha venido.*
- ○ ***Pues** es verdad. No me había dado cuenta.*

- *Me encanta el jazz.*
- ○ ***Pues** yo lo encuentro un poco aburrido.*

RELACIONES TEMPORALES

ANTERIORIDAD

antes (de)

- ***Antes** llevaba lentillas, pero se me cansaban los ojos. Ahora llevo gafas.*
- *Lávate las manos **antes de** comer.*

POSTERIORIDAD

luego
después (de)
más tarde
... minutos / un rato / ... días / años **después**
... minutos / un rato / ... horas **más tarde**
al cabo de

- *Primero se pican las cebollas, **luego** se fríen y **después** se mezclan con las patatas.*
- *Laura llegó a la una y Tomás cinco **minutos después**.*
- *Me llamó a las cinco y **dos horas más tarde** me volvió a llamar.*

- *Se conocieron en marzo del 90 y, **al cabo de** seis meses, se casaron.*

SIMULTANEIDAD O INMEDIATEZ

al + Infinitivo

- ***Al acabar** la carrera, se fue a África para colaborar con una ONG.* (= inmediatamente después de acabar la carrera)
- *Cometo demasiados errores **al hablar**.* (= cuando hablo)

HABLAR DE LA DURACIÓN

hace + cantidad de tiempo + **que** + verbo

- ***Hace** más de tres años **que** vivo en España. ¿Y tú?*
- *Yo, **hace** ocho años.*

desde hace + cantidad de tiempo

- *No veo a Carlos **desde hace** un año.*

MARCAR EL INICIO DE UNA ACCIÓN

desde + fecha
desde que + verbo

- *¿Desde cuándo estudias español?*
- ***Desde** enero.*

- ***Desde que** empezó el curso, está en Granada.*
- ***Desde que** aprobó el examen, está más tranquila.*

EL VERBO

FORMAS NO PERSONALES

► Los verbos tienen tres formas no personales, es decir, formas que no se conjugan: el Infinitivo, el Participio y el Gerundio. Estas formas tienen dos funciones: combinadas con otro verbo (conjugado) forman los tiempos compuestos y las perífrasis; por sí solas, tienen diversas funciones.

Infinitivo

► Forma parte de numerosas perífrasis (Ver el apartado *Perífrasis Verbales*).

► Por sí solo, funciona como un sustantivo y, por lo tanto, puede ser Sujeto o Complemento Directo de una oración.

- ***Fumar** es malo para la salud.*
- *Odio **estudiar** por la noche.*

► Incluso en estos casos, puede tener complementos propios del verbo.

- ***Estudiar idiomas** es necesario hoy en día.* (COD)
- *Es fundamental **explicarles claramente las cosas a los niños**.* (Complemento de Modo, COD y CI)

Participio

► Forma los tiempos compuestos junto con el verbo auxiliar **haber** conjugado. En estos casos, el Participio es invariable.

► Por sí solo, funciona como adjetivo y concuerda en género y en número con el sustantivo al que se refiere. Cuando queremos presentar este adjetivo como el resultado de una acción, lo usamos con el verbo **estar**.

- *La impresora **está rota**.* (= alguien la ha roto)
- *¿Por qué **están todas las ventanas abiertas**?* (= alguien las ha abierto)

Gerundio

► En perífrasis con el verbo **estar**, el Gerundio, con todos los tiempos, presenta una acción en desarrollo.

- ***Estoy leyendo** las notas de gramática.*
- *Cuando llamaste, **estábamos durmiendo**.*
- *A las nueve, **estaremos volando** hacia Moscú.*

► Con otros verbos forma diferentes perífrasis que tienen siempre un sentido de acción en desarrollo. (Ver el apartado *Perífrasis Verbales*)

- ***Llevo** diez años **estudiando** violín.*

► Por sí solo expresa el modo en que alguien hace algo o la simultaneidad de dos acciones.

- *Se marchó **corriendo**.*
- *Suelo estudiar **escuchando** música.*

► En esta función de adverbio, el Gerundio también admite complementos.

- *Entró **tarareando muy bajito una canción de cuna**.*

> **! ¡Atención!**
>
> No podemos usar el Gerundio en forma negativa. En estos casos, utilizamos siempre **sin** + Infinitivo:
>
> - Díselo **sin enfadarte**.
> - ~~Díselo no enfadándote.~~

EL INDICATIVO

PRESENTE

► Usamos el Presente de Indicativo para:

- hacer afirmaciones atemporales: **El agua es H²O.**

- hablar de hechos habituales: **Visito a mis padres todos los domingos.**

- hablar del presente cronológico: **Hace mucho frío esta mañana, ¿verdad?**

- pedir cosas y acciones en preguntas: **¿Me dejas cincuenta euros?**

- hablar de acciones futuras cuando hablamos de intenciones firmes: **Esta noche te llamo y te digo** algo.

- relatar en presente histórico: **Tras la invasión napoleónica, las colonias de ultramar se independizan.**

- dar instrucciones: **Primero cortas los ingredientes y luego los fríes todos al mismo tiempo.**

PRETÉRITO PERFECTO

► Usamos el Pretérito Perfecto para referirnos a acciones o acontecimientos ocurridos en un momento pasado no definido. No se dice cuándo ha ocurrido la acción porque no interesa o no se sabe. En estos casos, puede ir acompañado de marcadores como **ya/todavía no; siempre/ nunca/alguna vez/una vez/dos veces/muchas veces.**

> ● ¿Ya **has pagado** la cuenta de la luz?
> ○ No, es que **todavía no he cobrado.**

> ● **Nunca he montado** a caballo.
> ● **¿Has estado alguna vez** en el extranjero?
> ● **Siempre me ha gustado** leer antes de dormir.

► También usamos el Pretérito Perfecto para situar una acción en un tiempo que tiene relación con el presente.

> ● **Este año ha hecho** muy mal tiempo. ("ahora" está dentro de "este año")
> ● **Esta semana** me **han propuesto** un empleo muy interesante. ("ahora" está dentro de "esta semana")

► Y para referirnos a acciones muy vinculadas al momento actual.

> ● **Hace un rato he visto** a tu marido.

PRETÉRITO INDEFINIDO

	hablar	beber	escribir
(yo)	habl**é**	beb**í**	escrib**í**
(tú)	habl**aste**	beb**iste**	escrib**iste**
(él/ella/usted)	habl**ó**	beb**ió**	escrib**ió**
(nosotros/nosotras)	habl**amos**	beb**imos**	escrib**imos**
(vosotros/vosotras)	habl**asteis**	beb**isteis**	escrib**isteis**
(ellos/ellas/ustedes)	habl**aron**	beb**ieron**	escrib**ieron**

► El Pretérito Indefinido se usa para relatar acciones ocurridas en un pasado concreto, no relacionado con el presente, que se presentan como concluidas. Puede aparecer, por lo tanto, acompañado de marcadores como:

- fechas (**en 1990, en 2003, el 8 de septiembre, en enero...**)
- **ayer, anoche, anteayer**
- **el lunes, el martes...**
- **el mes pasado, la semana pasada,** etc.

> ● Anoche **cené** con unos amigos.
> ● El mes pasado **descubrí** un restaurante genial.

IRREGULARIDADES EN EL PRETÉRITO INDEFINIDO
Cierre vocálico: e > i, o > u

► El cambio de **e** por **i** se produce en muchos verbos de la tercera conjugación en los que la última vocal de la raíz es **e**, como **pedir.** La **e** se convierte en **i** en las terceras personas del singular y del plural. Sucede lo mismo con los verbos de la tercera conjugación en los que la última vocal de la raíz es **o**, como **dormir.** En estos casos, la **o** se convierte en **u** en las terceras personas del singular y del plural.

	pedir	dormir
(yo)	pedí	dormí
(tú)	pediste	dormiste
(él/ella/usted)	p**i**dió	d**u**rmió
(nosotros/nosotras)	pedimos	dormimos
(vosotros/vosotras)	pedisteis	dormisteis
(ellos/ellas/ustedes)	p**i**dieron	d**u**rmieron

Ruptura del triptongo
► Cuando la raíz de un verbo en -**er**/-**ir** termina en vocal, en las terceras personas la **i** se convierte en **y.**

caer ➡ ca**y**ó/ca**y**eron
huir ➡ hu**y**ó/hu**y**eron
construir ➡ constru**y**ó/constru**y**eron

Cambios ortográficos
► Atención a los verbos que terminan en -**car**, -**gar**, -**guar** y -**zar**. Hay que tener en cuenta las reglas ortográficas al conjugarlos.

acer**car** ➡ acer**qué**
lle**gar** ➡ lle**gué**
averi**guar** ➡ averi**güé**
almor**zar** ➡ almor**cé**

Verbos con terminaciones irregulares

► Los siguientes verbos presentan irregularidades propias en la raíz y tienen unas terminaciones especiales independientemente de la conjugación a la que pertenezcan.

andar	➡ **anduv-**	poder	➡ **pud-**	**-e**
conducir	➡ **conduj-**	poner	➡ **pus-**	**-iste**
decir	➡ **dij-**	querer	➡ **quis-**	**-o**
traer	➡ **traj-**	saber	➡ **sup-** +	**-imos**
estar	➡ **estuv-**	tener	➡ **tuv-**	**-isteis**
hacer	➡ **hic-/hiz-**	venir	➡ **vin-**	**-ieron**

► Cuando la raíz de un verbo irregular acaba en **j** (**traer**, **decir** y casi todos los verbos acabados en **-cir**) la tercera persona del plural se forma con **-eron** y no con **-ieron** (conduj**eron**, dij**eron**, traj**eron**). Se conjugan así todos los verbos terminados en **-ucir**.

> ## ¡Atención!
> En la primera y en la tercera personas del singular de los verbos regulares, la última sílaba es tónica; en los irregulares, en cambio, la sílaba tónica es la penúltima.
>
> com**pré**, com**pró**...
> **hi**ce, **hi**zo...

Verbos ir y ser

► Los verbos **ir** y **ser** tienen la misma forma en Indefinido.

	ir/ser
(yo)	**fui**
(tú)	**fuiste**
(él/ella/usted)	**fue**
(nosotros/nosotras)	**fuimos**
(vosotros/vosotras)	**fuisteis**
(ellos/ellas/ustedes)	**fueron**

PRETÉRITO IMPERFECTO

	hablar	beber	vivir
(yo)	habl**aba**	beb**ía**	viv**ía**
(tú)	habl**abas**	beb**ías**	viv**ías**
(él/ella/usted)	habl**aba**	beb**ía**	viv**ía**
(nosotros/nosotras)	habl**ábamos**	beb**íamos**	viv**íamos**
(vosotros/vosotras)	habl**abais**	beb**íais**	viv**íais**
(ellos/ellas/ustedes)	habl**aban**	beb**ían**	viv**ían**

► No hay irregularidades en el Pretérito Imperfecto, a excepción de los verbos **ir** y **ser**, y del verbo **ver**.

	ir	ser	ver
(yo)	**iba**	**era**	**veía**
(tú)	**ibas**	**eras**	**veías**
(él/ella/usted)	**iba**	**era**	**veía**
(nosotros/nosotras)	**íbamos**	**éramos**	**veíamos**
(vosotros/vosotras)	**ibais**	**erais**	**veíais**
(ellos/ellas/ustedes)	**iban**	**eran**	**veían**

► Usamos el Pretérito Imperfecto para describir las circunstancias que rodean a un acontecimiento pasado, presentándolas como hechos no terminados.

- *Como no **teníamos** dinero, nos quedamos en casa.*
- *Ayer me **sentía** mal y me acosté a las ocho.*

► También lo usamos para realizar descripciones en pasado.

- *Mi padre **era** alto, muy delgado y **llevaba** bigote.*
- *Cuando era pequeño, este barrio **era** muy tranquilo y **tenía** muchos árboles.*

► Lo empleamos, asimismo, para hablar de costumbres en el pasado.

- *De soltero, **salía** todas las noches hasta las tantas.*
- *En mi época de estudiante, los profesores **llevaban** corbata.*

► Lo usamos en peticiones, cuando queremos ser corteses.

- ***Quería** una camiseta negra de manga corta.*
- ***Venía** a verte para hablar de lo de Elisa.*

PRETÉRITO PLUSCUAMPERFECTO

	Imperfecto de haber +	Participio.
(yo)	**había**	
(tú)	**habías**	hablado
(él/ella/usted)	**había**	comido
(nosotros/nosotras)	**habíamos**	escrito
(vosotros/vosotras)	**habíais**	
(ellos/ellas/ustedes)	**habían**	

► Usamos este tiempo para marcar que una acción pasada es anterior a otra acción ya mencionada.

- *Cuando llegamos al teatro, ya **había empezado** la función.* (la segunda acción es anterior a la primera, no pudimos entrar al teatro o nos perdimos la primera parte de la obra)

ALTERNANCIA DE LOS TIEMPOS DEL PASADO EN EL RELATO

▶ En un relato podemos utilizar varios tiempos del pasado. Hacemos avanzar la historia con cada nuevo hecho que presentamos en Pretérito Perfecto o en Pretérito Indefinido.

- *Aquel día Juan no **oyó** el despertador y **se despertó** media hora tarde. **Salió** de casa sin desayunar y **tomó** un taxi. Por suerte, **consiguió** llegar a tiempo al aeropuerto.*

- *Hoy Juan no **ha oído** el despertador y **se ha despertado** media hora tarde. **Ha salido** de casa sin desayunar y **ha tomado** un taxi. Por suerte, **ha conseguido** llegar a tiempo al aeropuerto.*

▶ En cada hecho podemos "detener la acción" y "mirar" las circunstancias que lo rodean. Para ello, usamos el Imperfecto.

- *Aquel día Juan **estaba** muy cansado y no oyó el despertador, así que se despertó media hora tarde. Como no **tenía** tiempo, salió de casa sin desayunar y tomó un taxi. Por suerte, no **había** mucho tráfico y consiguió llegar al aeropuerto a tiempo.*

- *Hoy Juan **estaba** muy cansado y no ha oído el despertador y se ha despertado media hora tarde. Como no **tenía** tiempo, ha salido de casa sin desayunar y ha tomado un taxi. Por suerte, no **había** mucho tráfico y ha conseguido llegar a tiempo al aeropuerto.*

▶ Con el Pluscuamperfecto, marcamos que una acción es anterior a otra acción pasada ya mencionada. De nuevo, el relato no avanza: damos un salto atrás, en general para explicar las circunstancias pasadas.

- *Aquel día Juan estaba muy cansado porque **había estado estudiando** hasta la madrugada y no oyó el despertador, así que se despertó media hora tarde...*

▶ La elección que hacemos entre Perfecto/Indefinido e Imperfecto no depende de la duración de las acciones, sino de la manera en la que queremos presentarlas y de su función en el relato.

- *Ayer, como **estaba lloviendo**, no **salí**.* (no interesa el fin de la lluvia; presentamos el hecho de "llover" como una circunstancia no terminada de "no salir")

- *Ayer, **estuvo lloviendo** todo el día y no **salí**.* (informo de la duración de la lluvia y del hecho de "no salir")

FUTURO SIMPLE

▶ El Futuro se forma añadiendo al Infinitivo las terminaciones -**é**, -**ás**, -**á**, -**emos**, -**éis** y -**án**.

	hablar	beber	vivir
(yo)	hablar**é**	beber**é**	vivir**é**
(tú)	hablar**ás**	beber**ás**	vivir**ás**
(él/ella/usted)	hablar**á**	beber**á**	vivir**á**
(nosotros/nosotras)	hablar**emos**	beber**emos**	vivir**emos**
(vosotros/vosotras)	hablar**éis**	beber**éis**	vivir**éis**
(ellos/ellas/ustedes)	hablar**án**	beber**án**	vivir**án**

▶ Hay muy pocos verbos irregulares. Estos presentan un cambio en la raíz, pero tienen las mismas terminaciones que los verbos regulares.

tener ➡ **tendr-**	hacer ➡ **har-**		-**é**
salir ➡ **saldr-**	decir ➡ **dir-**		-**ás**
haber ➡ **habr-**	querer ➡ **querr-**	+	-**á**
poner ➡ **pondr-**	saber ➡ **sabr-**		-**emos**
poder ➡ **podr-**	caber ➡ **cabr-**		-**éis**
venir ➡ **vendr-**			-**án**

▶ Usamos el Futuro para hacer predicciones o para expresar que algo ocurrirá inexorablemente.

- *Mañana **lloverá** en la costa norte.*
- *Veo en las líneas de tu mano que **vivirás** muchos años.*
- *En breves instantes, **aterrizaremos** en el aeropuerto de Barajas.*
- *El sol **saldrá** mañana a las 7 h.*

▶ También usamos este tiempo para formular hipótesis sobre el futuro, normalmente acompañado por marcadores como **seguramente**, **probablemente**, **posiblemente**, **seguro que**, **creo que**, etc.

- *¿Qué vas a hacer este fin de semana?*
- *Pues seguramente **iré** al campo. ¿Y tú?*
- *Yo creo que **me quedaré** en casa.*

▶ Asimismo, podemos formular hipótesis sobre el presente utilizando el Futuro Simple.

- *No sé dónde he dejado las llaves del coche.*
- *Las **tendrás** en la mesilla, como siempre.*

Recuerda

Afirmamos algo:

- Pepe está trabajando.

Planteamos una hipótesis:

- **Estará** trabajando.

Invitamos al interlocutor a especular:

- ¿Dónde **estará** Pepe?

MÁS GRAMÁTICA

FUTURO COMPUESTO

	Futuro Simple de **haber**	+ Participio
(yo)	**habré**	
(tú)	**habrás**	
(él/ella/usted)	**habrá**	
(nosotros/as)	**habremos**	
(vosotros/as)	**habréis**	
(ellos/ellas/ustedes)	**habrán**	

► Usamos el Futuro Compuesto para formular hipótesis sobre el pasado vinculado al presente.

- *Pepe **ha ido** a ver a Lucía.* (lo sé)
- *Pepe **habrá ido** a ver a Lucía.* (lo supongo)

EL CONDICIONAL

► El Condicional se forma agregando al Infinitivo las terminaciones de la segunda y tercera conjugaciones del Imperfecto.

	estudiar	entender	vivir
(yo)	estudiaría	entendería	viviría
(tú)	estudiarías	entenderías	vivirías
(él/ella/usted)	estudiaría	entendería	viviría
(nosotros/as)	estudiaríamos	entenderíamos	viviríamos
(vosotros/as)	estudiaríais	entenderíais	viviríais
(ellos/as/ustedes)	estudiarían	entenderían	vivirían

► Usamos el Condicional para expresar deseos difíciles o imposibles de realizar.

- *¡Qué sueño! **Me iría** a dormir ahora mismo.* (pero estoy en la oficina y todavía no he terminado de trabajar, por ejemplo)

► Para aconsejar.

- ***Deberías** empezar a estudiar. Falta muy poco para los exámenes.*

► Para pedir de manera cortés que alguien haga algo.

- *¿**Te importaría** ayudarme con los deberes?*
- *¿**Podrías** sujetar esto un momento, por favor?*

► Para evocar situaciones imaginarias.

- *Si supiera tocar un instrumento, **tocaría** en un grupo.*

► Para opinar sobre acciones y conductas.

- *Yo nunca **me casaría** por dinero.*

IMPERATIVO

IMPERATIVO AFIRMATIVO

► El Imperativo afirmativo en español tiene cuatro formas: **tú** y **vosotros/as** (más informal), **usted** y **ustedes** (más formal).

	pensar	comer	dormir
(tú)	piensa	come	duerme
(vosotros/as)	pensad	comed	dormid
(usted)	piense	coma	duerma
(ustedes)	piensen	coman	duerman

► La forma para **tú** se obtiene eliminando la -**s** final de la forma correspondiente del Presente.

estudias → **estudia**   comes → **come**   cierras → **cierra**

¡Atención!
Algunos verbos irregulares no siguen esta regla.
poner → **pon**   hacer → **haz**   venir → **ven**
salir → **sal**   tener → **ten**   decir → **di**

► La forma para **vosotros** se obtiene sustituyendo la -**r** final del Infinitivo por una -**d**.

estudia**r** → estudia**d**   come**r** → come**d**   cerra**r** → cerra**d**

► Las formas para **usted** y **ustedes** se obtienen cambiando la vocal temática de la forma correspondiente del Presente.

estudia → estudie   come → coma   cierra → cierre
estudian → estudien   comen → coman   cierran → cierren

¡Atención!
Los verbos que son irregulares en la primera persona del Presente tienen en Imperativo una raíz irregular para las personas usted y ustedes.

pongo → **ponga/n**   hago → **haga/n**
salgo → **salga/n**   tengo → **tenga/n**
vengo → **venga/n**   digo → **diga/n**
traigo → **traiga/n**   conozco → **conozca/n**

► Los verbos **ser** e **ir** presentan formas especiales.

	ser	ir
(tú)	sé	ve
(vosotros/as)	sed	id
(usted)	sea	vaya
(ustedes)	sean	vayan

Recuerda

Con el Imperativo afirmativo, los pronombres van después del verbo y forman una sola palabra.

- *Devuélveme las llaves y vete.*

IMPERATIVO NEGATIVO

	pensar	**comer**	**dormir**
(tú)	no piens**es**	no com**as**	no duerm**as**
(vosotros/as)	no pens**éis**	no com**áis**	no durm**áis**
(usted)	no piens**e**	no com**a**	no duerm**a**
(ustedes)	no piens**en**	no com**an**	no duerm**an**

► Fíjate en que las formas para **usted** y **ustedes** son las mismas que las del Imperativo afirmativo.

► Para los verbos en -**ar**, el Imperativo negativo se obtiene sustituyendo la **a** de las terminaciones del Presente de Indicativo por una **e**.

Presente	Imperativo
hablas	➡ **no hables**
habla	➡ **no hable**
habláis	➡ **no habléis**
hablan	➡ **no hablen**

► Para los verbos en -**er**/-**ir**, el Imperativo negativo se obtiene sustituyendo la **e** de las terminaciones del Presente de Indicativo por una **a** (excepto para la forma **vosotros** de los verbos en -**ir**: -**ís** ➡ -**áis**).

Presente	Imperativo		Presente	Imperativo
comes	➡ **no comas**		vives	➡ **no vivas**
come	➡ **no coma**		vive	➡ **no viva**
coméis	➡ **no comáis**		vivís	➡ **no viváis**
come	➡ **no coma**		viven	➡ **no vivan**

► Presentan formas especiales los verbos **ser**, **estar** e **ir**.

ser	➡ **no seas, no sea, no seáis, no sean**
estar	➡ **no estés, no esté, no estéis, no estén**
ir	➡ **no vayas, no vaya, no vayáis, no vayan**

 Recuerda

Con el Imperativo negativo, los pronombres van delante del verbo.

- ¡No **me digas** lo que tengo que hacer!

► Usamos el Imperativo para dar instrucciones.

- ***Retire*** *el plástico protector y* ***coloque*** *el aparato sobre una superficie estable.*

► Para conceder permiso.

- *¿Puedo entrar un momento?*
- *Sí, claro.* ***Pasa, pasa.***

► Para ofrecer algo.

- ***Toma, prueba*** *estas galletas. Están buenísimas.*

► Para aconsejar.

- *No sé qué hacer. Esta noche tengo una cena de trabajo y no sé qué ponerme.*
- ***Ponte*** *el vestido azul, ¿no? Te queda muy bien.*

EL SUBJUNTIVO

► Este modo presenta seis tiempos, de los cuales, por el momento, veremos, el Presente, el Pretérito Perfecto y el Pretérito Imperfecto.

► En el Subjuntivo, la noción temporal de presente, pasado o futuro no depende de la forma verbal como tal, sino, en muchos casos, de la estructura en la que aparece. Por ejemplo, el Presente de Subjuntivo puede referirse al presente o al futuro, y el Imperfecto, al pasado, al presente o al futuro.

- *Cuando **vengas**, hablaremos.* (sucederá en el futuro)
- *No quiero que lo **tomes** mal.* (ahora)
- *Baja cuando **hayas desayunado**.* (futuro)
- *Me parece raro que **no haya venido**.* (pasado)
- ***Quisiera** pedirle un favor.* (ahora)
- *Si esta noche **pudiera**, me encantaría pasar un rato por la fiesta.* (puede suceder en el futuro)
- *Me dijo que me **callara**.* (pasado)

► Salvo en contadas ocasiones, el Subjuntivo aparece en oraciones subordinadas. Consulta el apartado *La subordinación* para repasar los usos del Subjuntivo.

PRESENTE DE SUBJUNTIVO

► La conjugación es casi idéntica a la del Presente de Indicativo: sólo se invierte la vocal temática.

- ar	➡ e
- er/ir	➡ a

VERBOS REGULARES

	estudiar	comer	escribir
(yo)	estudie	coma	escriba
(tú)	estudies	comas	escribas
(él/ella/usted)	estudie	coma	escriba
(nosotros/nosotras)	estudiemos	comamos	escribamos
(vosotros/vosotras)	estudiéis	comáis	escribáis
(ellos/ellas/ustedes)	estudien	coman	escriban

ALGUNOS VERBOS IRREGULARES

	saber	ser	ir
(yo)	sepa	sea	vaya
(tú)	sepas	seas	vayas
(él/ella/usted)	sepa	sea	vaya
(nosotros/nosotras)	sepamos	seamos	vayamos
(vosotros/vosotras)	sepáis	seáis	vayáis
(ellos/ellas/ustedes)	sepan	sean	vayan

	estar	dar	ver	haber
(yo)	esté	dé	vea	haya
(tú)	estés	des	veas	hayas
(él/ella/usted)	esté	dé	vea	haya
(nosotros/nosotras)	estemos	demos	veamos	hayamos
(vosotros/vosotras)	estéis	deis	veáis	hayáis
(ellos/ellas/ustedes)	estén	den	vean	hayan

► Los verbos que tienen irregularidades e-ie / o-ue en Presente de Indicativo también las presentan en Presente de Subjuntivo en las mismas personas.

	E-IE cerrar	E-IE querer	O-UE poder
(yo)	cierre	quiera	pueda
(tú)	cierres	quieras	puedas
(él/ella/usted)	cierre	quiera	pueda
(nosotros/nosotras)	cerremos	queramos	podamos
(vosotros/vosotras)	cerréis	queráis	podáis
(ellos/ellas/ustedes)	cierren	quieran	puedan

► Muchos verbos que presentan una irregularidad en la primera persona del Presente de Indicativo tienen esa misma irregularidad en todas las personas del Presente de Subjuntivo. Esto incluye los verbos con cambio vocálico e-i (**pedir**, **seguir**, **reír**...).

hacer ➡ **haga**...	conocer ➡ **conozca**...	tener ➡ **tenga**...
poner ➡ **ponga**...	salir ➡ **salga**...	venir ➡ **venga**...
decir ➡ **diga**...	oír ➡ **oiga**...	pedir ➡ **pida**...

► Algunos verbos de la tercera conjugación presentan una doble irregularidad.

	sentir	dormir
(yo)	sienta	duerma
(tú)	sientas	duermas
(él/ella/usted)	sienta	duerma
(nosotros/nosotras)	sintamos	durmamos
(vosotros/vosotras)	sintáis	durmáis
(ellos/ellas/ustedes)	sientan	duerman

► Puedes encontrar usos de este tiempo en el apartado *La subordinación*.

PRETÉRITO PERFECTO DE SUBJUNTIVO

	Presente de Subjuntivo de **haber** +	Participio.
(yo)	**haya**	
(tú)	**hayas**	hablado
(él/ella/usted)	**haya**	comido
(nosotros/nosotras)	**hayamos**	vivido
(vosotros/vosotras)	**hayáis**	
(ellos/ellas/ustedes)	**hayan**	

► Puedes encontrar usos de este tiempo en el apartado *La subordinación*.

PRETÉRITO IMPERFECTO DE SUBJUNTIVO

► La raíz del Imperfecto de Subjuntivo es la misma que la de la tercera persona del plural del Pretérito Indefinido, a la que se le quita la terminación **-on** (**comprar**-on, **comier**-on, etc.). Las terminaciones son las mismas para todas las conjugaciones, incluidos los verbos irregulares.

	hablar
(yo)	hablar**a**
(tú)	hablar**as**
(él/ella/usted)	hablar**a**
(nosotros/nosotras)	hablár**amos**
(vosotros/vosotras)	hablar**ais**
(ellos/ellas/ustedes)	hablar**an**

► Algunas raíces de verbos irregulares: **supier-**, **hiciér-**, **dijer-**, **produjer-**, **trajer-**, **quisier-**...

> **¡Atención!**
> Este tiempo también se puede formar a partir de la tercera persona del Indefinido pero sin la -r final y con las terminaciones -se, -ses, -se, -semos, -seis y -sen: **comprase**, **comieses**, **viviese**, **supiésemos**, **estudiaseis**, **hicieran**, etc.

► Puedes encontrar usos de este tiempo en el apartado *La subordinación*.

ESTAR + GERUNDIO

PRESENTE

► Usamos **estar** + Gerundio en Presente cuando presentamos una acción o una situación presente como algo temporal o no definitivo.

> • *Hugo **está trabajando** en el Ministerio de Educación.* (≠ **trabaja** en el Ministerio de Educación)

► A veces, podemos expresar lo mismo usando solamente un verbo en Presente y un marcador temporal (**últimamente**, **desde hace algún tiempo**...).

> • ***Desde hace algún tiempo salgo** a correr por las mañanas.*

► Cuando queremos marcar que la acción se está desarrollando en el momento preciso en el que estamos hablando, solo podemos usar **estar** + Gerundio.

> • *Ahora no puede ponerse, **se está bañando**.*
> ~~• Ahora no puede ponerse, **se baña**.~~

PASADO

► Usamos **estar** + Gerundio en Pretérito Perfecto, Indefinido, Pluscuamperfecto o Imperfecto para presentar las acciones pasadas en su desarrollo. Las reglas de uso son las de los tiempos correspondientes.

Pretérito Perfecto

> • *Esta mañana **hemos estado limpiando** el trastero.*
> • *Estos días **han estado haciendo** obras en nuestra calle.*
> • ***He estado** tres semanas **preparándome** para este examen.*

Pretérito Indefinido

> • *Ayer **estuvimos limpiando** el trastero.*
> • *El otro día **estuvieron haciendo** obras en nuestra calle.*
> • ***Estuve** tres semanas **preparándome** para aquel examen.*

Pretérito Imperfecto

> • *Esta mañana **estábamos limpiando** el trastero y, de repente, se ha ido la luz.*
> • *Cuando nos conocimos, **estaba preparándome** para un examen.*

Pretérito Pluscuamperfecto

> • *Aquella mañana Javier estaba agotado: **había estado estudiando** toda la noche.*
> • *Cuando nos levantamos todo estaba blanco: **había estado nevando** durante horas.*

>
> **¡Atención!**
> Para expresar la ausencia total de una acción durante un periodo de tiempo, podemos usar **estar sin** + Infinitivo.
>
> • *Laurita **ha estado** dos días **sin probar** bocado. No sé qué le pasa.*

PERÍFRASIS VERBALES

► Las perífrasis verbales son construcciones que se forman con dos o más verbos: uno conjugado (cuyo significado se ve modificado) y otro en forma no personal (Infinitivo, Gerundio o Participio). Estos verbos pueden estar conectados por una preposición o por un nexo.

- *Aunque es muy mayor, **sigue trabajando**.*
- ***Vamos a estudiar** las perífrasis.*
- ***Tienes que dormir** más.*

► Los verbos que forman la perífrasis funcionan como una unidad, y los pronombres personales átonos pueden ir delante del verbo conjugado o después del verbo principal (impersonal) formando una única palabra.

- ***Se lo** tengo que decir. / Tengo que decír**selo**.*

¡Atención!

En ningún caso colocamos pronombres entre los verbos que forman la perífrasis.

- Tengo que **se lo** decir.
- Téngo**selo** que decir.

► Las perífrasis pueden encadenarse.

- ***Está dejando de fumar**. (**estar** + Gerundio / **dejar de** + Infinitivo)*
- *¿**Vais a seguir yendo** a ese restaurante, después de lo que pasó? (**ir** + **a** + Infinitivo / **seguir** + Gerundio)*

- Comenzar a + Infinitivo / **Empezar a** + Infinitivo
Se utilizan para indicar el comienzo de una acción.

- *El partido se suspendió porque **comenzó a nevar**.*
- *¿Cuándo **empezaste a estudiar** español?*

- Ir a + Infinitivo
Se utiliza para hablar de acciones futuras vinculadas al momento presente o que planteamos como una intención.

- ***Vas a mudarte** en estos días, ¿verdad?*
- ***Voy a llamarlo** ahora mismo y **voy a contarle** todo lo que ocurrió.*

- Volver a + Infinitivo
Indica que una acción se repite.

- *Cuando se jubiló, **volvió a estudiar** idiomas.*
- *Pienso **volver a llamarlo** la semana próxima.*

- Llevar + cantidad de tiempo + Gerundio
Expresa el tiempo que ha pasado desde el comienzo de una acción que aún continúa.

- *¡**Llevo una hora esperándote**!*
  (= Hace una hora que te espero.)
  (= Te espero desde hace una hora.)

- ***Llevan más de una semana preparando el examen**.*
  (= Están preparando ese examen desde hace más de una semana.)
  (= Hace más de una semana que preparan el examen.)

¡Atención!

Esta perífrasis no admite el uso del Perfecto ni del Indefinido.

- ***Llevo dos años haciendo** karate.
- He llevado dos años haciendo karate.
- Llevé dos años haciendo karate.

- Seguir + Gerundio
Indica que una acción no se ha interrumpido.

- *Ya no compito, pero **sigo entrenando** tres veces por semana.*

¡Atención!

En los dos últimos casos, no es posible expresar la ausencia de la acción con el Gerundio. En su lugar se usa **sin** + Infinitivo:

- ***Llevo** cinco semanas **sin fumar**.
- Llevo cinco semanas **no fumando**.

- *Luis y Ana siguen sin hablarse.*
- Luis y Ana siguen no hablándose.

- Dejar de + Infinitivo
Indica la interrupción de una acción.

- *¡Mira! ¡**Ha dejado de llover**! (= ya no llueve)*
- *¡**Deja** ya **de preocuparte** por todo! (= no te preocupes más)*

- Acabar de + Infinitivo / **Terminar de** + Infinitivo
Indican el final de una acción.

- *¡Por fin **han terminado de poner** el pavimento!*
- *Aún no **he acabado de leer** el libro que me prestaste.*

¡Atención!

Acabar + **de** + Infinitivo (en Presente o en Imperfecto) se usa también para referirse a una acción reciente o inmediatamente anterior a otra pasada.

- ***Acabo de llamar** a Eduardo. Me ha dicho que ya **ha acabado de corregir** los borradores. (= he llamado a Eduardo hace un momento y...)

- ***Acababas de salir** cuando te llamaron. (= saliste y justo después te llamaron)

- **Tener que** + Infinitivo / **Deber** + Infinitivo / **Hay que** + Infinitivo

Indican la obligación o la necesidad de hacer algo. Según el contexto, la forma negativa (**no hay que**...) puede interpretarse como "no se debe" o como "no es necesario".

- *Tenemos que acabar el informe antes de las seis.*
- *Debes pensar más antes de actuar.*
- *Hay que llamar a la puerta antes de entrar.*
- *No hay que exigir tanto a los estudiantes* (= no se debe)
- *No hay que entregar la solicitud personalmente: se puede hacer el trámite por Internet* (= no es necesario)

LA VOZ PASIVA

SER + PARTICIPIO

- *Juan Díaz de Solís descubrió el Río de la Plata.*

- *El Río de la Plata fue descubierto por Juan Díaz de Solís.*

▶ El COD de la oración activa (el Río de la Plata) pasa a ser el Sujeto pasivo; el Sujeto (Juan Díaz de Solís) se convierte en el Complemento Agente (precedido siempre por la preposición **por**).

▶ El verbo de la oración pasiva está formado por el verbo **ser** (conjugado en el mismo tiempo que el verbo de la oración activa, que concuerda en persona y en número con el sujeto pasivo).

▶ Este tipo de voz pasiva es muy poco frecuente en el español oral. Solo es habitual en titulares de prensa y en un discurso muy formal. En el caso de los titulares, es frecuente omitir el verbo **ser**.

- *Detenido un peligroso traficante de armas.*

▶ En ocasiones no queremos mencionar quién realizó la acción (porque no lo sabemos o porque no nos interesa). En esos casos, omitimos el Complemento Agente.

- *La carta ya ha sido enviada.*
- *La reunión fue aplazada hasta mayo.*

ESTAR + PARTICIPIO

- *El problema está resuelto.*
- *Las decisiones ya estaban tomadas.*

▶ Este tipo de pasiva se utiliza cuando lo importante es el resultado de la acción, su efecto sobre el sujeto pasivo, y no la acción en sí misma. Por este motivo, en este tipo de oración es frecuente omitir el Complemento Agente.

- *El equilibrio del planeta está amenazado por las emisiones de gases de combustión.*
- *El equilibrio del planeta está amenazado.*

▶ El verbo **estar** no siempre se conjuga en el mismo tiempo de la oración activa. Debemos tener en cuenta el cambio de perspectiva temporal, ya que en este tipo de oración no nos referimos a la acción misma, sino a sus resultados.

- *La contaminación del mar amenaza a los peces.*
- *Los peces están amenazados.*

- *Daniel ha reparado el ordenador.*
- *El ordenador está reparado.*

- *El ejército enemigo sitió la ciudad.*
- *La ciudad estaba sitiada.*

- *El ejército enemigo sitió la ciudad durante seis meses.*
- *La ciudad estuvo sitiada seis meses.*

IMPERSONALIDAD

▶ La impersonalidad se puede expresar de varias maneras.

SE + VERBO EN TERCERA PERSONA DEL SINGULAR/PLURAL

▶ Solemos usar esta forma cuando damos instrucciones o cuando nos referimos a cosas que son válidas para todo el mundo.

- *Se debe pedir permiso antes de entrar.*
- *Primero se fríen las patatas...*

VERBO EN TERCERA PERSONA DEL PLURAL

▶ Se trata de acciones que realiza una persona concreta (o varias), pero la identidad del sujeto no tiene importancia para quienes están hablando: la atención se centra en la acción y no en el agente.

- *¿Qué película ponen en el cine Lux?*
- *Han abierto un nuevo centro comercial en el barrio.*
- *Dicen que habrá elecciones anticipadas.*

VERBO EN SEGUNDA PERSONA DEL SINGULAR

▶ Se trata de acciones que afectan a todo el mundo, incluidos los interlocutores. Utilizamos la forma **tú** como un generalizador; no nos referimos directamente a nuestro interlocutor. Es una forma propia de la lengua oral que equivale a **uno** + tercera persona del singular.

- *Con este tráfico, **sabes** a qué hora **sales**, pero no a qué hora **llegas**.*
- *Con este tráfico, **uno sabe** a qué hora **sale** pero no a qué hora **llega**.*

LA SUBORDINACIÓN

SUBORDINADAS DE RELATIVO

► Las subordinadas de relativo nos dicen algo acerca de un elemento de la oración principal al que llamamos "antecedente" y van unidas a la oración principal por un pronombre relativo (**que**, **quien**, **cuando**, **donde**, **como**, **cuyo**...).

- *He leído un artículo **que** habla del cambio climático. (= He leído un artículo. Ese artículo habla de las nuevas tecnologías de la información).*

► **Que** puede referirse a cosas o a personas y desempeñar diversas funciones en la frase relativa.

- *Conozco a **una chica que** sabe mucho del tema.*
- *¡Mira **el ordenador que** me compré!*
- *Esta es **el arma con la que** se cometió el crimen.*
- *¿Conoces al **profesor para el que** hice la traducción?*

> **¡Atención!**
> Cuando las frases relativas llevan preposición, el artículo (**el/la/lo/los/las**), que va situado entre la preposición y el pronombre **que**, concuerda en género y en número con el antecedente.

► **Quien** solamente puede referirse a personas. Equivale a **el/la/los/las que**.

- *Te apuntaré aquí el nombre de **la persona a quien** debes ver.*

► **Quien** y **el que** pueden aparecer sin antecedente, como sujeto de frases de sentido generalizador.

- ***Quien** esté libre de pecado, que arroje la primera piedra.*
- ***El que** no esté de acuerdo, que se vaya.*

► **Donde** se refiere a lugares.

- *Esta es la casa **donde** nació Lucas. (= esta es la casa **en la que** nació Lucas.)*
- *Este es el lugar **por donde** entró el ladrón. (= el lugar **por el que** entró el ladrón)*

INDICATIVO/SUBJUNTIVO EN FRASES RELATIVAS

► Cuando conocemos la identidad del antecedente o sabemos que existe, en la oración subordinada utilizamos el Indicativo.

- *Mis primos tienen un vecino que **toca** la trompeta por las noches.*
- *Es un país donde las mujeres aún no **tienen** derecho a votar.*
- *Es una persona que **ha hecho** mucho por su pueblo.*
- *Tiene una secretaria que **habla** cinco idiomas.*

► Pero si desconocemos la existencia o la identidad concreta del antecedente, la subordinada va en Subjuntivo.

- *No conozco a nadie que **toque** la trompeta por las noches.*
- *¿Hay algún país en el que las mujeres aún no **tengan** derecho a votar?*
- *No sé de nadie que **haya hecho** algo importante por su pueblo.*
- *Necesita una secretaria que **hable** cinco idiomas.*

CUANDO

► Las subordinadas introducidas por **cuando** unen acciones simultáneas o consecutivas, en el presente, en el pasado o en el futuro cronológicos.

- *Cuando **llegó**, se fue a la cama.*
- *Cuando **llegaba**, se iba a la cama.*
- *Cuando **llega**, se va a la cama.*
- *Cuando **llegue**, se irá a la cama.*

> **¡Atención!**
> La frase introducida por **cuando** va siempre en Subjuntivo cuando se refiere al futuro.
>
> - *~~Cuando llegará, se irá a la cama.~~*

SUBORDINADAS SUSTANTIVAS

Existe un grupo de oraciones subordinadas en las que el sujeto del verbo principal expresa algún tipo de influencia sobre el sujeto de la frase subordinada: se emite un juicio, se expresa un sentimiento, una orden, se manifiesta un deseo, una prohibición, etc. En estos casos, el verbo de la frase subordinada va en Subjuntivo.

- *Mi padre **quiere que estudie** (yo) Medicina.*
- *Te **prohíbo** (yo) **que sigas viendo** (tú) a ese chico.*
- *A algunas personas **les molesta que tengamos** (nosotros) éxito.*
- *Al ministro **no le importa que** miles de familias **pierdan** su única fuente de ingresos.*

- ► Pero cuando el Sujeto de ambas acciones es el mismo, utilizamos el Infinitivo.

SUJETO (gramatical o real) del V1 = SUJETO del V2

- **Quiero** (yo) **estudiar** (yo) Filosofía.
- A muchos hombres **les molesta** (a ellos) **tener** (a ellos) que **ocuparse** (a ellos) de las tareas domésticas.
- No **me importa perder** (yo) este puesto de trabajo, **prefiero** (yo) **dormir** (yo) tranquilo.

- ► Cuando en la oración principal se emite un juicio o una valoración sobre una acción que realiza un sujeto determinado, el verbo de la oración subordinada va en Subjuntivo.

- **Es normal que estéis** un poco nerviosos.
- **Es lógico que** la gente **espere** un cambio positivo.
- **Es probable que vuelvan** a ganar las elecciones.
- **No parece posible que** la gente **acepte** semejantes medidas.

- ► Pero cuando en la oración principal se emite un juicio válido para cualquier individuo, el segundo verbo va en Infinitivo.

- **Es normal no querer** quedarse sin trabajo. (= es normal para todo el mundo)
- **Es triste tener que emigrar** por razones económicas. (= es triste para todo el mundo)

- ► Cuando en la oración principal afirmamos que un hecho es verdad, en la oración subordinada utilizamos el Indicativo.

- **Creo que** los animales **pueden** pensar y sentir.
- **Dicen que** algo **va a cambiar**.
- **Estoy convencido de que aprobará** el examen.
- **Pensamos que estáis** equivocados.

- ► En cambio, cuando en la oración principal negamos o cuestionamos la veracidad de lo expresado, en la oración subordinada utilizamos el Subjuntivo.

- **No creo que** los animales **puedan** pensar ni sentir.
- **No digo que** la situación **vaya** a cambiar.
- **Dudo que apruebe** el examen.

CONSTRUCCIONES CONDICIONALES E HIPOTÉTICAS

- ► Para expresar una condición difícilmente realizable, pero posible aún desde el punto de vista temporal, utilizamos la estructura **si** + Imperfecto de Subjuntivo, Condicional Simple.

- **Si tuviera** tiempo libre, **estudiaría** otra lengua.
- **Si pudieran**, nos **invitarían** a todos.
- **Si estudiaras** más, **acabarías** la carrera en tres años.

EL DISCURSO REFERIDO

- ► El discurso referido, también llamado estilo indirecto, es la transmisión, por lo general en un nuevo contexto espacial y/o temporal, de las palabras dichas por otros o por nosotros mismos.

- Tengo mucho sueño.
- ○ Perdona, ¿qué has dicho?
- **Que tengo mucho sueño**.

- Mañana iré a tu casa para llevarte los apuntes. (hoy por la mañana, en clase)
- ➡ **Me ha dicho que** mañana **vendrá** a traerme los apuntes. (ese mismo día, por la tarde, en casa)

- Llámame el jueves por la mañana.
- ➡ **Me ha dicho que lo llame** el jueves por la mañana.

- ► Si lo que referimos indirectamente es una pregunta, utilizamos la partícula interrrogativa.

- ¿Dónde has aprendido alemán?
- ➡ **Me preguntó dónde** había aprendido alemán.

- ► Pero cuando se trata de una pregunta de respuesta cerrada (**sí/no**) la introducimos con **si** en el estilo indirecto:

- ¿Tienes la dirección de Analía?
- ➡ **Me preguntó si** tenía la dirección de Analía.

¡Atención!
Lógicamente, al cambiar las coordenadas espacio-temporales, es decir, la situación en la que se habla, se producen muchos cambios: desaparecen elementos, cambian las palabras con marca de persona (como los posesivos y los pronombres) se modifican las referencias temporales y los tiempos verbales*, etc.

- Cariño, estoy en mi oficina. ¿Me puedes traer una carpeta que me he olvidado ahí?"
- ➡ "Lo llamó desde su oficina para **pedirle si le podía llevar una carpeta que se había olvidado en casa.**"

* En Aula Internacional 4 iremos estudiando progresivamente otros cambios que se producen en los tiempos verbales dentro del discurso referido.

► Las acciones que se expresan en Presente en estilo directo se transmiten, en muchas ocasiones, en Imperfecto.

el lunes a las 14 h Alba: **Ahora estoy comiendo**.	el día siguiente a las 10 h **Alba me dijo que estaba comiendo en aquel momento**. (= ya no está comiendo)
el lunes a las 14 h Ramón: **Estudio chino**.	el día siguiente a las 10 h **Ramón me dijo que estudia chino**. (= todavía estudia chino)

► El verbo más frecuente para introducir el discurso indirecto es **decir**. Sin embargo, disponemos de muchos otros verbos.

afirmar	**comentar**
contar	**explicar**
invitar	**negar**
ordenar	**pedir**
preguntar	**proponer**
recomendar	**recordar**
repetir	**sugerir**

► Hay verbos que por sí solos bastan para resumir toda una frase: **agradecer**, **alegrarse**, **despedirse**, **disculparse**, **felicitar**, **protestar**, **saludar**, etc.

EXPRESIÓN DE LA CONJETURA

► Existen varios recursos para hacer suposiciones.

- **suponer que** + Indicativo
- **quizás** / **tal vez** + Indicativo/Subjuntivo
- **a lo mejor** / **igual** + Indicativo
- **es probable que** / **es posible que** / **puede (ser) que** + Subjuntivo
- **lo más seguro** / **lo más posible es que** + Subjuntivo
- **seguramente** / **probablemente** / **posiblemente** + Indicativo
- **seguro que** / **estoy seguro de que** + Indicativo

► También podemos utilizar el Futuro Simple para hacer suposiciones sobre el presente.

- *¿Sabes dónde está Pablo? No lo he visto en todo el día.*
- *○ **Estará trabajando**, como siempre. (= Supongo que está trabajando.)*

► Del mismo modo, utilizamos el Futuro Perfecto y el Condicional para hacer suposiciones sobre el pasado.

- *Estoy un poco preocupado. Marta tenía que llamarme hace una hora y no lo ha hecho*
- *○ Tranquilo, hombre. **Se habrá olvidado**. (supongo que se ha olvidado)*

- *El otro día no vi a Mario en el partido.*
- *○ ¿Ah, no? Pues **estaría** enfermo, porque él nunca se pierde ninguno. (supongo que estaba enfermo)*

► La correspondencia entre los tiempos es la siguiente:

Lo que sé	Lo que supongo
Presente	Futuro Simple
Pretérito Perfecto	Futuro Perfecto
Pretérito Indefinido	Futuro Perfecto o Condicional
Pretérito Imperfecto	Condicional

¡Atención!
Con la forma interrogativa invitamos a nuestro interlocutor a especular:

- ¿Qué le **pasará** a Amanda?
- ¿Dónde **habrá aprendido** Carlos a bailar tan bien?